普通高等教育经济与管理类专业核心课程规划教材

U0719783

计量经济学

——模型、方法及应用

（第二版）

王文博　编著

西安交通大学出版社

XI'AN JIAOTONG UNIVERSITY PRESS

内容提要

本教材系统地介绍了计量经济学的基础理论、方法和应用,主要包括统计学基础知识、一元线性回归模型、多元线性回归模型、违背基本假定的回归模型、滞后变量模型、虚拟变量模型、联立方程模型、应用计量经济模型和课堂实验等内容。

本书结合经济问题,将主要计量方法与计量经济学软件相结合,并将实验课纳入教学内容体系,理论联合实验,语言通俗易懂。本书是为本科经济管理类各专业学生编写的教材,也可以作为高校老师和经济管理部门工作者从事科学研究及干部培训。

图书在版编目(CIP)数据

计量经济学:模型、方法及应用/王文博编著. —西安:西安交通大学出版社,2011.4(2021.12重印)

(普通高等教育经济与管理类专业核心课程规划教材)

ISBN 978 - 7 - 5605 - 3876 - 1

Ⅰ.①计… Ⅱ.①王… Ⅲ.①计量经济学-教材 Ⅳ.①F224.0

中国版本图书馆 CIP 数据核字(2011)第 042918 号

书 名	计量经济学——模型、方法及应用(第二版)
编 著	王文博
责任编辑	袁 娟
出版发行	西安交通大学出版社
	(西安市兴庆南路1号 邮政编码710048)
网 址	http://www.xjtupress.com
电 话	(029)82668357 82667874(发行中心)
	(029)82668315(总编办)
传 真	(029)82668280
印 刷	西安日报社印务中心
开 本	727mm×960mm 1/16 印张 16.75 字数 306千字
版次印次	2011年4月第2版 2021年12月第6次印刷
书 号	ISBN 978 - 7 - 5605 - 3876 - 1
定 价	39.80元

读者购书、书店添货,如发现印装质量问题,请与本社发行中心联系、调换。

订购热线:(029)82665248 (029)82665249

投稿热线:(029)82668133 (029)82665379

读者信箱:xj_rwjg@126.com

普通高等教育经济与管理类专业核心课程规划教材

编写委员会

编委会委员（按姓氏笔画排序）：

马治国　　王文博　　邓晓兰　　孙林岩

冯宗宪　　冯　涛　　刘　儒　　李　成

李　琪　　张　禾　　张俊瑞　　张晓明

杜跃平　　赵西萍　　郭根龙　　相里六续

郝渊晓　　袁治平　　董安邦　　魏　玮

策　　划：魏照民

第二版前言

计量分析方法是现代经济学各专业重要的科学研究方法,广泛应用于宏观经济和微观经济各个领域。

本书是为经济管理类本科各专业学生编写的专业基础课教材。该书是在《计量经济学》(2004,第一版)的基础上修订的,集笔者 30 余年"计量经济学"授课精华于一书。这次修订增加了统计学基础知识以及实验教学内容,减少了难度较大、不适合于本科教学的部分内容,形成了第二版。

在修订的过程中,遵照我国高等教育方针提出的关于加强基础课程、注重能力和素质培养的要求,本着继承和发展的精神,笔者认真总结了多年来的教学经验,吸取了相关教材的特点,并在此基础上形成了本教材的内容体系。

和国内同类教材相比,本教材有以下几个特点:一是理论和应用相结合。教材总体上将理论计量经济学和应用计量经济学结合起来,使读者能够感到经济问题中计量方法的科学性。在具体方法的应用上,各章都有结合我国实际情况的研究案例,使学生在掌握计量方法的基础上,做到理论联系实际,学以致用。二是教学内容和计算机软件使用相结合。Eviews 软件是专门为计量经济学应用设计的,教材内容始终贯穿该软件的具体使用,使学生在应用软件的过程中,理解和掌握计量经济学的方法和应用,以提高学生分析问题和解决问题的能力。三是将实验课纳入教学内容体系,便于理论教学和实验教学相结合。四是尽量避免难度较大的数学推导,用通俗易懂的语言表述,便于读者理解。本书所具有的以上几个特点,也是笔者在编著时所考虑的基本的写作原则。

本书的课堂实验一章的内容,主要由张龙同志编写。

这里需要说明的是,教材的主要内容均来自计量经济学家的研究成果,笔者个人的研究成果微不足道,且仅限于应用方面。为了帮助自己能够准确地把握和表述计量经济理论和方法,笔者在写作时,借鉴了国内外丰富的论文资料及教科书,并作为参考文献列于书后。这些文献对于高深计量经济方法的理解和诠释,为笔者的编写工作提供了很大帮助。在此,谨向这些文献的作者、译者表示衷心的感谢! 同时也感谢西安交通大学出版社的领导和编辑,他们为本书的出版提供了很大的支持和帮助。特别是袁娟编辑一丝不苟、认真负责的工作态度让人备受感动。

计量经济学的本科教材的编写目前正处在不断深化阶段,各种版本的教材都各有特色,由于我们水平有限,书中难免存在不足和错误,敬请广大读者批评指正!

编著者

2011 年 3 月

目　录

第一章 绪 论

第一节 计量经济学的涵义

一、什么是计量经济学

从字义上解释,计量经济学是指"经济度量"。英文原文为"econometrics",国内学术界对这个词翻译也不统一,有两种译法,一种译为经济计量学,另一种译为计量经济学。

计量经济学一词,是挪威经济学家拉纳尔·弗里希(R. Frisch)在 1926 年发表的《论纯经济问题》一文中仿照生物计量学(biometrics)一词而提出来的。1933 年他为《计量经济学》杂志所写的发刊词中写到:"对经济的数量研究有几个方面,其中任何一个就其本身来说都不应该与计量经济学混为一谈。因此,计量经济学与统计学绝不是一样的,它也不等于我们所说的一般经济理论,即使这种理论中有很大部分具有确定的数量特征,也不应把计量经济学的意义与在经济学中应用数学看成是一样的。经验表明,统计学、经济理论和数学三个方面观点之一是实际理解现代经济生活中数量关系的必要条件,但任何一种观点本身都不是充分条件。这三者的统一才是强有力的工具,正是由于这三者的统一才构成了计量经济学。"

弗里希关于"计量经济学就是统计学、经济学和数学的结合"已为学术界所认可。目前各个国家一般教科书对什么是计量经济学所作的规定,都还没有超出这个范围。

计量经济学作为一个独立的学科应该是在 20 世纪 30 年代初才出现的。1930 年 12 月 29 日在美国俄亥俄州克里富兰城,由弗里希、丁伯根和弗歇尔等经济学家发起成立了"国际计量经济学会"。国际计量经济学会就是一个试图在经济理论、统计学和数学相结合方面谋求进步的学术团体,其学术活动排除政治的、社会的、金钱的和国家主义的倾向,并且完全脱离各种利害关系。其主要目标在于促进旨在谋求对各种经济问题的理论上的数量探讨和经验上的数量探讨相统一的研究。要想达到这一目的,必须依赖于似乎已在各种自然科学中占据支配地位的那种富于想象力的严密思考。凡下决心将这种经济学的理论研究和实证研究的统一进行到底者,其任何研究活动均会被列入该学会关心的范围之内。

1933 年国际计量经济学会正式出版会刊《Econometrica》,这就标志着计量经济学已正式成为一门独立的新兴学科。

随后计量经济学在理论和实践同时发展的基础上,其理论研究成果不断出现,计量经济模型的应用也发挥了重要的作用。

1935 年,丁伯根建立了世界上第一个宏观计量经济模型用于分析荷兰的宏观经济,开创了建立宏观计量经济模型的新阶段。

1936 年凯恩斯的《就业、利息和货币通论》一书问世,提出了政府干预经济运行理论和经济总量理论。凯恩斯理论后经哈罗德(R. F. Harrod)、罗宾逊(J. V. Robinson)、萨缪尔森(P. A. Samuelson)和克莱因(R. Klein)等著名经济学家的继承和发展,形成了有一定理论体系的凯恩斯主义,并成为这一时期计量经济学研究的重要理论基础。美国著名经济学家、诺贝尔经济学奖获得者克莱因首次将凯恩斯的总量分析理论与计量经济方法相结合,相继发表了《美国经济变动(1921—1941)》、《美国的一个计量经济模型(1929—1952)》、《对于英国 1959 年的计量经济预测》、《日本经济增长的一个模型》等论文,推动了宏观计量经济模型的应用与发展,使宏观计量经济模型在宏观经济管理中发挥了重要的作用。美国著名经济学家、诺贝尔经济学奖获得者萨缪尔森认为:第二次世界大战后的经济学是计量经济学的时代。与此同时,计量经济方法也有了重大发展。

20 世纪 40 年代,计量经济学迈进了新境界,学者们都致力于经济理论的模型化及数学化的研究,并将统计推断应用到计量经济学中,因而几乎使计量经济学变为数理统计学的分支。

1950 年、1957 年, H. Theil 和 Basmann 各自独立提出并发表了二阶段最小平方法,对计量经济学的发展颇有建树。

20 世纪 60 年代是计量经济学的起飞阶段,学者们提出有关滞后分布的新处理方法,又有人将物理的光谱分析应用于计量经济学,同时有关非一次式模型的许多问题也被克服。这些都显示出计量经济学的体系已经相当严密,其理论基础亦日益巩固。

20 世纪 60 年代中期,计量经济学的一场新方法论变革开始从模型估计和检验的方法研究转向模型设定的方法论探讨。英国伦敦经济学院的萨根(D. Sargan)率先将误差修正模型形式运用于计量经济模型,为模型的理论假设提供了方便的计量检验形式,萨根所倡导的一个从一般到简单为原则的动态模型设定的新方法在 20 世纪 70 年代中期迅速发展。

20 世纪 80 年代初,英国牛津大学的亨德里(D. F. Hendry)提出的协整理论使计量经济学进入了一个新的理论体系。该体系认为模型与经济理论和数理统计原则的逻辑一致性应是计量经济学研究的发展趋势。于是,现代对策论、贝叶斯理论等在计量经济学中的应用也已成为计量经济学的研究课题。应用计量经济学也由传统的生产函数、需求函数、消费函数、投资函数和宏观经济模型转向金融市场、工资、福利、国际贸易、经济周期波动、科技进步、经济增长方式转变、产业结构调整等新的研究领域。

计量经济学另一个重要的发展是在宏观计量经济模型的研究和应用方面。目前已有一百多个国家和地区都编制了不同的宏观计量经济模型,由克莱因发起研制的"连接(Link)计划",到 1981 年就包括了美、英、法、日、苏联(前)、中国、波兰等以及非洲、亚洲、拉丁美洲、中东等四个地区的 70 多个国家和地区,方程个数达到10 000 个以上,包含 30 000 多个变量,涉及生产、需求、价格、收入等经济的各个方面,形成完整的有机的模型系统,无论在政策分析、经济预测和决策等方面都发挥了更大的作用。

1968 年,瑞典银行在其建立 300 周年之际决定增设诺贝尔经济学奖,1969 年首届诺贝尔经济学奖就授予了两位对计量经济学的诞生和发展作出卓越贡献的计量经济学家:弗里希和丁伯根。据统计,截至 2007 年,在 60 位诺贝尔经济学奖得主中,三分之二的经济学家的研究成果都与计量经济学有关,正如诺贝尔经济学奖获得者、著名经济学家克莱因(R. Klein)所评价的,"计量经济学已经在经济学科中居于重要地位"。

在计量经济学的发展过程中,我们也应该看到现代科学技术特别是电子计算技术的发展为计量经济学插上了有力的翅膀,可以说没有电子计算机的发展,就没有计量经济学的广泛应用。它在一定程度上反映了社会化大生产对各种经济因素和经济活动进行精确数量分析的客观要求。经济学从定性分析向定性与定量分析相结合的方向发展,是经济学更加科学化的表现。毫无疑问,我国的经济学需要科学化和现代化,要真正成为一门科学,学习、跟踪、研究、发展计量经济学,将是我国经济学的一项极其重要的任务。

二、计量经济学与其他学科的关系

计量经济学虽是经济学、数学和统计学的结合,但它同时又和数理经济学、数理统计学、经济统计学密切相关,且又不同于这些学科中的每一个学科。它们之间的关系可通过图 1.1 反映出来。

经济理论是一般经济现象的理论抽象,它是经济学家根据逻辑推理,用文字叙述经济现象的过程,大多数具有定性的性质。这些理论只叙述了现象,没有对照实际现象加以检验,没有提供具体的数量关系。例如,某一商品的需求量 Q 取决于:①它的价格 X_1;②其他商品的价格 X_2;③消费者的收入 X_3;④消费者的爱好 X_4。

数理经济学和一般经济学并无本质区别，它采用数学符号或公式来表述以上经济理论，因此，上述经济关系，可写成如下需求方程：

$$Q = \beta_0 + \beta_1 X_1 + \beta_2 X_2 + \beta_3 X_3 + \beta_4 X_4$$
(1.1)

方程式（1.1）表述了需求量和四种因素的精确关系，需求量只取决于这四个因素，再无其他因素。

然而，经济生活的实践告诉我们，影响商品需求的并非这四种因素，新产品的发明、广告的宣传、政策、法律、社会等其他因素也会影响商品的需求量。那么，这些不可或缺的因素在经济关系中如何表现出来呢？这就要寻求一种新的方法来解决这一问题，于是便有计量经济学的产生。

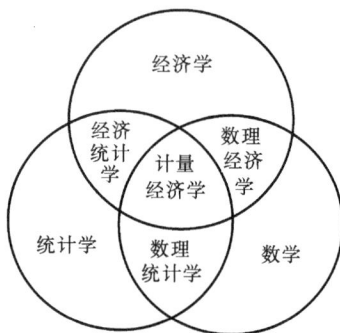

图 1.1　计量经济学与有关学科的关系

计量经济学在经济关系中引进一个具有明确特征的随机变量来加以考虑，这样需求方程式（1.1）就成了

$$Q = \beta_0 + \beta_1 X_1 + \beta_2 X_2 + \beta_3 X_3 + \beta_4 X_4 + u$$
(1.2)

计量经济学与经济学、数理经济学的不同之处就在于引入了适合实际经济生活的随机因素 u，u 称为随机扰动项，方程式称为随机关系式。它虽然也用数学形式表达经济关系，但并不假定这些经济关系是精确的，它要研究随机扰动项 u。对于随机扰动项，我们可以假设它服从于一定的概率分布，即 u 取什么值或取某一值的可能性是有规律的，所以一经在方程中引进扰动项，就可以利用概率统计的方法和实际经济统计资料，对方程中的参数进行估计，从而确定存在于变量之间的具体数量关系，即确定经济结构的参数。研究如何运用和改造概率统计方法，使其适合于经济关系的计量测定的诸课题，即是计量经济学的基本研究范畴。

经济统计学侧重于收集、整理、分析经济数据，描述经济现象在整个观察期间的发展形式及各种问题的数量表现，侧重描述性统计，它对各种变量的发展不作说明，也不进行经济关系参数的精确测量。

数理统计学所论述的测量方法，是在实验室控制试验的基础上发展起来的，它虽然也研究随机现象，但这种随机现象是有条件的，它不适用于经济关系的测量。因为经济关系不能根据控制试验提供的资料来度量，但它为经济关系中随机因素的研究提供了一种方法。

第二节 计量经济学的研究步骤

计量经济学的研究一般需要经过四个阶段，即建立计量经济模型、参数估计、检验模型、运用模型四个步骤。

一、建立计量经济模型

（一）计量经济模型

建立经济模型就是用数学形式来表达经济理论。也就是说对某些可以计量的经济现象加以抽象，区分出各种不同的变量，建立一组方程或是方程体系，借助方程体系表明经济变量之间的关系，说明经济体系的运行情况。我们也会看到，计量经济学者经常利用数理经济学家提出的数理方程式，并把这种数理方程转变为计量经济模型，这就需要有大量的独创性和实际技巧。因此，可以说计量经济学是一种科学，也是一种艺术。

下面是一个由 8 个变量、6 个方程构成的简单的计量经济模型：

$$C_t = \alpha_0 + \alpha_1 Y_t + \alpha_2 C_{t-1} + u_1 \tag{1.3}$$

$$I_t = b_0 + b_1 P_t + b_2 K_{t-1} + u_2 \tag{1.4}$$

$$W_t = c_0 + c_1 Y_t + c_2 t + u_3 \tag{1.5}$$

$$Y_t = C_t + I_t + G_t \tag{1.6}$$

$$P_t = Y_t - W_t \tag{1.7}$$

$$K_t = K_{t-1} + I_t \tag{1.8}$$

其中：C 为消费支出；Y 为国民收入；I 为净投资；P 为财产和其他非工资收入；K 为计算期末资本；W 为工资收入；G 为政府支出；t 为计算期时间。

（二）模型中的变量

要建立模型，一定要了解有关经济理论以及所研究对象的特点，从而确定模型变量之间关系的形式，同时还要考虑有关方程的时滞问题（时间滞后）。模型中包括的变量数目，主要取决于经济理论的分析和判断，还要考虑研究对象的性质和研究的目的。

一般来讲，要列入模型中的变量主要是解释变量，对于不太重要的因素，也引进一个随机因素 u 来代替，其中变量分为内生变量和外生变量。

1. 内生变量

内生变量指经济体系内部纯粹由经济因素决定的变量，如式(1.3)～式(1.8)模型中的 $C_t, I_t, W_t, Y_t, P_t, K_t$。一个内生变量只能用一个方程来解释，在方程中就叫做被解释变量或应变量,在模型中当作被决定因素。

2. 外生变量

外生变量是经济体系外部的由非经济因素决定的变量,如政府政策的变化、气候变化、人口等等,这些变量的数值通常是已知的,它们在模型中当作决定因素,所以也叫做解释变量。在前述模型中,有两个外生变量,一个是时间 t,一个是政府支出 G。在单一方程中解释变量也可称为自变量。

但是,内生变量和外生变量的划分不是绝对的,一些模型中的内生变量(或外生变量),在另外一些模型中可以为外生变量(或内生变量)。例如,在下述农产品供需模型中,变量 Y(收入)就被认为是外生变量。

$$S = \alpha_0 + \alpha_1 P + u_1 \qquad (1.9)$$

$$D = \beta_0 + \beta_1 P + \beta_2 Y + u_2 \qquad (1.10)$$

$$S = D \qquad (1.11)$$

其中:D 为需求量;S 为供给量;P 为价格;Y 为收入;u_1,u_2 为随机变量。

3. 滞后变量

滞后变量是反映经济系统过去时期经济行为的变量(即模型中取前期值的变量)。滞后变量又分为滞后内生变量和滞后外生变量。如式(1.4)模型中前一期末的资本存量 K_{t-1} 就称为滞后内生变量。

4. 前定变量

在计量经济学中,通常认为外生变量的值是已知的,即其取值不是由模型所研究的经济系统内部所决定的;此外,滞后变量的取值也不是由本期经济系统所决定的。因此,将外生变量和滞后内生变量统称为"前定变量"。所谓"前定",即指其取值是可以"事前确定"的。

内生变量一般来说是未知的,有多少个内生变量,就有多少个方程,因此,在区分了这些经济变量后,就要根据经济理论的判断分析以及需要与可能,把这些变量间的关系用数学方程式表示出来。

(三)模型中的方程

计量经济模型中的方程按照所反映的经济关系的性质不同,可分为以下四类。

1. 行为方程式

凡是用来描述居民、企业、政府等决策单位的经济行为中,某一些特定变量对其他一些变量的变动的反映,这样的方程就叫行为方程式,如前述 C_t,I_t,W_t 等方程式。

2. 技术(工艺)方程式

凡是由科学技术水平可能确定的生产技术关系的方程式就叫技术方程式,一般说明投入的生产要素与产出成果之间的工艺技术关系。计量经济分析中广泛使用的 Cobb-Douglas 生产函数就是技术方程式：

$$Q = AK^{\alpha}L^{\beta}e^{u} \tag{1.12}$$

式中：Q 为用实物表示的最大产量；K 为一年中的资本存量；L 为使用的劳动力总数。

A,α,β 均为待定参数，若知道 α,β,A 就可以算出变量 K,L 任何组合的最大产量。对经济工作者来说，就是用合适的数据估计这些参数数值，而且要验证方程式是否是合适的生产函数。例如，美国经济学家柯布和道格拉斯研究 1900—1922 年美国的资本和劳动力对产量的影响，他们根据历史资料，得出这一时期的生产函数为 $Q=1.01K^{0.25}L^{0.75}$，即表示资本每增加 1％，生产量增加 0.25％，劳动力每增加 1％，生产量增加 0.75％。

3. 制度（法规）方程式

根据法律、经济制度或政府政策所确定的经济变量之间的数量关系式称为制度（法规）方程式。例如：

$$销售税金 = 销售税率（％）\times 销售收入 \tag{1.13}$$

其中税率是由政府制度明确规定的。

4. 定义方程式

根据经济理论或假设所确定的有关经济变量之间存在或成立的定义，用方程式或恒等式表示的关系式称为定义方程式。例如：

$$Y（国民收入）= C（消费）+ I（投资） \tag{1.14}$$
$$PQ（销售额）= P（单价）\times Q（销售量） \tag{1.15}$$
$$Q^{S}（某种商品供给量）= Q^{D}（该商品需求量） \tag{1.16}$$

这类方程一般是用来说明有关的定义或者描述的均衡条件，不包含随机扰动项，属于确定性方程。

二、参数估计

参数估计就是指取得模型系数的估计值。参数是指解释变量与被解释变量之间数量关系的常数。参数数值并不是不变的，它只是在既定条件下才是常数。在没有实际观测值之前，它也是一个未知数。所以模型确定后，我们就要根据理论，收集有关数据，运用有关统计方法，来估计模型中的参数。统计数据主要有以下三种类型。

（1）时间序列数据，即按时间顺序排列的数据，也称为动态序列数据。时间顺序可以是年、季、月、日等。例如历年的 GDP、居民的人均消费支出、人均可支配收入，历年的零售物价指数等。使用时间序列数据时，要注意数据的时期性或时点性以及数据之间的可比性。

（2）截面数据，即同一时间（时期或时点）某一指标在不同空间的观测数据。不同空间可以是不同的地理区域，也可以是不同的行业、部门或个人。例如，同一时间不同家庭的收入和消费支出，某一年各省生产总值等。

（3）面板数据，即时间序列数据和截面数据相结合的数据。例如，通过《中国统计年鉴》可以得到全国各地的人均可支配收入和人均消费支出等经济变量的年度经济数据。这些全国各地的相关经济变量的集合就构成典型的面板数据。所以面板数据也可以理解成是由相同截面数据构成的时间序列数据。

参数估计使用的计量经济方法有单一方程的估计方法，也有联立方程的估计方法。用哪一种方法要视模型的具体情况而定，这些方法将在以后各章节详细介绍。各种方法见图 1.2。

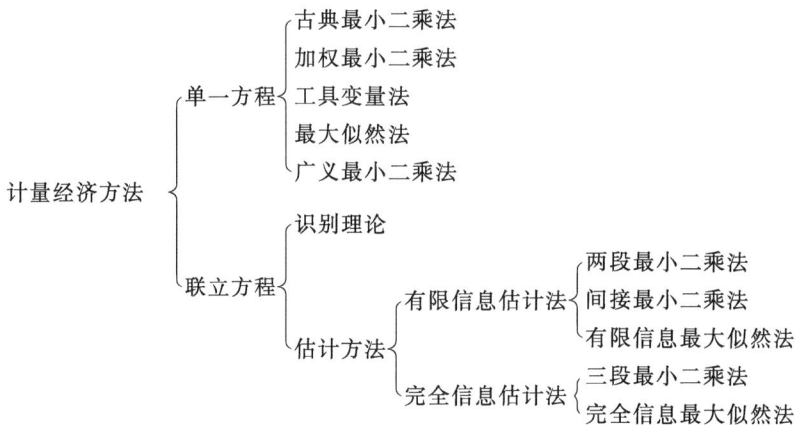

$$
\text{计量经济方法}
\begin{cases}
\text{单一方程}
\begin{cases}
\text{古典最小二乘法} \\
\text{加权最小二乘法} \\
\text{工具变量法} \\
\text{最大似然法} \\
\text{广义最小二乘法}
\end{cases} \\
\text{联立方程}
\begin{cases}
\text{识别理论} \\
\text{估计方法}
\begin{cases}
\text{有限信息估计法}
\begin{cases}
\text{两段最小二乘法} \\
\text{间接最小二乘法} \\
\text{有限信息最大似然法}
\end{cases} \\
\text{完全信息估计法}
\begin{cases}
\text{三段最小二乘法} \\
\text{完全信息最大似然法}
\end{cases}
\end{cases}
\end{cases}
\end{cases}
$$

图 1.2 计量经济方法

三、检验模型

根据实际观测资料，求得模型中参数的估计值以后，还要对这些参数以及模型中所包含的变量进行检验。检验准则大致可分成以下三类。

1. 经济先验准则

经济先验准则即以已知的经济理论或先验理论作为检验准则，通常是检验模型中参数估计值的符号和大小的准确性。如在方程（1.2）中，如果估计出的 $\hat{\beta}_1 > 0$，则可断定估计值是错误的。因为正常商品的价格和需求量为负相关，即随着该商品价格上升，其需求量会相应减少，如果 $\hat{\beta}_1 > 0$，则表示需求量增加，这显然是不符合实际情况的。

2. 统计准则

此项检验一方面检验引入模型的解释变量与被解释变量是否密切相关,另一方面是检验所设计的计量经济模型是否能有效地描述被解释变量的变化,以及样本模型中的参数能否代表总体的参数等。例如在方程(1.2)中,检验其他商品价格和被研究商品的需求量是否密切相关,以及方程(1.2)是否有效地描述了商品需求量的变化等。

3. 计量经济准则

前面讲到,统计准则检验主要是利用统计推断来进行的。但是统计推断是需要一定的前提条件的,这些条件是否成立,直接影响到统计准则检验的可靠性,因此,需要运用计量经济准则对统计推断是否符合这些前提条件进行检验。只有在这些检验都通过后,才可以认为模型较好地反映了所研究的经济系统的特征。

四、应用模型

计量经济模型主要应用于结构分析、政策评价、经济预测和实证分析四个方面。

1. 结构分析

结构分析即利用估计的计量经济模型来测定所研究经济系统内的经济变量之间的各种基本关系。最常用的方式是比较静力学分析、弹性分析和乘数分析。结构分析的结果可以用来进行预测。

2. 政策评价

政策评价即利用估计的计量经济模型,在不同的政策方案之间进行选择,权衡各种可供选择的政策的可能效益和代价,比较不同政策的各种后果,以期得到理性经济决策。进行政策评价的主要方法有政策模拟法、目标-工具法、社会福利函数法和最优控制法等。

3. 经济预测

经济预测即利用估计的计量经济模型,来预测实际观测样本数据以外的某些变量的未来值。

4. 实证分析

实证分析即利用计量经济模型和实际统计资料分析现实的经济现象,以此说明某个理论假说的正确与否。任何经济理论,只有成功地解释了客观事实才能被人们所接受。如果按照某种经济理论所建立的计量经济模型可以很好地拟合实际观测数据,则意味着该理论是符合客观事实的,反之,则说明该理论不能说明客观事实。因此,利用计量经济模型可以检验经济理论与客观事实的一致性,而验证理论是否正确的标准,只能是经济事实。

事实上,实证分析和规范分析从未划过清楚的界限。经济学主要是一门实证的科学,但也是一门规范的科学。因为研究什么、采用什么方法、突出强调哪些经济变量,在实际上都渗透着经济学家的评价和判断。所以实证分析和规范分析相结合,正是计量经济分析一个突出的特点。

综上所述,计量经济研究工作从理论和事实出发,通过模型的设计、估计和不断修正,达到四个主要目的,其全过程可用以下流程图表示(见图1.3)。

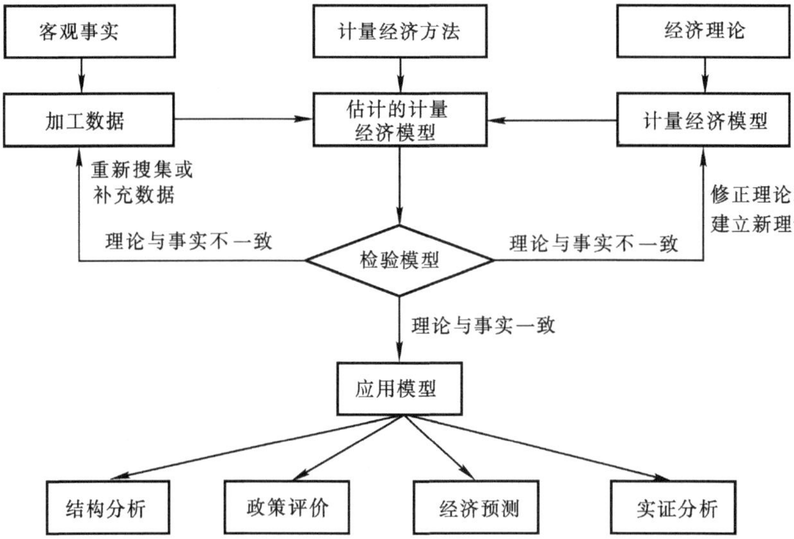

图1.3 计量经济研究流程图

思考与练习

1.什么是计量经济学?它与经济学、数理经济学、经济统计学、数理统计学有何区别与联系?

2.如何正确理解内生变量和外生变量,被解释变量和解释变量,自变量和因变量?

3.计量经济学的研究步骤有哪些?简述其主要内容。

第二章 统计学基础知识

统计学是计量经济学重要的方法论基础。为了更好地理解计量经济学的基本原理,就必须掌握统计学的有关理论和方法。本章重点介绍随机变量及其分布,以及假设检验知识。

第一节 随机变量

一、随机现象和随机变量

我们观察社会现象或自然现象,不难发现,这些现象可以分为两类:一类为确定性现象,即在一定的条件下,必然会发生某种结果的现象,如水加热到100℃时,一定会沸腾;另一类为不确定现象,即在一定条件下,出现的结果具有一定的偶然性,如同样抛一枚均匀硬币,有时会出现正面,有时会出现反面。我们把这种不确定现象称为随机现象。

在一定条件下,对随机现象进行试验,可能发生也可能不发生的结果称为随机事件,简称为事件。我们可以给每一个可能的结果赋予一个数,常用大写英文字母 X, Y, Z 等表示。如抛一枚硬币,结果出现正面记为"1",用 $X=1$ 表示,出现反面记为"0",用 $X=0$ 表示;生产的产品是"优质品"记为"0",用 $Y=0$ 表示,是"一级品"记为"1",用 $Y=1$ 表示,是"二级品"记为"2",用 $Y=2$ 表示,等等。这样一来,随机事件都可以给予数量的描述,所以常常定义为随机变量。

由于随机因素的作用,随机事件的出现有多种可能性,这种可能性一般用概率表示,但是人们总想知道这些事件在一次试验中发生可能性的大小,于是随机事件出现的可能性也可以用概率表示成如下形式。

例如:一批产品分为三级,其中优质品为 35%,一级品为 50%,二级品为 15%,那么从这批产品中随机地抽取一个,各种级别的产品出现的可能性可以记为:

$$P(Y = 0) = 0.35$$
$$P(Y = 1) = 0.50$$
$$P(Y = 2) = 0.15$$

显然随机变量是建立在随机事件基础上的一个概念。既然事件发生的可能性对应于一定的概率,那么随机变量也以一定的概率取各种可能性。

随机变量按其取值不同,分为离散型随机变量和连续型随机变量两种。

二、随机变量的数字特征

(一)数学期望(mathematical expectation)

随机变量的数学期望反映该随机变量的代表性或集中趋势。它是随机变量多个可能值以概率为权数的加权算术平均数,通常以期望符号 $E(\cdot)$ 表示期望运算。

不同变量的数学期望分别如下:

离散型变量

$$E(X) = \sum_{i=1} x_i p_i = \mu \tag{2.1}$$

连续型变量

$$E(X) = \int_{-\infty}^{+\infty} x f(x) \mathrm{d}x \tag{2.2}$$

期望的运算规则是:

$$E(C) = C \quad (C \text{ 为常数}) \tag{2.3}$$

$$E(C + X) = C + E(X) = C + \mu \tag{2.4}$$

$$E(CX) = C \cdot E(X) = C \cdot \mu \tag{2.5}$$

(二)方差(variance)

方差反映随机变量的变异程度或离散趋势。它是随机变量多个可能取值对数学期望的离差平方以概率加权的算术平均数,简记为 $D(X)$，σ_X^2 或 $Var(X)$。

方差小,说明随机变量差异小,分布比较集中;方差大,说明随机变量差异大,分布比较分散。

方差的平方根 $\sqrt{D(X)}$ 或 $\sqrt{Var(X)}$ 称为标准差或均方差。

不同变量的方差分别如下:

离散型变量

$$D(X) = E[X - E(X)]^2 = E[(X - \mu)^2]$$
$$= \sum_i (x_i - \mu)^2 p_i \tag{2.6}$$

连续性变量

$$D(X) = \int_{-\infty}^{+\infty} [X - E(X)]^2 f(x) \mathrm{d}x \tag{2.7}$$

方差通常又写为:

$$D(X) = E\{X^2 - 2XE(X) + [E(X)]^2\}$$
$$= E(X^2) - 2[E(X)]^2 + [E(X)]^2$$

$$= E(X^2) - [E(X)]^2 \qquad (2.8)$$

方差的运算法则为：

$$D(C) = 0 \qquad (2.9)$$

$$D(C + X) = D(X) \qquad (2.10)$$

$$D(CX) = C^2 D(X) \qquad (2.11)$$

（三）协方差（covariance）

协方差是两个随机变量与各自数学期望离差之积的期望值。它反映两个随机变量之间相互协变的密切程度。其值越大，两个随机变量之间协变的关系越高，否则越低，记为 $\mathrm{Cov}(X,Y)$。

$$\mathrm{Cov}(X,Y) = E[X - E(X)][Y - E(Y)] \qquad (2.12)$$

协方差可以简化为

$$\mathrm{Cov}(X,Y) = E(X,Y) - E(X)E(Y) \qquad (2.13)$$

三、总体和样本

数理统计中，把所研究的对象的全部单位所组成的集合，叫做总体。从总体中抽出的部分单位所组成的集合，叫做样本。总体所含的单位个数称为总体单位数。样本所含单位的个数称为样本容量。

四、样本统计量

如果所研究的总体充分大，总体分布参数 $E(X)$，$D^2(X)$ 以及 $\mathrm{Cov}(X,Y)$ 未知，抽样是获得总体信息的唯一有效方法。我们可以由样本数据推断估计总体参数，并且进行假设检验，对总体参数真值作出评价。抽样推断的工具就是样本统计量。常用的样本统计量为：

（1）样本均值

$$\bar{x} = \frac{1}{n} \sum_{i=1}^{n} x_i \qquad (2.14)$$

（2）样本方差

$$S^2 = \frac{1}{n} \sum_{i=1}^{n} (x_i - \bar{x})^2 \qquad (2.15)$$

（3）样本协方差

$$\mathrm{Cov}(X,Y) = \frac{1}{n} \sum_{i=1}^{n} (x_i - \bar{x})(y_i - \bar{y}) \qquad (2.16)$$

式中 n 为样本容量。由于抽样的随机性，对于不同的样本，样本统计量的值可能不同，因此，就所有可能的样本来说，样本统计量也是一个随机变量。

第二节　随机变量的几种重要分布

一、正态分布

正态分布最早是由德莫弗(A. Demoivre,1667—1754)在 1733 年研究二项分布的极限分布形式时提出的,但在当时并没有引起人们的重视。以后德国数学家高斯(C. F. Gauss,1777—1855)于 1809 年及法国天文学家、数学家、物理学家拉普拉斯(M. de. Laplace,1749—1827)于 1812 年分别重新提出。所以人们又称正态分布为高斯分布或高斯-拉普拉斯分布。

正态分布在随机变量分布中占有特别重要的地位。在自然现象和社会现象中,有许多是可以用正态分布来描述的。由正态分布出发,导出了一系列重要的抽样分布,如 t 分布、χ^2 分布、F 分布等。

若随机变量 X 的概率密度为

$$f(x) = \frac{1}{\sqrt{2\pi}\sigma}\exp\left[-\frac{1}{2}\left(\frac{x-\mu}{\sigma}\right)^2\right] \quad -\infty < x < +\infty \tag{2.17}$$

则称 X 服从正态分布,记为 $X \sim N(\mu,\sigma^2)$。其中 μ,σ^2 为参数,分别表示总体的均值和方差。正态分布的图形如图 2.1 所示。

如果 $\mu=0,\sigma^2=1$,则式(2.17)可写成:

$$f(x) = \frac{1}{\sqrt{2\pi}}\exp\left(-\frac{x^2}{2}\right)$$
$$-\infty < x < +\infty \tag{2.18}$$

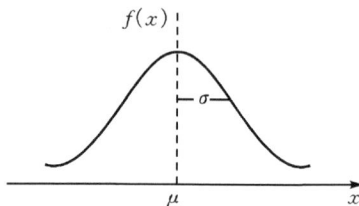

图 2.1　正态分布图形

这是标准正态分布的概率密度,记作 $X \sim N(0,1)$。一般的,人们把均值为 0、方差为 1 的正态随机变量的分布叫做标准正态分布。

正态分布的性质:

(1)正态分布密度函数 $f(x)$ 在 $X=\mu$ 处达到极值点,并且 $f(x)$ 关于 $X=\mu$ 对称。

(2)$X=\mu+\sigma,X=\mu-\sigma$ 为 $f(x)$ 的拐点。

(3)若 $X \sim N(\mu,\sigma^2)$,令 $Y=\dfrac{X-\mu}{\sigma}$,则 $Y \sim N(0,1)$。反之,$X \sim N(0,1)$,令 $Y=\mu+\sigma X$,则 $Y \sim N(\mu,\sigma^2)$。正态分布的这个性质十分有用,把一般正态分布转换为标准正态分布,只要针对标准正态分布进行编表,就可以通过查表的方法解决正态随机变量取值的概率问题。

(4)$X \sim N(0,1)$,其分布函数用 $\Phi(x)$ 表示,则 $\Phi(-x)=1-\Phi(x)$。

(5)若 $X \sim N(\mu, \sigma^2)$,则 $E(X) = \mu$,$\text{Var}(X) = \sigma^2$,特别的,若 $X \sim N(0,1)$,$E(X) = 0$,$\text{Var}(X) = 1$。

二、χ^2 分布(卡方分布)

χ^2 分布是由阿皮(Abbe)于 1863 年首先提出,后又由海尔默特(Hermert)和卡·皮尔生(K. Pearson)分别于 1875 年和 1900 年独立地推导出来。

设 $X \sim N(\mu, \sigma^2)$,则 $Z = \dfrac{X - \mu}{\sigma} \sim N(0,1)$。

令 $Y = Z^2$,则 Y 为自由度为 1 的卡方分布,可简写为 $Y \sim \chi^2(1)$。

进一步可以导出:当总体 $X \sim N(\mu, \sigma^2)$,从中抽取容量为 n 的样本 $X_1, X_2, \cdots, X_n$,则

$$\frac{\sum\limits_{i=1}^{n}(X_i - \overline{X})^2}{\sigma^2} \sim \chi^2(n-1) \tag{2.19}$$

χ^2 分布的图形如图 2.2 所示。

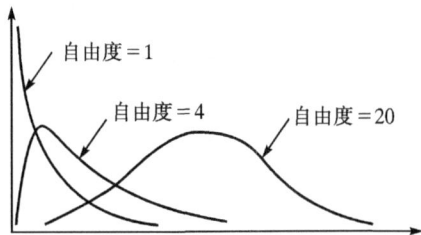

图 2.2 χ^2 分布图形

χ^2 分布的特点和性质:

(1)χ^2 分布的变量值始终为正。

(2)$\chi^2(n)$ 分布的形状取决于其自由度的大小,通常为不对称的正偏分布,但随着自由度的增大逐渐趋向对称,如图 2.2 所示。

(3)χ^2 分布的特征数:$E(\chi^2) = n$,$D(\chi^2) = 2n$ (n 为自由度)。

(4)若 U 和 V 为两个独立的 χ^2 分布随机变量,$U \sim \chi^2(n_1)$,$V \sim \chi^2(n_2)$,则 $U + V$ 这一随机变量服从自由度为 $n_1 + n_2$ 的 χ^2 分布。

χ^2 分布通常可用于总体方差的估计和许多非参数检验。

三、t 分布

t 分布是戈赛特(W. S. Gosset)于 1908 年在一篇以"学生"(student)为笔名的

论文中首次提出,因此又称为学生氏分布。

在抽样中设 X 服从正态分布,即 $X \sim N(\mu, \sigma^2)$,从中抽取容量为 n 的样本,则样本均值 $\overline{X}$ 的抽样分布为:$\overline{X} \sim N(\mu, \dfrac{\sigma^2}{n})$,通常标准化

$$Z = \frac{\overline{X} - \mu}{\frac{\sigma}{\sqrt{n}}} \sim N(0,1) \qquad (2.20)$$

为标准正态分布。

但当总体方差 σ^2 未知,用样本方差 $S^2 = \dfrac{1}{n-1} \sum\limits_{i=1}^{n} (X_i - \overline{X})^2$ 替代 σ^2 时,

$$t = \frac{\overline{X} - \mu}{S/\sqrt{n}} \sim t(n-1) \qquad (2.21)$$

称 t 为服从自由度为 $n-1$ 的 t 分布。

t 分布的图形如图 2.3 所示。

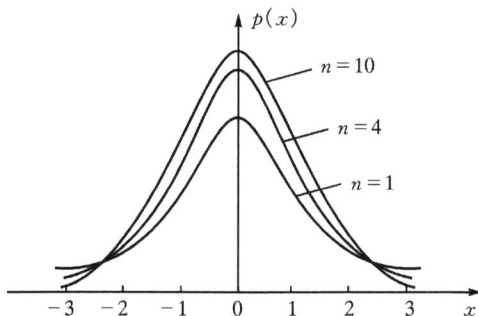

图 2.3 $t(n)$ 分布图形

t 分布的性质:

(1)若 $Z \sim N(0,1)$,$V \sim \chi^2(n-1)$,Z 和 V 相互独立,则 $t = \dfrac{Z}{\sqrt{V/(n-1)}}$ 服从自由度为 $n-1$ 的 t 分布。

(2)t 分布类似正态分布为一对称分布,见图 2.3,但一般情况下较标准正态分布平坦和分散,当自由度增大时 t 分布也趋向正态分布。

(3)t 分布的一些特征数:$E(t) = 0$,$D(t) = \dfrac{n}{n-2}$ $(n > 2)$。t 分布广泛应用于正态分布方差未知且小样本时对总体均值的估计和检验。

四、F 分布

F 分布是由费舍(R. A. Fisher)提出,故以其姓氏的第一个英文字母命名。

设 U 是服从自由度为 n_1 的 χ^2 分布的随机变量,即 $U \sim \chi^2(n_1)$,V 是服从自由度为 n_2 的 χ^2 分布的随机变量,即 $V \sim \chi^2(n_2)$,且 U 和 V 相互独立,则称

$$F = \frac{U/n_1}{V/n_2} \tag{2.22}$$

为服从自由度为 n_1 和 n_2 的 F 分布,记为 $F \sim F(n_1, n_2)$。

在抽样中,设总体 $X_1 \sim N(\mu_1, \sigma^2)$,$X_2 \sim N(\mu_2, \sigma^2)$,分别从中抽取容量为 n_1 和 n_2 的样本,由 χ^2 分布的知识可知

$$\frac{\sum_{i=1}^{n_1}(X_{1i}-\overline{X}_1)^2}{\sigma^2} = \frac{(n_1-1)S_1^2}{\sigma^2} \sim \chi^2(n_1-1)$$

$$\frac{\sum_{i=1}^{n_2}(X_{2i}-\overline{X}_2)^2}{\sigma^2} = \frac{(n_2-1)S_2^2}{\sigma^2} \sim \chi^2(n_2-1)$$

他们是两个独立的卡方分布,分别除以自由度后相比即得 F 分布,即

$$\frac{\dfrac{(n_1-1)S_1^2}{\sigma^2(n_1-1)}}{\dfrac{(n_2-1)S_2^2}{\sigma^2(n_2-1)}} \sim F(n_1-1, n_2-1)$$

为正态总体下两个样本方差之比,所以也称方差比分布。

F 分布密度函数的图形如图 2.4 所示。

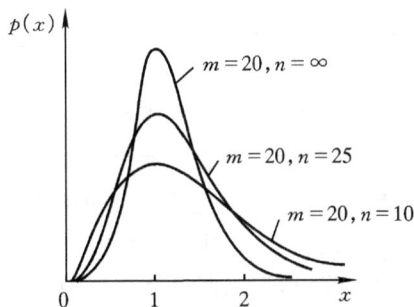

图 2.4　$F(m,n)$ 分布图形

F 分布广泛用于方差分析、回归分析和协方差分析等。

以上 χ^2 分布、t 分布和 F 分布的密度函数都比较复杂。这里只作直观上的解

释,为以后的应用作准备。在以后的应用中,要学会各种情况下的查表,因为这些分布都已编制成表,可以直接查阅。

第三节　假设检验

一、什么是假设检验

　　假设检验是对未知的总体分布函数形式或分布中未知的总体参数作出某种假设,然后抽取随机样本、构造适当的统计量,利用样本提供的信息来验证这一假设是否可信的一种统计分析方法。只知道总体的分布为正态分布,而对总体分布函数的具体形式知之甚少,要通过样本信息来判断其正态分布函数的具体形式的假设检验,一般称为非参数检验。在已知总体分布的函数形式,仅涉及对总体分布中某个或某几个参数有无变化的假设检验,称为参数假设检验。在参数假设检验问题里,如果我们仅提出一个假设,而且也仅检验这一个假设,并不同时研究其他假设,则称这类假设检验为显著性假设检验。

　　所谓参数显著性检验,就是指对参数变化有无显著差异的检验。但这个显著差异有或无却是有限度的,如果不超过规定的限度,就称为"没有显著差异"。反之,若所得差异超过规定限度,则表明这已不属于抽样误差,而是确有差异,这种情况称为"差异显著"。至于这个限度是多少,怎样确定,将在后面讨论。

二、假设检验的基本思想

　　假设检验的基本思想是:在某种原假设成立的条件下,利用适当的统计量和给定的显著性水平 α,构成一个小概率事件,可以认为小概率事件在一次观察中基本不会发生,如果该事件竟然发生了,就认为原假设不成立,从而拒绝原假设,接受备择假设。可以看出,无论假设的类型多么复杂,进行检验的基本思想都是很简单的,是某种带有概率性质的反证法,这种反证法有两个特点:

　　(1)为了检验一个假设是否成立,我们不妨先假定这个假设是成立的,然后看由此会产生什么后果,如果导致了一个不合理现象的出现,就表明原来的假设是不正确的,或者说那个假设是不能成立的,我们应该拒绝这个假设。如果没有不合理的现象出现,则不能拒绝原来假设,称原假设是相容的。

　　(2)这里所用的反证法又不同于纯数学的反证法。因为我们以为"不合理"的依据,并不是形式逻辑中的绝对矛盾,而是基于人们在实践中广泛采用的一个原则:小概率在一次观察中可以认为基本上不会发生。这个原则在我们日常生活中人们也是在不自觉地使用着。例如:飞机失事、火车出轨等都是小概率事件,但是人们不会因为有过这类事故就不乘飞机或火车。因为这些事故发生的概率很小,大家都认为它不可能发生。

三、假设检验的步骤

假设检验通常按以下五个步骤进行：

(1)提出原假设和备择假设；

(2)构造适当的检验统计量；

(3)确定显著性水平 α 和对应的临界值；

(4)计算检验统计量的值；

(5)作出统计决策并加以解释。

四、相关的几个基本概念

为了进行假设检验，与之相联系的几个基本概念需要搞清楚。

(一)原假设和备择假设

原假设就是我们要检验的假设，也称零假设，一般用 H_0 表示。它常常是根据已有的资料，经过周密考虑后确定的。一般 H_0 都是已有的，具有一定的稳定性，没有充分根据，是不会轻易被否定的。

备择假设是与原假设相对立，在原假设被否定时所接受的假设，用 H_1 表示。上面谈到，原假设一般是稳定的，不易被否定的，但并不表示永远不会被否定，否则就失去假设检验的研究意义了。当经过抽样调查，有充分根据否定原假设 H_0 时，就产生了需要接受其逻辑对立面的假设，就是备择假设。显然对任一个假设检验问题，其所有的可能结果都应包含在这两个假设的范围内，要么无显著差异，要么有显著差异，除此之外，不可能有其他结果。因此，这两个假设总有一个成立。

(二)小概率原理与显著性水平

小概率原理是指发生概率很小的随机事件在一次试验中几乎不可能发生。大数法则告诉我们，就大量观察而言，事件的发生仍是具有规律性的。这种规律性的数量表示称作为概率。在大量观察中频频出现的事件具有较大的概率，出现次数较少的事件，具有较小的概率。根据概率的大小，人们对它的态度和处理方式是很不一样的。在日常生活中，人们习惯于把概率很小的事件，当作在一次观察中是不可能出现的事件。就像前述尽管飞机、火车有事故出现，但是人们绝不会因此而放弃乘坐飞机或火车。这个原理称为小概率原理。假设检验中所依据的小概率原理，只是把小概率的标准，定得更为具体和数量化而已。

虽然小概率事件在一次观察中不可能出现，但如果出现了，那又该如何判断呢？是坚持认为事件的概率仍然是很小，只是不巧被碰上了呢？还是反过来认为事件的概率未必很小了？显然作后一种判断更为合理,这也是人们常识性判断的方法。比如人们相传某城市社会治安很好,可某人刚来到这个城市,就遇上了小偷,这时他首先就会怀疑这个城市社会治安是否良好,而不会坚持去想,这仅仅是发生了小概率事件。因为一个社会治安不好的社会,碰到小偷的机会要远比社会治安良好的多。

显著性水平是指根据小概率原理所规定的小概率事件的概率标准,即规定小概率的数量界限,一般用 α 表示($0<\alpha<1$)。当某事件的概率 $p\leqslant\alpha$ 时,就认为该事件是一个实际不可能事件。通常的标准有 $\alpha=0.01,\alpha=0.05,\alpha=0.10$。在假设检验中,我们建立一个零假设,实际上是认为零假设代表的事件发生的概率很大,而备择假设代表的对立事件发生的概率很小,是个实际不可能事件。如果在一次试验中备择假设代表的小概率事件居然发生了,我们就有理由怀疑零假设的正确性。

(三)两类错误

由于我们拒绝或接受一个零假设的决策是依据样本得出的,因此检验的结果也存在着接受错误的假设和拒绝正确的假设的可能性。假设检验的各种可能结果见表2.1。

表 2.1　由假设的真伪和接受与否形成的四种可能结果

		检验的结果	
		接受 H_0	拒绝 H_0
假设的情况	H_0 属真	正确 概率$=1-\alpha$	以真为假(弃真错误,第一类错误) 概率$=\alpha$
	H_0 属伪	以假为真(取伪错误,第二类错误) 概率$=\beta$	正确 概率$=1-\beta$

我们称在 H_0 为真时拒绝 H_0 为"弃真"错误,习惯上称为 α 错误或第一类错误;称在 H_0 为非真时接受 H_0 为"取伪"错误,习惯上称为 β 错误或第二类错误。假设检验中,对原假设不论作出何种判断都有可能犯错误,区别在于犯错误的概率的大小。但是两种错误不可能同时发生,其发生概率也不可能同时为 0。在一定的样本容量下,若减小一类错误的概率将会引起另一类错误的概率增大。例如某工厂准备购买一批较便宜的原材料,要是这批原材料的次品率达到 5% 以上,就拒绝购买。当假设检验的结果是拒绝购买时,就有可能犯第一类错误,工厂就有可能拒绝一批合格便宜的材料,而出高价购买别的原材料,这样便会增加产品成本。反之,如果厂方接受这批原材料,就有可能犯第二类错误,即工厂有可能购进一批不合格的原材料,产品的次品率就要上升。这是一对矛盾,只要以样本为依据进行统

计推断,就会存在发生两类错误的风险。问题是如何使两种错误的概率同时减小,一般的原则是,在控制犯第一类错误的概率 α 的条件下,尽量使犯第二类错误的概率 β 小。根据这一原则,原假设受到保护,不至于被轻易否定。一旦检验结果否定原假设,其犯第一类错误的概率 α 受到控制,也就是说这种"否定"使正确概率 $1-\alpha$ 得到保证。

本书讨论的假设检验问题只是给定犯第一类错误的概率 α,而不考虑犯第二类错误的概率 β,这种假设检验也称为显著性检验,α 也称为显著性水平。

(四)接受域、否定域及临界值

当给了犯第一类错误的概率即显著性水平后,根据一个固定容量 n 的样本计算出的检验统计量的全部可能取值的集合,可以画出该统计量的分布。不妨设被确定的检验统计量满足正态分布(见图 2.5),否定域是指在抽样分布中分属两端的能够否定原假设 H_0 的小区域,否定域的大小由显著性水平 α 决定。当检验统

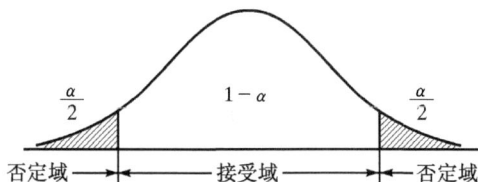

图 2.5　否定域、接受域及临界值

计量的值落在否定域,即否定 H_0,接受 H_1;检验统计量落在接受域,接受 H_0,否定 H_1。图 2.5 中两个末端区域叫做 H_0 的否定域,简称否定域。否定域的面积(两端的阴影部分)就是否定域的概率,称为显著性水平。两个否定域中间的部分称为接受域。接受域的面积就是接受 H_0 的概率 $1-\alpha$。接受域与否定域的分界点称为临界值。

(五)双侧检验和单侧检验

根据假设的形式不同,假设检验可分为双侧检验和单侧检验(这里以总体均值 μ 的假设检验为例)。

1. 双侧检验

双侧检验形式为

$$H_0 : \mu = \mu_0$$

$$H_1 : \mu \neq \mu_0$$

双侧检验的显著性水平平均分布在左右两侧,否定域分别在分布曲线的两端(见图 2.5)。对于双侧检验,有时将 H_1 略去不写,仅写 H_0 也可以。

2. 单侧检验

单侧检验有两种形式:左侧检验和右侧检验。

(1)左侧检验,其形式为

$$H_0: \mu \geqslant \mu_0$$

$$H_1: \mu < \mu_0$$

(2)右侧检验,其形式为

$$H_0: \mu \leqslant \mu_0$$

$$H_1: \mu > \mu_0$$

左侧检验的否定域分布在曲线的左端,右侧检验的否定域分布在曲线的右侧(见图 2.6)。

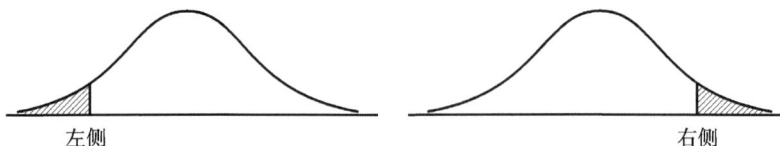

左侧   右侧

图 2.6 单侧检验

由于单侧检验的否定域分布在一侧,较之双侧检验来说,显著性水平增加了一倍,因而更能拒绝原假设,一般应谨慎使用。

(六)检验统计量

假设检验以样本为依据,通过构造一个合适的检验统计量来分析样本统计量与参数假设值的差距。差距越小,假设值真实的可能性就越大;差距越大,假设值真实的可能性就越小。但是,直接用样本信息即样本观察值检验统计假设是困难的,我们必须借助于根据样本统计量构造出在理论上满足一些要求的另一个统计量。这个用于假设检验的统计量称为检验统计量。检验统计量在理论上必须满足以下要求:

(1)在零假设成立的条件下,它的分布函数是已知的,其值是有表可查的。一般选择 Z 分布、t 分布、F 分布以及 χ^2 分布等。

(2)它必须包含要检验的总体参数。

(3)检验统计量的值是可以计算的。

许多常用的检验统计量可以归结为以下的形式:

$$检验统计量 = \frac{样本统计量 - 被假设参数}{样本统计量的标准误差}$$

思考与练习

1. 什么是随机变量？反映随机变量数字特征的指标有哪几个？
2. 什么是总体分布？什么是样本分布？什么是抽样分布？
3. 试区分各种分布的主要特征。
4. 什么是假设检验？试述假设检验的基本思想。

第三章　一元线性回归模型

　　一元线性回归模型也称为简单线性回归模型。一元线性回归模型虽然简单，但其研究的基本理论和方法，为研究以后各章打下了重要的基础。

第一节　线性相关分析

一、变量之间相互关系的分类

　　两个变量之间的相关关系按分组依据不同，可作不同的分类。

　　(一)按相关的程度不同分为不相关、不完全相关和完全相关

　　如果两个现象互不影响，彼此的数量变化互相独立，这种关系称为不相关。如果一个现象的数量变化由另一个现象的数量变化所唯一确定，这时两个现象之间的关系称为完全相关。这种情况下，相关关系实际是函数关系。所以，函数关系是相关关系的一种特殊情况。如果两个现象之间的关系介于不相关和完全相关之间，就称为不完全相关。大多数相关现象都是不完全相关。

　　(二)按相关的方向不同分为正相关和负相关

　　当两个现象之间的数值变化呈现同方向变化，则称这种相关关系为正相关。当两个现象之间的数值变化呈现反方向变化时，则称这种相关关系为负相关。

　　(三)按相关的形式不同分为线性相关和非线性相关

　　如果将两个现象之间的各对观测值画成散点图，当各个观测点的分布近似地表现为直线形式，这种相关关系称为线性相关；当各个观测点的分布近似地表现为各种不同的曲线形式，这种相关关系就称为非线性相关。

二、线性相关分析

　　相关关系常用相关系数表示。相关系数是表明两个变量之间相关关系密切程度的数量指标。相关系数有简单相关系数、复相关系数和偏相关系数。这里先介绍简单相关系数。复相关系数和偏相关系数将在后面有关章节介绍。

　　简单相关系数是表明两个变量之间在直线相关条件下相关关系密切程度的数量指标。严格地讲，应称为线性相关系数，一般简称相关系数。社会经济现象总体中,两个变量之间的相关系数通常是未知的,一般用样本相关系数表示,常用的样本相关系数有皮尔逊(Pearson)相关系数和斯皮尔曼(Spearman)相关系数。

(一)皮尔逊(Pearson)相关系数

为了计算样本相关系数,可以作如下的计算。假定相关的两个变量 X 和 Y 的相关图如图 3.1 所示。

(1)计算变量 X 和变量 Y 的平均数:$\overline{X},\overline{Y}$。

(2)从平均数 $\overline{X}$ 和 $\overline{Y}$ 分别向 X 轴和 Y 轴作垂直线 $\overline{X}\,\overline{X}$ 和 $\overline{Y}\,\overline{Y}$,把直角坐标系的面积分为四个部分:Ⅰ,Ⅱ,Ⅲ,Ⅳ。

(3)再取 X 和 Y 的每个值与其平均数的离差:$(X-\overline{X})$ 及 $(Y-\overline{Y})$。

研究变量 X 与 Y 的值与其平均数的离差,可以看出它们的乘积能够提供变量 X 和 Y 之间的相关度量。

①在 Ⅰ、Ⅲ 象限中,乘积

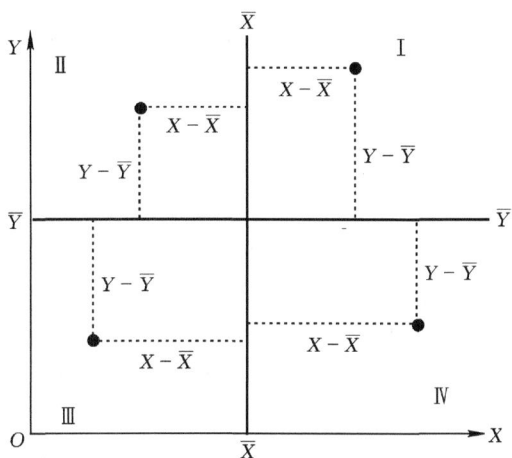

图 3.1 相关图

$(X-\overline{X})(Y-\overline{Y})$ 为正,因为 X 和 Y 的离差都有相同的符号,同时为正或同时为负。

②在 Ⅱ、Ⅳ 象限中,乘积 $(X-\overline{X})(Y-\overline{Y})$ 为负,因为在同一象限中 X 的离差和 Y 的离差符号相反。

于是,如果多数观测值落在 Ⅱ、Ⅳ 象限,Y 和 X 之间为负相关。落在 Ⅰ、Ⅲ 象限,Y 和 X 之间为正相关。如果观测值随机地散布在四个象限内,X 和 Y 的离差乘积由于正负相互抵消,其乘积之和将趋于零。

如果所有变量值 X 和 Y 与其平均数的离差乘积之和为正,则 X 和 Y 之间就是正相关。用符号表示为:

$$\sum(X_i-\overline{X})(Y_i-\overline{Y})>0$$

如果所有变量值 X 和 Y 与其平均数的离差乘积之和为负,则 X 和 Y 之间是负相关。用符号表示为:

$$\sum(X_i-\overline{X})(Y_i-\overline{Y})<0$$

这样,离差乘积之和 $\sum(X_i-\overline{X})(Y_i-\overline{Y})$ 提供了 X 和 Y 之间的一个相关度量。然而,这个度量有两个缺点:第一,受观测值数目的影响。观测值的数目愈多,乘积的数值就愈大,因此 $\sum (X_i - \overline{X})(Y_i - \overline{Y})$ 的值就会因观测值数目 n 的多少而不同。如果 X 和 Y 为正相关,观测值数目 n 增加,必然使得相关显得较强,这显然是不真实的。第二,$\sum (X_i - \overline{X})(Y_i - \overline{Y})$ 受变量 X 和 Y 计量单位及其离散程度的影响。且不同计量单位相乘也没有实际经济内容。同时,X 和 Y 的同一观测值,使用较大的计量单位(例如 X 以吨作单位,Y 以万元作单位)比使用较小单位(如 X 以公斤,Y 以元作单位)计算的离差乘积之和的数值反而小。

为了克服第一个缺点,用观测值数目 n 去除 $\sum (X_i - \overline{X})(Y_i - \overline{Y})$,以消除 n 的影响,用 S_{XY}^2 表示,即

$$S_{XY}^2 = \frac{\sum (X_i - \overline{X})(Y_i - \overline{Y})}{n}$$

这一表达式称为 X 和 Y 的协方差。然而协方差仍然受 X 和 Y 计量单位以及离散程度的影响,为了克服这一缺点,用 X 和 Y 各自的标准差去除协方差,而标准差是有计量单位的,且分别与变量 X 和 Y 的单位相同,所以得出的这个比率是一个无量纲的数,它既不受观测数目 n 的影响,也不受计量单位的影响,用这个比率来度量现象之间的直线相关关系就叫相关系数。确切地讲,应称为样本相关系数。用符号 r 表示:

$$r = \frac{S_{XY}^2}{S_X \cdot S_Y} = \frac{\sum (X_i - \overline{X})(Y_i - \overline{Y})}{n \cdot S_X \cdot S_Y} \tag{3.1}$$

其中,S_X 为 X 的标准差,S_Y 为 Y 的标准差。

$$S_X = \sqrt{\frac{\sum (X_i - \overline{X})^2}{n}} \qquad S_Y = \sqrt{\frac{\sum (Y_i - \overline{Y})^2}{n}}$$

(3.1)式是相关系数的基本计算公式,根据已知资料,可以从(3.1)式得出其他计算公式。

将 S_X,S_Y 的计算公式代入(3.1)式化简后为:

$$r = \frac{\sum (X_i - \overline{X})(Y_i - \overline{Y})}{\sqrt{\sum (X_i - \overline{X})^2} \sqrt{\sum (Y_i - \overline{Y})^2}} \tag{3.2}$$

(3.2)式称为积差式。将(3.2)式的分子分母展开后,便可得如下简捷式,其计算公式为:

$$r = \frac{n \sum X_i Y_i - \sum X_i \sum Y_i}{\sqrt{n \sum X_i^2 - (\sum X_i)^2} \cdot \sqrt{n \sum Y_i^2 - (\sum Y_i)^2}} \tag{3.3}$$

根据下面表 3.1 某地区国民收入与居民储蓄存款资料计算相关系数如下:

表 3.1 相关系数计算表

年份	国民收入 (亿元)X	储蓄存款余额 (亿元)Y	XY	X^2	Y^2
1994	25	2.8	70.0	625	7.84
1995	27	2.9	78.3	729	8.41
1996	29	3.2	92.8	841	10.24
1997	32	3.2	102.4	1 024	10.24
1998	34	3.4	115.6	1 156	11.56
1999	36	3.2	115.2	1 296	10.24
2000	35	3.3	115.5	1 225	10.89
2001	39	3.7	144.3	1 521	13.69
2002	42	3.9	163.8	1 764	15.21
2003	45	4.2	189.0	2 025	17.64
合计	344	33.8	1 186.9	12 206	115.69

$$r=\frac{10\times1\ 186.9-344\times33.8}{\sqrt{10\times12\ 206-(344)^2}\times\sqrt{10\times115.96-(33.8)^2}}=0.956\ 5$$

计算结果表明国民收入和居民储蓄存款之间为正相关关系,且为高度相关。

相关系数的计算公式还可以通过代数变换,形成其他形式。如:

$$r=\frac{\sum X_iY_i-n\cdot\overline{X}\cdot\overline{Y}}{\sqrt{\sum X_i^2-n(\overline{X})^2}\ \sqrt{\sum Y_i^2-n(\overline{Y})^2}} \tag{3.4}$$

$$r=\frac{\overline{XY}-\overline{X}\cdot\overline{Y}}{\sqrt{\overline{X^2}-(\overline{X})^2}\ \sqrt{\overline{Y^2}-(\overline{Y})^2}} \tag{3.5}$$

相关系数的取值范围在-1和$+1$之间,带负号表明是负相关,带正号表明是正相关。

一般情况下,通过相关系数判断相关关系密切程度的标准如下:

当$r=0$时,X和Y不相关。或者不存在直线相关,但可能存在其他类型的关系。

当$0<|r|<0.3$时,X和Y为微弱相关。

当$0.3\leqslant|r|<0.5$时,X和Y为低度相关。

当$0.5\leqslant|r|<0.8$时,X和Y为中度相关。

当$0.8\leqslant|r|<1$时,X和Y为高度相关。

当$|r|=1$,X和Y完全相关,即所有散点完全在一条直线上,也就是函数关系。

为什么当所有散点完全在一条直线上时，X 和 Y 为完全相关？我们可以通过图 3.2 来加以证明。（请读者自己证明）

实际上，几乎永远不能观测到完全相关，通常 $|r|$ 取 0 到 1 之间的值。

(二)斯皮尔曼(Spearman)相关系数

斯皮尔曼相关系数也称等级相关系数。前述采用积差法计算的相关系数 r，它只适用于变量 X,Y 观测值（即数量标志值）都是基数的情况下，而且属于线性关系。如果两个变量 X 和 Y 是以品质标志出现的，要研究它们之间是否具有相关关系，则要用等级相关系数进行计算。

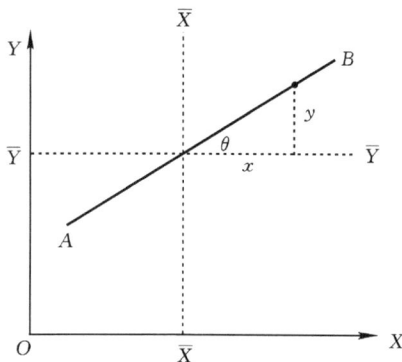

图 3.2　完全相关

等级相关系数侧重于观测现象的等级，就是把有关联的品质标志按其表现排列成等级次序（当然数量标志值更容易排成等级次序），形成 X,Y 的两个序数数列，再测定这两个序数数列之间的相关程度，用这种方法计算的相关指标，就叫等级相关系数，或斯皮尔曼相关系数，用 r_s 表示。

$$r_s = 1 - \frac{6 \sum D^2}{n(n^2 - 1)} \tag{3.6}$$

式中，n 为样本容量，D 为序列等级之差。

假设有 n 对观测值，它分别按 X,Y 两变量的数值由小到大按程序评定等级，也就是由 $1,2,3,\cdots,n$ 来代表变量的等级：

$$X_i = 1,2,\cdots,n \qquad Y_i = 1,2,\cdots,n$$

以等级来讲

$$\sum X_i = \sum Y_i = 1 + 2 + \cdots + n = \frac{n(n+1)}{2}$$

平均等级 $\overline{X} = \overline{Y} = \dfrac{\sum X_i}{n} = \dfrac{\sum Y_i}{n} = \dfrac{n(n+1)}{2n} = \dfrac{n+1}{2}$

$$\sum X_i^2 = \sum Y_i^2 = 1^2 + 2^2 + \cdots + n^2$$
$$= \frac{n(n+1)(2n+1)}{6}$$

$$\sum (X_i - \overline{X})^2 = \sum (Y_i - \overline{Y})^2$$
$$= \sum X_i^2 - n\overline{X}^2 = \sum Y_i^2 - n\overline{Y}^2$$

$$= \frac{n(n+1)(2n+1)}{6} - n \cdot \frac{(n+1)^2}{2^2}$$

$$= \frac{2n(n+1)(2n+1) - 3n(n+1)^2}{12}$$

$$= \frac{n(n+1)(4n+2-3n-3)}{12}$$

$$= \frac{n(n+1)(n-1)}{12}$$

$$= \frac{n(n^2-1)}{12}$$

令 $\qquad D = Y_i - X_i$

则 $\qquad \sum D^2 = \sum (Y_i - X_i)^2 = \sum X_i^2 + \sum Y_i^2 - 2\sum X_i Y_i$

$$2\sum X_i Y_i = 2\sum X_i^2 - \sum D^2$$

$$\sum X_i Y_i = \sum X_i^2 - \frac{\sum D^2}{2}$$

即 $\qquad \sum X_i Y_i = \frac{n(n+1)(2n+1)}{6} - \frac{\sum D^2}{2}$

又因为

$$\sum (X_i - \overline{X})(Y_i - \overline{Y}) = \sum X_i Y_i - n\overline{X}\,\overline{Y}$$

$$= \frac{n(n+1)(2n+1)}{6} - \frac{\sum D^2}{2} - n \cdot \frac{(n+1)^2}{2^2}$$

$$= \frac{n(n^2-1)}{12} - \frac{\sum D^2}{2}$$

所以

$$r_s = \frac{\sum (X_i - \overline{X})(Y_i - \overline{Y})}{\sqrt{\sum (X_i - \overline{X})^2 \sum (Y_i - \overline{Y})^2}}$$

$$= \frac{\dfrac{n(n^2-1)}{12} - \dfrac{\sum D^2}{2}}{\dfrac{n(n^2-1)}{12}}$$

$$r_s = 1 - \frac{6\sum D^2}{n(n^2-1)}$$

一般若按自然数列排列,当出现相同观测值时,要用平均等级,例如 100,90,90,80,若 100 等级为 1,80 等级为 4,则 90 的等级应为 2.5。

例如,要研究大学生的统计学学习成绩是否和数学的学习成绩密切相关,我们随机抽取 10 名大学生组成随机样本,学习成绩排列的等级及有关的计算见表3.2。

表 3.2   10 名学生学习成绩情况

数学成绩		统计学成绩		等级差 $D=X-Y$	D^2
分数	等级 X	分数	等级 Y		
100	1	95	1	0	0
95	2	88	3	−1	1
94	4	86	4.5	−0.5	0.25
94	4	86	4.5	−0.5	0.25
94	4	90	2	2	4
90	6	84	7	−1	1
85	7	75	8	−1	1
80	8	85	6	2	4
74	9	60	9	0	0
60	10	54	10	0	0
—	—	—	—	—	$\sum D^2 = 11.5$

$$r_s = 1 - \frac{6 \sum D^2}{n(n^2-1)} = 1 - \frac{6 \times 11.5}{10 \times 99} = 0.93$$

结果表明,该组学生的数学成绩和统计学成绩的排列等级之间有着高度的相关关系。

读者可以自行验证,当 X 和 Y 两序列排列等级完全一致时,$r_s=1$,则 X 与 Y 完全正相关;当两序列排列等级完全相反时,$r_s=-1$,则 X 与 Y 完全负相关。所以,当 $|r_s|$ 很接近 1 时,若 $r_s>0$,则说明 X 和 Y 的排列等级相当一致,若 $r_s<0$,则说明 X 和 Y 的排列等级截然相反。

(三)相关分析应注意的问题

(1)变量 Y 与变量 X 的相关系数等于变量 X 与变量 Y 的相关系数,即 $r_{YX}=r_{XY}$。

(2)简单相关系数只适用于两个变量之间的相关关系。若变量为三个或三个以上时,就要用复相关系数或偏相关系数进行分析计算。

(3)相关分析要以定性分析为前提,不然就会出现"虚假相关"。因为相关系数仅从统计上表明现象之间的数量关系,即使相关系数接近 1 也并不意味着数据之间存在着因果关系。例如我们不能根据个人消费额与储蓄额的相关性而得出"消费的增加是储蓄增加的原因"的结果,这显然是错误的。而消费和储蓄之间所以相关性高,是因为收入和消费、收入和储蓄之间分别存在着经济性因果关系。而消费与储蓄的相关性就是一种"虚假相关"。

(4)样本相关系数只是总体相关系数的估计值,一般应对 r 进行显著性检验。

第二节　线性回归分析

一、回归分析

(一)回归分析的概念

"回归"一词最初是由英国统计学家高尔登(Galton)提出来的,高尔登曾经调查了 1 078 户父亲身高和子女身高,于 1889 年发表了一篇关于遗传学的论文。在这篇论文里,他指出:①父亲个子高的子女个子也高,父亲个子低的子女个子也低。②但平均来说,高个子父亲的子女平均身高要低于父亲的平均身高,低个子父亲的子女平均身高要高于他们父亲的平均身高。也就是说,他们都有"回归"到父亲身高的趋势。不然的话,人类的身高就会出现两极分化,这就是著名的"回归规律"。从此"回归"一词就成为统计学研究事物间相互关系的通用语,并广泛用于生物学、心理学、教育学、经济学等各个学科领域。

研究现象之间的一般关系求出关系方程式,由此根据某变量的一个值推断出另一变量的可能值,就称为回归分析。它实际上是将相关现象间不确定的数量关系一般化。采用的方法是配合直线或曲线,用这条直线或曲线来代表现象之间的一般数量关系。这条直线或曲线叫回归直线或回归曲线。

(二)回归分析与相关分析的联系与区别

回归分析与相关分析有着密切的联系。一方面相关分析是回归分析的基础和前提,如果缺少相关分析,没有从定性上说明现象之间是否具有相关关系,没有对相关关系的密切程度作出判断,就不能进行回归分析,即使勉强进行了回归分析,也是没有意义的;另一方面回归分析是相关分析的深入和继续,仅仅说明现象间具有密切的相关关系是不够的,只有进行了回归分析,拟合了回归方程,才可能进行有关的分析和预测,相关分析才有实际的意义。

回归分析与相关分析有如下区别:

(1)相关分析所研究的两个变量是对等关系,回归分析所研究的两个变量不是对等关系,必须根据研究目的,先确定一个为解释变量,另一个为被解释变量。

(2)对两个变量 X 和 Y 来说,相关分析只能计算出一个反映两变量间相关关系密切程度的相关系数,计算中改变 X 和 Y 的地位不影响相关系数的数值;回归分析却要分析两变量或多变量之间相关的形式,即回归方程。

（3）相关分析对资料的要求是,两个变量都必须是随机的;而回归分析对资料的要求是,解释变量是固定的,被解释变量是随机的。

二、总体回归函数(PRF)

下面我们通过一个例题来说明回归分析是如何进行的。

假定有 60 户家庭组成一个总体,目的是要研究每一个月的家庭消费支出 Y 与每一个月家庭可支配收入 X 之间的关系,以及如何估计对应于某一特定家庭收入水平的平均家庭消费支出。为此,我们将 60 户家庭按照大致相同的收入水平划分为 10 个组,再观察每组的家庭消费支出。将观测数据列成表 3.3(表中 X 表示每组收入水平的组中值,Y 表示每组的消费支出),根据表里数据做出散点图,如图3.3 所示。

表 3.3　　60 户家庭可支配收入和消费支出情况

	家庭每月可支配收入 X(元)									
	800	1 000	1 200	1 400	1 600	1 800	2 000	2 200	2 400	2 600
每月家庭消费支出 Y(元)	550	650	790	800	1 020	1 100	1 200	1 350	1 370	1 500
	600	700	840	930	1 070	1 150	1 360	1 370	1 450	1 520
	650	740	900	950	1 100	1 200	1 400	1 400	1 550	1 750
	700	800	940	1 030	1 160	1 300	1 440	1 520	1 650	1 780
	750	850	980	1 080	1 180	1 350	1 450	1 570	1 750	1 800
	—	880	—	1 130	1 250	1 400	—	1 600	1 890	1 850
	—	—	—	1 150	—	—	—	1 620	—	1 910
Y 的条件均值 $E(Y\mid X_i)$	650	770	890	1 010	1 130	1 250	1 370	1 490	1 610	1 730

由前述"回归分析"的定义可知,我们需要研究的问题是平均家庭消费支出对家庭收入的依赖性,即前者如何随着后者变化而变化。换句话说,研究的不是单个家庭消费支出的变化情况,而是对应于每个收入水平的平均消费支出的变化情况,用术语来说,就是条件均值 $E(Y\mid X_i)$ 对于 X 的变化情况。

根据表中数据,求出各条件均值 $E(Y\mid X_i)$(见表 3.3),根据表里数据做出散点图见图 3.3。例如,X 取某一特定值 800 元时,有 5 个 Y 值,每个 Y 值出现的概率

均为 1/5＝0.2,所以这时 Y 的条件均值为:$E(Y|X_i=800)=550\times0.2+600\times0.2$ ＋650×0.2＋700×0.2＋750×0.2＝650,即收入水平为 800 元时的 5 个家庭的平均消费支出为 650 元。同样可以计算其他收入水平下各个家庭的平均消费支出,将这些条件均值再绘制在图 3.3 上,显然可见,$E(Y|X_i)$ 随着 X 的增加而增加,也就是说,随着收入水平的增加,家庭消费支出平均来说也在增加。

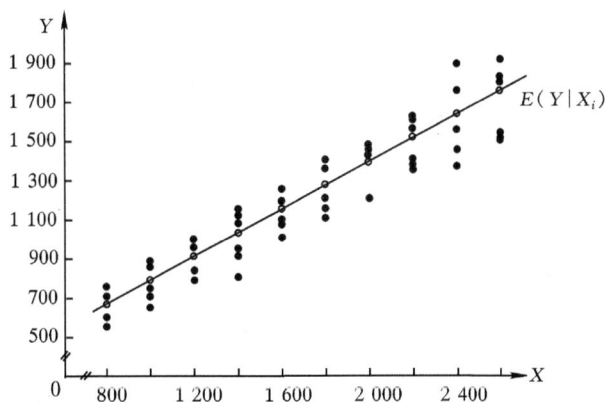

图 3.3 不同收入水平的家庭消费支出散点

由图 3.3 还可以看出,这些均值点 $E(Y|X_i)$ 恰好都落在一条直线上,我们称这条描述条件均值 $E(Y|X_i)$ 变化情况的直线为回归直线,更确切地说为回归曲线。

从上述讨论可以知道,对应每一个收入水平,都可以得到一个条件均值 $E(Y|X_i)$,说明 $E(Y|X_i)$ 是 X 的一个函数,用公式表示即为:

$$E(Y \mid X_i) = f(X_i) \tag{3.7}$$

我们称(3.7)式所代表的函数为总体回归函数,常记为 PRF(population regression function)。PRF 描述了总体的平均变化情况。至于总体回归函数具体取什么函数形式,需要根据经验知识和经济理论来确定。在我们的例题中,PRF 就是一个线性函数。

$$E(Y \mid X) = \beta_0 + \beta_1 X \tag{3.8}$$

对于每个 X_i 有

$$E(Y \mid X_i) = \beta_0 + \beta_1 X_i \tag{3.9}$$

其中 β_0,β_1 是未知的但取值为固定值的参数,称之为回归参数或回归系数。若知道了参数 β_0,β_1 的值,则可确定出总体回归函数,即确定了总体中家庭消费支出对家庭收入的平均依赖程度,进而又可根据这个总体回归函数,预测出对应某一特定收入水平的(总体)平均消费支出。(3.9)式又称为线性总体回归函数。

三、关于线性的含义

关于线性的含义在计量经济学中有两种理解:一种是对模型中的变量而言,即 Y 的条件均值是变量 X_i 的线性函数,例如(3.9)式 $E(Y|X_i)=\beta_0+\beta_1 X_i$ 就是线性回归函数,该回归线是一条直线,而 $E(Y|X_i)=\beta_0+\beta_1 X_i^2$ 就不是线性函数,因为 $E(Y|X_i)=\beta_0+\beta_1 X_i^2$ 关于 X_i 的一阶导数不是常数。另一种是对模型中的参数而言,即 Y 的条件均值是参数的线性函数,而与模型中的变量是否为"线性的"无关。例如 $E(Y|X_i)=\beta_0+\beta_1 X_i^2$ 或 $E(Y|X_i)=\beta_0+\beta_1\dfrac{1}{X_i}$ 都是线性回归函数,而 $E(Y|X_i)=\beta_0+\sqrt{\beta_1} X_i$ 或 $E(Y|X_i)=\beta_0+\dfrac{1}{\beta_1} X_i$ 则不是线性回归函数,而是非线性回归函数。

四、随机扰动项 u

总体回归函数 $E(Y|X_i)$ 只是描述了总体变化情况,也就是说回归直线只是在其他条件保持不变的情况下,代表平均消费和收入之间的精确关系,但就个别家庭来说,其消费支出就不全在这条直线上,而是围绕着这条直线上下波动,与该点的均值产生一个偏差。在计量经济学中,为了更完善地描述个别家庭消费者支出的变化情况,特引进一个变量 u(也可以用 ε 表示)。

$$u_i = Y_i - E(Y|X_i) \tag{3.10}$$

$$Y_i = E(Y|X_i) + u_i = \beta_0 + \beta_1 X_i + u_i \tag{3.11}$$

(3.11)式就是描述家庭实际消费支出变化情况的总体回归模型,式中偏差 u_i 是一个不可观测的随机变量,可正可负,一般称作随机扰动或随机误差。此关系可由图 3.4 直观看出:式(3.11)和图 3.4 都表明,Y 的变化(称之为变差)由两部分组成:一部分是 $E(Y|X_i)=\beta_0+\beta_1 X_i$,即由 X 的变化所引起的(平均)变化,也就是说,这部分变化可由 X 的变化来解释,称为有解释变差;另一部分来自所研究系统之外的变化的影响,称之为未解释变差,即

[Y 的变差]=[有解释变差]+[未解释变差]

在计量经济学中,可以这样来解释变量间联系的真实关系。如果其他条件都保持不变,Y 与 X 是以线性关系相联系。如果 X 以外的因素都不变,则 Y 的变化完全可以由 X 的变化来解释。但是,在实际经济现象中,其他因素不能保持不变,因此在函数中引进随机扰动项 u,用来说明未明显包括在函数中的其他变量的变化。

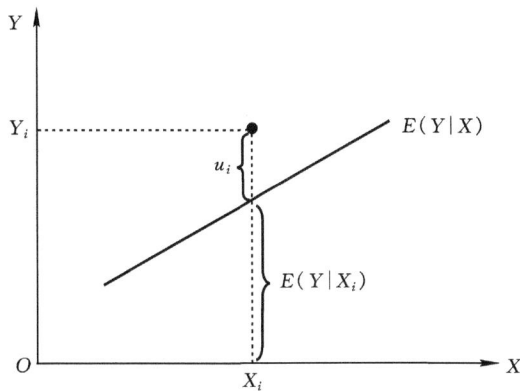

图 3.4　随机变量 u_i 示意图

那么,随机扰动(误差项)究竟包括哪些因素呢? 概括地说,主要有:

(1)被遗漏的影响因素。由于研究者对客观经济现象了解不充分,或者是由于经济理论上的不完善,以致研究者在建立模型时遗漏了一些对被解释变量有重要影响的变量。或者已知道某些变量对被解释变量有重要影响,但却因观测资料难以取得而无法将其引进模型。

(2)变量的测量误差。在观察和测量变量时,由于种种原因使观测值并不等于它的真实值而造成的误差。

(3)随机误差。在影响被解释变量 Y 的诸因素中,还有一些不能控制的因素,如人的思维、行为等,对被解释变量的影响所产生的随机误差被归并到随机扰动项中。

(4)模型的设定误差。在建立模型时,由于把非线性关系线性化,或者略去模型中的某些方程,即由于方程个数不足,而不能真实反映经济现象而产生的误差。

五、样本回归函数(SRF)

在上述假设的例题中,我们是将 60 户家庭作为一个总体来研究它的消费和收入的关系的,因而我们可以根据收集的数据来求出总体回归函数。但是,这只是一个"理想的情况"。而在实际经济生活中,由于种种原因我们不可能取得一个总体的全部数据,而能得到的往往是总体的一个样本资料。为了反映总体的变化情况,我们只能由样本"信息"来估计总体,根据样本资料所得出的,用以估计总体回归函数的函数,就称为样本回归函数,记为 SRF(sample regression function)。

现在假定从表 3.3 的数据中,随机抽出两个样本(见表 3.4 和表 3.5)。

表 3.4　随机样本(一)

消费支出 Y(元)	700	650	900	950	1 100	1 150	1 200	1 400	1 550	1 500
可支配收入 X(元)	800	1 000	1 200	1 400	1 600	1 800	2 000	2 200	2 400	2 600

表 3.5　随机样本(二)

消费支出 Y(元)	550	880	900	800	1 180	1 200	1 450	1 350	1 450	1 750
可支配收入 X(元)	800	1 000	1 200	1 400	1 600	1 800	2 000	2 200	2 400	2 600

　　将表 3.4 和表 3.5 中两个随机样本的数据绘成散点图,如图 3.5(图中分别用 "·"和"×"表示两个样本的数据)。

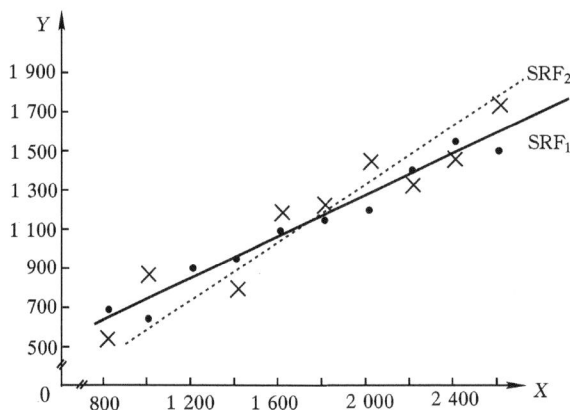

图 3.5　样本家庭收入消费支出散点图

　　由样本散布图可以看出,这两个样本中的 X 和 Y 的数据,都分别大体上存在近似直线关系,我们可以利用样本数据,分别拟合与各个散布点最适合的两条回归直线 SRF$_1$ 和 SRF$_2$。这种以样本数据拟合的直线,称为样本回归直线,如果拟合的是一条曲线,称为样本回归曲线。

　　在拟合的两条样本回归直线中,哪一条更精确地代表了总体回归直线呢？由于每一次抽样都能获得一个样本,也就可以拟合一条样本回归线。每次随机抽样,由于存在着"抽样波动",其结果都不完全相同。所以,样本回归线至多只是未知的总体回归线的近似反映。

　　显然,样本回归直线的函数形式应与总体回归直线的函数形式一致。若是总体回归直线为 $E(Y|X_i)=\beta_0+\beta_1 X_i$,则样本回归直线可表示为

$$\hat{Y}_i = \hat{\beta}_0 + \hat{\beta}_1 X_i \qquad (3.12)$$

其中 $\hat{Y}_i$ 是样本回归线上与 X_i 相对应的 Y 值,可视为总体条件均值 $E(Y|X_i)$ 的估计;$\hat{\beta}_0$ 是样本回归函数的截距系数,$\hat{\beta}_1$ 是样本回归函数的斜率系数。

与总体回归函数相类似,实际观测到的被解释变量 Y_i 值,并不完全等于其样本条件均值 $\hat{Y}_i$,二者之差用 e_i 表示,那么

$$Y_i - \hat{Y}_i = e_i$$

或者

$$Y_i = \hat{\beta}_0 + \hat{\beta}_1 X_i + e_i \qquad (3.13)$$

(3.13)式称为样本回归模型,其中 e_i 称为样本剩余项,也称残差,在概念上,e_i 类似于总体扰动项 u_i。e_i 之所以引入样本回归函数 SRF,与把 u_i 引入总体回归函数 PRF 的理由一样。

六、样本回归函数与总体回归函数的关系

我们进行回归分析的主要目的,就是要根据样本回归模型作出对总体回归模型的估计,在我们所举的例子中,也就是要用

$$Y_i = \hat{\beta}_0 + \hat{\beta}_1 X_i + e_i$$

去估计

$$Y_i = \beta_0 + \beta_1 X_i + u_i$$

可是,样本终究不等于总体,样本回归函数 SRF 几乎总是和总体回归函数 PRF 存在着差异,这从图 3.6 可以清楚看出。

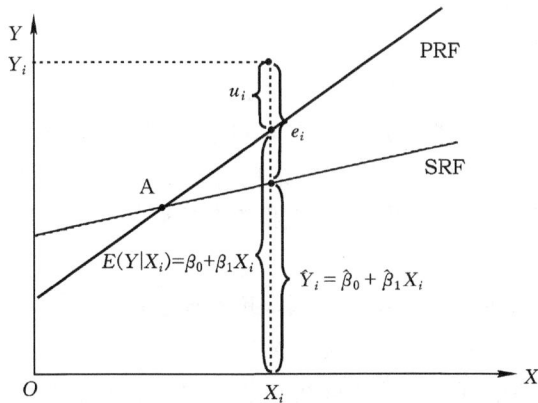

图 3.6 PRF 与 SRF 关系图

在图 3.6 中,PRF 为实际的总体回归函数,SRF 为根据样本得到的样本回归

函数。被解释变量的实际观测值 Y_i，可以分别表示为：

$$Y_i = \hat{Y}_i + e_i = \hat{\beta}_0 + \hat{\beta}_1 X_i + e_i$$

或者

$$Y_i = E(Y \mid X_i) + u_i = \beta_0 + \beta_1 X_i + u_i$$

样本回归函数中的参数 $\hat{\beta}_0$ 和 $\hat{\beta}_1$，是对总体回归函数中的参数 β_0 和 β_1 的估计，通过一定的估计方法得出的 $\hat{\beta}_0$ 和 $\hat{\beta}_1$ 的计算式，称为 β_0 和 β_1 的估计式，将样本观测值代入估计式计算出 $\hat{\beta}_0$ 和 $\hat{\beta}_1$ 的特定数值，就是 β_0 和 β_1 的估计值。由此，SRF 中的 $\hat{Y}_i$ 成为 PRF 中总体条件均值 $E(Y|X_i)$ 的估计。同样，剩余项 e_i 也可视为对总体随机扰动项 u_i 的估计。

因为样本对总体存在代表性差异，SRF 总是会过高或过低地估计 PRF，在图 3.6 中，A 点左边的部分，SRF 过高地估计了 PRF；A 点右边的部分，SRF 又过低地估计了 PRF。计量经济学中关键的问题，就是如何才能使 SRF 尽可能地"接近" PRF，换言之，就是要设法找到一定的规则和方法，使得建立的 SRF 中的参数 $\hat{\beta}_0$ 和 $\hat{\beta}_1$，能够尽可能地"接近"PRF 中的参数 β_0 和 β_1。这就要求解决估计回归模型中参数的方法问题。

第三节　样本一元线性回归模型的估计和检验

一、一元线性回归模型的基本假定

（一）关于随机扰动项 u_i 的假定

要估计出简单线性回归模型 $Y_i = \beta_0 + \beta_1 X_i + u_i$ 的参数 β_0, β_1，就需要知道 X, Y, u 的值。但是 u 的值不能像 Y 和 X 那样可以通过观测得到，因而就必须"推测"出 u 的值，即对每个 u_i 的分布情况作出某些合理的（近乎事实的）假定，如 u 的均值、方差、协方差及其他有关假定。这些假定是真实存在的，只是无法观测到而对 u 的一个"猜测"。

1. u 是一个随机实变数，其均值为零，且为正态分布

$$E(u_i \mid X_i) = 0 \tag{3.14}$$

此假定表示对于每一个 X_i，Y_i 的值可在其条件均值的上下波动，与其均值的偏差 u_i 有正有负，但在大量观测下，平均来说其总和为零且以零均值为对称，形成正态分布。

图 3.7 直观地表示了该假定的含义。

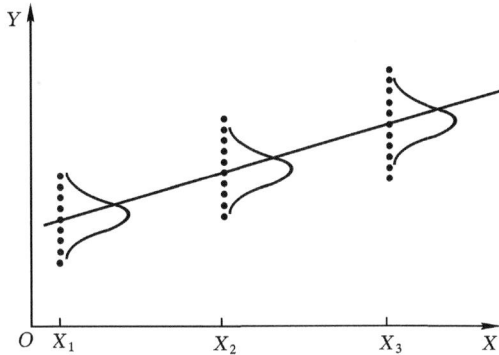

图 3.7　u_i 的分布

2. u 的方差为常数(同方差假定)

$$\mathrm{Var}(u_i \mid X_i) = E[u_i - E(u_i \mid X_i)]^2$$
$$= E(u_i^2) = \sigma^2 \tag{3.15}$$

此假定表示对于所有的 X_i，u_i 对其均值的方差都是相同的。且都等于某个常数 σ^2，如图 3.8 所示。

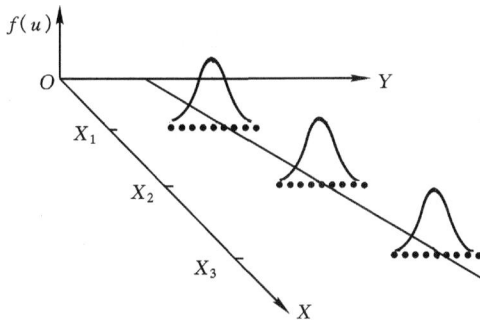

图 3.8　u_i 的同方差性

3. u 的协方差等于零

$$\mathrm{Cov}(u_i, u_j) = E[u_i - E(u_i)][u_j - E(u_j)]$$
$$= E(u_i u_j) = 0 \qquad (i \neq j) \tag{3.16}$$

此假定表示不同观测值的随机扰动项 (u_i, u_j) 是互不相关的，即不会出现图 3.9 中(a)(b)情形，而呈现的是(c)的情况。

4. u 与解释变量无关

$$\mathrm{Cov}(X_i, u_i) = E[u_i - E(u_i)][X_j - E(X_j)] = 0 \tag{3.17}$$

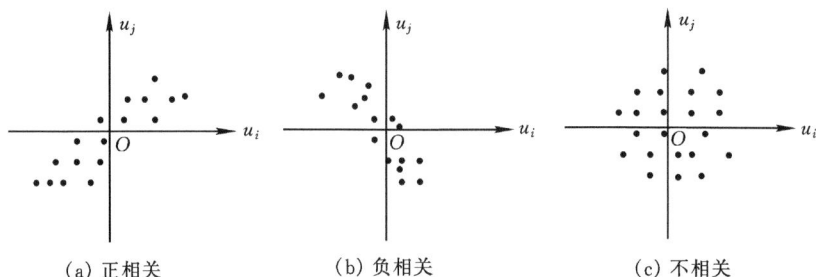

|（a）正相关|（b）负相关|（c）不相关|

图 3.9　u_i 与 u_j 相关图

此假定表示随机扰动项与解释变量不相关，即 u_i 项与 X_i 项不趋向于共同变化，各自分别独立对 Y_i 产生影响。

线性回归模型如果满足以上假定条件，就称为古典的（或普通的）线性回归模型，它是德国数学家高斯（Gauss）于 1821 年首先提出的，所以也称为古典线性模型。

（二）对解释变量 X 和被解释变量 Y 的假定

（1）解释变量是非随机的，即在重复抽样时，解释变量 X_i 是一组固定的值，也就是说解释变量 X_i 无测量误差。

（2）被解释变量 Y_i（对应于某一固定的解释变量 X_i）可以是随机的，Y_i 的值可能包含或者不包含测量误差。

（3）由于解释变量 Y_i 分布的性质决定于 u_i，对于 u_i 的各项假定也适用于 Y_i 的假定。即

① $E(Y_i \mid X_i) = \beta_0 + \beta_1 X_i$ 　　　　　　　　　　　　　　　（3.18）

② $\mathrm{Var}(Y_i \mid X_i) = \sigma^2$ 　　　　　　　　　　　　　　　　　（3.19）

③ $\mathrm{Cov}(Y_i, Y_j) = 0 \quad (i \neq j)$ 　　　　　　　　　　　（3.20）

④ $Y_i \sim N(\beta_0 + \beta_1 X_i, \sigma^2)$ 　　　　　　　　　　　　　（3.21）

二、样本一元线性回归模型的估计——普通最小二乘法(OLS)

利用样本信息来估计总体回归函数的方法有好几种，但简便易行、具有某些优良特性且被广泛采用的是普通最小二乘法 OLS(ordinary least squares)。掌握此种方法，对于以后学习其他计量经济方法很有好处。

最小二乘法原理：要求各个散点到回归直线的离差的平方和最小，即

$$\sum e_i^2 = \sum (Y_i - \hat{\beta}_0 - \hat{\beta}_1 X_i)^2 = \min \sum (Y_i - \hat{\beta}_0 - \hat{\beta}_1 X_i)^2 \quad (3.22)$$

根据微分学分别对 $\hat{\beta}_0, \hat{\beta}_1$ 求一阶偏导数，并令其等于零，就可以得到求 $\hat{\beta}_0, \hat{\beta}_1$

的正规方程：

$$\begin{cases} \dfrac{\partial \sum e_i^2}{\partial \hat{\beta}_0} = 2 \sum (Y_i - \hat{\beta}_0 - \hat{\beta}_1 X_i)(-1) = 0 \\[4mm] \dfrac{\partial \sum e_i^2}{\partial \hat{\beta}_1} = 2 \sum (Y_i - \hat{\beta}_0 - \hat{\beta}_1 X_i)(-X_i) = 0 \end{cases} \tag{3.23}$$

$$\begin{cases} \sum Y_i = n\hat{\beta}_0 + \hat{\beta}_1 \sum X_i \\[2mm] \sum X_i Y_i = \hat{\beta}_0 \sum X_i + \hat{\beta}_1 \sum X_i^2 \end{cases} \tag{3.24}$$

根据正规方程，可解得 $\hat{\beta}_0$，$\hat{\beta}_1$ 如下：

$$\hat{\beta}_0 = \overline{Y} - \hat{\beta}_1 \overline{X} \tag{3.25}$$

$$\hat{\beta}_1 = \frac{n \sum X_i Y_i - \sum X_i \sum Y_i}{n \sum X_i^2 - (\sum X_i)^2} \tag{3.26}$$

其中：n 为样本容量，$\overline{X} = \dfrac{\sum X}{n}$，$\overline{Y} = \dfrac{\sum Y}{n}$。

如果用变量值与其平均数的离差形式表示，则：

$$\hat{\beta}_0 = \overline{Y} - \hat{\beta}_1 \overline{X} \tag{3.27}$$

$$\hat{\beta}_1 = \frac{\sum (X_i - \overline{X})(Y_i - \overline{Y})}{\sum (X_i - \overline{X})^2} = \frac{\sum x_i y_i}{\sum x_i^2} \tag{3.28}$$

这就是一条通过变量的平均值所确定的点的回归直线，这个结果很有用，后面有关章节要用到。

下面我们根据上一节中随机样本（一）（表 3.4）的数据，计算样本回归直线 $\hat{\beta}_0$，$\hat{\beta}_1$ 的值，如表 3.6 所示。

根据（3.27）和（3.28）式可计算得

$$\hat{\beta}_1 = \frac{\sum x_i y_i}{\sum x_i^2} = \frac{1\,680\,000}{3\,300\,000} = 0.509\,1$$

$$\hat{\beta}_0 = \overline{Y} - \hat{\beta}_1 \overline{X} = 1\,110 - 0.509\,1 \times 1\,700 = 244.53$$

所以，样本（一）的回归函数为

$$\hat{Y}_i = 244.53 + 0.509\,1 X_i$$

表 3.6　样本(一)参数估计计算表

序号	可支配收入 X_i(元)	消费支出 Y_i(元)	$x_i = X_i - \overline{X}$	$y_i = Y_i - \overline{Y}$	x_i^2	y_i^2	$x_i y_i$	$\hat{y}_i$	$e_i = Y_i - \hat{Y}_i$	e_i^2
1	800	700	−900	−410	810 000	168 100	369 000	651.91	48.19	2 322.28
2	1 000	650	−700	−460	490 000	211 600	322 000	753.63	−103.6	10 732.96
3	1 200	900	−500	−210	250 000	44 100	105 000	855.45	44.55	1 984.70
4	1 400	950	−300	−160	90 000	25 600	48 000	957.27	−7.27	52.85
5	1 600	1 100	−100	−10	10 000	100	1 000	1 059.09	40.91	1 673.62
6	1 800	1 150	100	40	10 000	1 600	4 000	1 160.91	−10.91	1 190.28
7	2 000	1 200	300	90	90 000	8 100	27 000	1 262.73	−62.73	3 935.05
8	2 200	1 400	500	290	250 000	84 100	145 000	1 364.55	35.45	1 256.70
9	2 400	1 550	700	440	490 000	193 600	308 000	1 466.34	83.63	6 993.98
10	2 600	1 500	900	390	810 000	152 100	351 000	1 568.19	−68.19	4 649.88
$\sum$	17 000	11 100	—	—	3 300 000	888 900	1 680 000	11 099.9	—	34 792.3

三、OLS 回归线的性质

(1)回归线通过样本均值。因为 $\overline{Y} = \hat{\beta}_0 + \hat{\beta}_1 \overline{X}$，所以样本回归线必然通过($\overline{Y}$, $\overline{X}$)。

(2)剩余项 e_i 的均值为零，即

$$\overline{e}_i = 0 \tag{3.29}$$

因为　　$$\frac{\partial(\sum e_i^2)}{\partial \hat{\beta}_0} = -2 \sum (Y_i - \hat{\beta}_0 - \hat{\beta}_1 X_i) = 0$$

所以　　$$\frac{\sum (Y_i - \hat{\beta}_0 - \hat{\beta}_1 X_i)}{n} = \frac{\sum e_i}{n} = 0$$

即　　$$\overline{e}_i = \frac{\sum e_i}{n} = 0$$

(3)Y_i 的估计值的均值等于实际值的均值，即

$$\hat{Y}_i = \overline{Y}_i \tag{3.30}$$

因为　　$\overline{e}_i = 0$，而 $\hat{Y}_i = Y_i - e_i$

所以　　$$\frac{\sum \hat{Y}_i}{n} = \frac{\sum Y_i}{n} - \frac{\sum e_i}{n}，即 \hat{Y}_i = \overline{Y}_i$$

（4）解释变量与剩余项 e_i 不相关，即

$$\mathrm{Cov}(X_i,\ e_i) = 0 \qquad\qquad (3.31)$$

因为

$$\mathrm{Cov}(X_i,e_i) = \frac{1}{n}\sum(e_i - \bar{e})(X_i - \overline{X})$$

$$= \frac{1}{n}\sum e_i X_i$$

由正规方程

$$\sum(Y_i - \hat{\beta}_0 - \hat{\beta}_1 X_i)X_i = \sum e_i X_i = 0$$

所以　　　　　$\mathrm{Cov}(X_i,e_i) = 0$

（5）Y_i 的估计值与剩余项 e_i 不相关，即

$$\mathrm{Cov}(\hat{Y}_i,e_i) = 0 \qquad\qquad (3.32)$$

$$\mathrm{Cov}(\hat{Y}_i,e_i) = \frac{1}{n}\sum(\hat{Y}_i - \overline{\hat{Y}}_i)(e_i - \bar{e}_i)$$

$$= \frac{1}{n}(\hat{\beta}_0\sum e_i + \hat{\beta}_1\sum X_i e_i) = 0$$

四、OLS 估计式的特性

前面我们曾提到，应用 OLS 方法估计模型参数，可以使参数的估计式具有某种"优良"的统计性质。那么，一个"优良"的估计式究竟应具备哪些性质？用 OLS 法求得的估计式是不是具有这些性质？下面就来研究这个问题。

（一）一个"优良"的估计式应具备的统计性质

1. 无偏性（无偏估计式）

设 $\hat{\theta}$ 是参数 θ 的估计式，定义估计量的偏倚为：偏倚＝$E(\hat{\theta}) - \theta$

若一个估计式的偏倚为零，即 $E(\hat{\theta}) = \theta$，则称此估计式是无偏的，或者说 $\hat{\theta}$ 是 θ 的无偏估计式。即：平均来说，此估计式给出了参数真值。图 3.10 表明了参数真

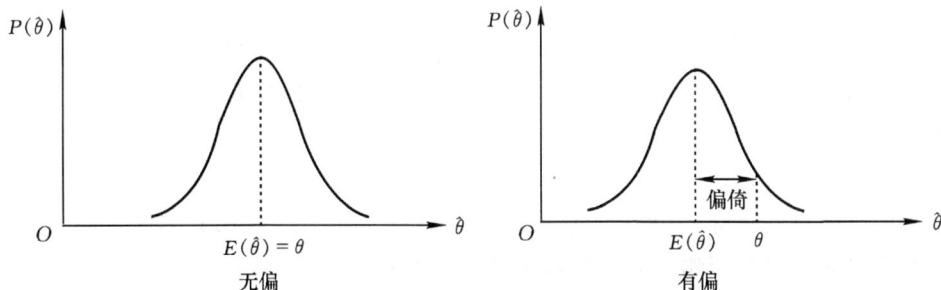

图 3.10　无偏性

值 θ 的无偏和有偏估计式。

2. 最小方差性(最佳估计式)

设 $\hat{\theta}$ 是参数 θ 的估计式,若对参数 θ 的任意一个估计式 $\tilde{\theta}$ 都有 $\mathrm{Var}(\hat{\theta}) \leqslant \mathrm{Var}(\tilde{\theta})$ 成立,则称 $\hat{\theta}$ 是 θ 的最小方差估计式。

也就是说用最小方差估计式所得到的估计量与由其他经济计量方法求得的任何估计量相比较时,其方差最小,它就是最佳估计式(见图 3.11)。

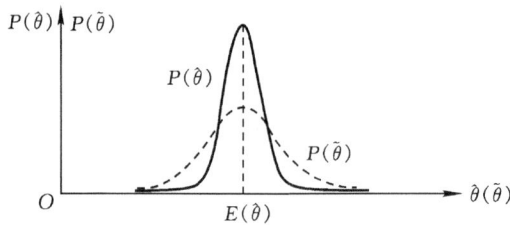

图 3.11　最小方差性

3. 线性估计式

一个估计式如果是样本观测值的线性函数,也就是说它决定于样本数据的线性组合,它就是线性估计式,若样本观测值为 $Y_1, Y_2, \cdots, Y_n$,则线性估计式将为如下形式:

$$\hat{\theta} = K_1 Y_1 + K_2 Y_2 + \cdots + K_i Y_i \quad (K \text{ 为常数}) \quad (i = 1, 2, 3, \cdots, n)$$

4. 有效性(有效估计式)

一个估计式与其他任何无偏估计式比较时,当它具有无偏性且方差最小,它就是有效估计式,也就是说在所有无偏估计式中方差最小的估计式就是有效估计式。此性质说明,"无偏性"和"最小方差性",虽然都是一个"优良"的估计式应具有的重要特性,但对它们每一个孤立地来说,其本身并不重要,只有两个结合起来使用才有意义。

一个估计式 $\hat{\theta}$ 与真实参数 θ 的所有其他线性无偏估计式相比,如果它是线性的,无偏的,并且具有最小方差,它就是最佳线性无偏估计式 BLUE(best linear unbiased estimator)。

(二)OLS 估计式的特性

一个优良的估计式应是最佳线性无偏估计式,那么,用 OLS 方法得到的估计式是否具有以上特性呢? 下面我们分别予以证明。

1. 线性

线性即 β_0, β_1 的估计式都是变量 Y_i 的线性函数。

因为

$$\hat{\beta}_1 = \frac{\sum x_i y_i}{\sum x_i^2} = \frac{\sum x_i (Y_i - \overline{Y})}{\sum x_i^2}$$

$$= \frac{\sum x_i Y_i}{\sum x_i^2} - \frac{\sum x_i \overline{Y}}{\sum x_i^2}$$

$$= \frac{\sum x_i Y_i}{\sum x_i^2} = \sum k_i Y_i \qquad (\diamondsuit\ k_i = \frac{x_i}{\sum x_i^2}) \tag{3.33}$$

$$\hat{\beta}_0 = \overline{Y} - \hat{\beta}_1 \overline{X} = \frac{\sum Y_i}{n} - (\sum k_i Y_i) \overline{X}$$

$$= \sum (\frac{1}{n} - k_i \overline{X}) Y_i \qquad (\overline{X}, k_i, n\ \text{为常数})$$

$$= \sum a_i Y_i \qquad (a_i = \frac{1}{n} - k_i \overline{X}) \tag{3.34}$$

所以 $\hat{\beta}_1, \hat{\beta}_0$ 为 Y_i 的线性函数。

2. 无偏性

无偏性即 $E(\hat{\beta}_0) = \beta_0$，$E(\hat{\beta}_1) = \beta_1$。

因为

$$\hat{\beta}_1 = \sum k_i Y_i$$

$$= \sum k_i (\beta_0 + \beta_1 X_i + u_i)$$

$$= \beta_0 \sum k_i + \beta_1 \sum k_i X_i + \sum k_i u_i$$

$$= \beta_1 + \sum k_i u_i \qquad (\sum k_i = 0,\ \sum k_i X_i = 1) \tag{3.35}$$

所以

$$E(\hat{\beta}_1) = E(\beta_1 + \sum k_i u_i) = \beta_1 + \sum k_i E(u_i) = \beta_1 \tag{3.36}$$

$$E(\hat{\beta}_0) = E(\sum a_i Y_i)$$

$$= E[\sum a_i (\beta_0 + \beta_1 X_i + u_i)]$$

$$= E(\beta_0 \sum a_i + \beta_1 \sum a_i X_i + \sum a_i u_i)$$

$$= E(\beta_0) + E(\sum a_i u_i) \qquad (\sum a_i = 1,\ \sum a_i X_i = 0)$$

$$= \beta_0 \tag{3.37}$$

所以 $\hat{\beta}_0, \hat{\beta}_1$ 是 β_0, β_1 的无偏估计式。

3. 最小方差性

(1)$\hat{\beta}_1$ 的方差。

因为在(3.35)式中，

$$\hat{\beta}_1 = \beta_1 + \sum k_i u_i$$

$$\hat{\beta}_1 - \beta_1 = \sum k_i u_i$$

根据方差定义：

$$\begin{aligned}
\mathrm{Var}(\hat{\beta}_1) &= E(\hat{\beta}_1 - \beta_1)^2 = E(\sum k_i u_i)^2 \\
&= E(k_1^2 u_1^2 + k_2^2 u_2^2 + \cdots + k_n^2 u_n^2 + 2k_1 k_2 u_1 u_2 + \cdots + 2k_{n-1} k_n u_{n-1} u_n) \\
&= k_1^2 E(u_1^2) + k_2^2 E(u_2^2) + \cdots + k_n^2 E(u_n^2) \\
&= \sum k_i^2 E(u_i^2) = \sigma^2 \sum k_i^2 \\
&= \frac{\sigma^2}{\sum x_i^2}
\end{aligned} \qquad (3.38)$$

(2)$\hat{\beta}_0$ 的方差。

因为在(3.34)式中，

$$\hat{\beta}_0 = \sum (\frac{1}{n} - k_i \overline{X}) Y_i \qquad (3.39)$$

所以

$$\begin{aligned}
\mathrm{Var}(\hat{\beta}_0) &= \mathrm{Var}[\sum (\frac{1}{n} - k_i \overline{X}) Y_i] \\
&= \sum (\frac{1}{n} - k_i \overline{X})^2 \mathrm{Var}(Y_i) \\
&= \sum (\frac{1}{n} - k_i \overline{X})^2 \sigma^2 \\
&= \sigma^2 \sum \left(\frac{1}{n^2} + \frac{x_i^2}{(\sum x_i^2)^2} \overline{X}^2 - 2\overline{X} \cdot \frac{1}{n} \cdot \frac{x_i}{\sum x_i^2} \right) \\
&= \sigma^2 \left(\frac{1}{n} + \frac{1}{\sum x_i^2} \overline{X}^2 - 2\overline{X} \cdot \frac{1}{n} \cdot \frac{\sum x_i}{\sum x_i^2} \right) \\
&= \sigma^2 \left(\frac{1}{n} + \frac{\overline{X}^2}{\sum x_i^2} \right) \\
&= \sigma^2 \left(\frac{\sum x_i^2 + n\overline{X}^2}{n \sum x_i^2} \right)
\end{aligned}$$

$$= \sigma^2 \frac{\sum X_i^2}{n \sum x_i^2} \tag{3.40}$$

（3）最小方差性。

为了证明 β_0, β_1 所有的线性无偏估计式中，OLS 估计 $\hat{\beta}, \hat{\beta}_1$ 具有最小方差，我们设 β_1 的另一个线性无偏估计式为：

$$\beta_1^* = \sum w_i Y_i \qquad (w_i \text{ 为} \neq k_i \text{ 的权数})$$

$$E(\beta_1^*) = E(\sum w_i Y_i) = E[\sum w_i(\beta_0 + \beta_1 X_i + u_i)]$$

$$= E(\beta_0 \sum w_i + \beta_1 \sum w_i X_i)$$

因为 β_1^* 为 β_1 的无偏估计，即 $E(\beta_1^*) = \beta_1$，必须有

$$\sum w_i = 0, \ \sum w_i X_i = 1$$

同时　　$\text{Var}(\beta_1^*) = \text{Var}(\sum w_i Y_i)$

$$= \sum w_i^2 \text{Var}(Y_i)$$

$$= \sigma^2 \sum w_i^2$$

$$= \sigma^2 \sum (w_i - k_i + k_i)^2$$

$$= \sigma^2 \sum (w_i - k_i)^2 + \sigma^2 \sum k_i^2 + 2\sigma^2 \sum (w_i - k_i) k_i$$

$$= \sigma^2 \sum (w_i - k_i)^2 + \text{Var}(\hat{\beta}_1) + 2\sigma^2 (\sum w_i k_i - \sum k_i^2)$$

$$= \sigma^2 \sum (w_i - k_i)^2 + \text{Var}(\hat{\beta}_1) \qquad (\sum w k_i = \sum k_i^2)$$

可以看出，因为 $\sigma^2 \geqslant 0$，当 $w_i \neq k_i$ 时，$\sum (w_i - k_i)^2 \geqslant 0$

所以　　　　　　　　　　$\text{Var}(\beta_1^*) \geqslant \text{Var}(\hat{\beta}_1)$

即：只有 $w_i = k_i$ 时，才能使 $\text{Var}(\beta_1^*)$ 达到最小值。

同理可证 β_0 的方差也具有最小方差性。

在计量经济分析中还常用标准误差度量估计量的精确度。标准误差是方差的平方根，用 SE（standard error）表示。

$$SE(\hat{\beta}_0) = \sqrt{\text{Var}(\hat{\beta}_0)} = \sigma \sqrt{\frac{\sum X_i^2}{n \sum x_i^2}} \tag{3.41}$$

$$SE(\hat{\beta}_1) = \sqrt{\text{Var}(\hat{\beta}_1)} = \frac{\sigma}{\sqrt{\sum x_i^2}} \tag{3.42}$$

（4）总体方差 σ^2 的无偏估计。

以上 $\mathrm{Var}(\hat{\beta}_0) = \sigma^2 \dfrac{\sum X_i^2}{n \sum x_i^2}$, $\mathrm{Var}(\hat{\beta}_1) = \sigma^2 \dfrac{1}{\sum x^2}$ 中,都涉及 σ^2,即 $\mathrm{Var}(Y)$ 或

$\mathrm{Var}(u)$,虽为常数,但 σ^2 是一个未知数,也需要根据样本的误差项 e_i 来估计。

总体方差 σ^2 的无偏估计式为:

$$\hat{\sigma}^2 = \frac{\sum e_i^2}{n-k} = \frac{1}{n-2} \sum (Y_i - \hat{Y})^2 \quad (这里 k = 2) \tag{3.43}$$

式中 n 为样本容量,$n-2$ 为自由度(degree of freedom),记作:$df = n-2$

证明: $Y_i = \beta_0 + \beta_1 X_i + u_i$

$\overline{Y} = \beta_0 + \beta_1 \overline{X} + \overline{u}$

$Y_i - \overline{Y} = \beta_1(X_i - \overline{X}) + (u_i - \overline{u})$

即 $y_i = \beta_1 x_i + (u_i - \overline{u})$

因为 $Y_i = \hat{\beta}_0 + \hat{\beta}_1 X_i + e_i$

$\overline{Y} = \hat{\beta}_0 + \hat{\beta}_1 \overline{X}$

$Y_i - \overline{Y} = \hat{\beta}_1(X_i - \overline{X}) + e_i$

$y_i = \hat{\beta}_1 x_i + e_i$

所以 $e_i = y_i - \hat{\beta}_1 x_i$

$= \beta_1 x_i + (u_i - \overline{u}) - \hat{\beta}_1 x_i$

$= (u_i - \overline{u}) - (\hat{\beta}_1 - \beta_1) x_i$

则有

$$\sum e_i^2 = \sum (\hat{\beta}_1 - \beta_1)^2 x_i^2 + \sum (u_i - \overline{u})^2 - 2(\hat{\beta}_1 - \beta_1) \sum x_i(u_i - \overline{u})$$

$$E(\sum e_i^2) = \underset{(A)}{\sum x_i^2 E(\hat{\beta}_1 - \beta_1)^2} + \underset{(B)}{E[\sum (u_i - \overline{u})^2]} - \underset{(C)}{2E[(\hat{\beta}_1 - \beta_1) \sum x_i(u_i - \overline{u})]}$$

式中 $A = \sum x_i^2 E(\hat{\beta}_1 - \beta_1)^2$

$= \sum x_i^2 \dfrac{\sigma^2}{\sum x_i^2}$

$= \sigma^2$

$B = E[\sum (u_i - \overline{u})^2] = E[\sum u_i^2 - n(\overline{u})^2]$

$= \sum E(u_i^2) - \dfrac{1}{n} E(\sum u_i)^2$

$= \sum \sigma^2 - \dfrac{1}{n} E(u_1 + u_2 + \cdots + u_n)^2$

$$= \sum \sigma^2 - \frac{1}{n} E(u_1^2 + u_2^2 + \cdots + u_n^2 + 2u_1 u_2 + \cdots + 2u_{n-1} u_n)$$

$$= \sum \sigma^2 - \frac{1}{n} E(u_1^2 + u_2^2 + \cdots + u_n^2)$$

$$= \sum \sigma^2 - \frac{1}{n} n \cdot \sigma^2$$

$$= (n-1)\sigma^2$$

$$C = -2E\left[(\hat{\beta}_1 - \beta_1) \sum x_i (u_i - \bar{u})\right]$$

$$= -2E\left[\frac{\sum x_i u_i}{\sum x_i^2}\left(\sum x_i u_i - \bar{u} \sum x_i\right)\right]$$

$$= -2E\left[\frac{(\sum x_i u_i)^2}{\sum x_i^2}\right]$$

$$= -2E\left[(\hat{\beta}_1 - \beta_1)^2 \sum x_i^2\right]$$

$$= -2 \sum x_i^2 E(\hat{\beta}_1 - \beta_1)^2$$

$$= -2\sigma^2$$

所以 　　　　$E(\sum e_i^2) = \sigma^2 + (n-1)\sigma^2 - 2\sigma^2 = (n-2)\sigma^2$

则有 　　　　$\sigma^2 = \dfrac{E(\sum e_i^2)}{n-2}$

所以 　　　　$\hat{\sigma}^2 = \dfrac{\sum e_i^2}{n-2}$

以上证明可以概括为,在一组古典假定条件下,OLS 估计式 $\hat{\beta}_0$ 和 $\hat{\beta}_1$ 是参数 β_0 和 β_1 的最佳线性无偏估计式(BLUE),这一结论称为高斯-马尔科夫定理。从方法论上讲,寻求最佳线性无偏估计式是计量经济学努力实现的目标,正因为如此,OLS 估计方法才得到了广泛的应用。

下面我们根据表 3.6 有关数据就可以计算 $\hat{\beta}_0$ 和 $\hat{\beta}_1$ 的方差及标准误差。

$$\text{Var}(\hat{\beta}_0) = \frac{\sigma^2 \sum X_i^2}{n \sum x_i^2} = \frac{\sum e_i^2}{n-2} \cdot \frac{\sum X_i^2}{n \sum x_i^2} = \frac{\sum e_i^2}{n-2}\left(\frac{\sum x_i^2 + n\bar{X}^2}{n \sum x_i^2}\right)$$

$$= \frac{34\ 792.3}{10-2}\left(\frac{3\ 300\ 000 + 10 \times 1\ 700^2}{10 \times 3\ 300\ 000}\right)$$

$$= 4\ 243.61$$

$$SE(\hat{\beta}_0) = \sqrt{4\ 243.61} = 65.14$$

$$\mathrm{Var}(\hat{\beta}_1) = \frac{\sigma^2}{\sum x_i^2} = \frac{\sum e_i^2}{n-2} \cdot \frac{1}{\sum x_i^2}$$

$$= \frac{34\ 792.3}{10-2} \cdot \frac{1}{3\ 300\ 000} = 0.001\ 3$$

$$SE(\hat{\beta}_1) = \sqrt{0.001\ 3} = 0.036\ 3$$

五、样本的拟合优度——可决系数 R^2 检验

(一)可决系数 R^2 的概念及计算

在估计了模型并确定了回归直线之后,还需要了解这条回归直线与样本观测值拟合得怎么样,也就是说需要测量观测值与该回归直线的离差。如果观测值离直线越近,拟合优度就越好。可能有人会提出,前面所论证的 OLS 法已经使我们所估计的样本回归函数具有最小离差,为什么又要讨论这样的问题?

这是因为 OLS 估计式具有最小方差性和无偏性,只是反映了这样一个事实,即相对于一切样本回归函数来说,由 OLS 估计式所确定的样本回归函数具有某些特性,但它并不能说明单个样本回归函数具有较高的拟合程度。图 3.12 可以帮助我们理解这个问题。

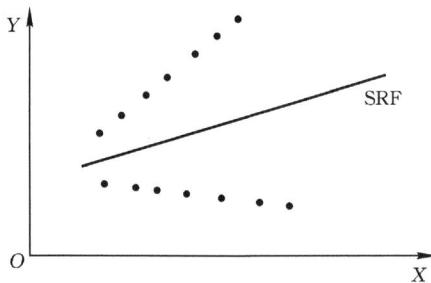

图 3.12　点和直线的拟合很差

从图 3.12 可以看出,所取的样本回归函数,在"使 $\sum e^2$ 最小"的意义上来说,是最佳的,但对样本的拟合程度来说显然是很差的。因为 $\sum e^2$ 的值很大,因此该样本回归函数并不能反映样本的变化情况,当然也就不能真实地反映总体的变化情况。因此有必要建立一个衡量样本回归函数对样本资料拟合优度的指标——可决系数 R^2。

可决系数 R^2 就是表明在被解释变量的总变差中由解释变量 X 解释的变差所占的百分比。R^2 越大,拟合优度越好;否则,越差。下面证明 R^2 的估计式及涵义。

$$Y_i = \hat{Y}_i + e_i$$

$$Y_i - \overline{Y} = \hat{Y}_i - \overline{Y} + e_i$$

$$y_i = \hat{y}_i + e_i$$

$$\sum y_i^2 = \sum (\hat{y}_i + e_i)^2$$

$$= \sum \hat{y}_i^2 + \sum e_i^2 + 2\sum \hat{y}_i e_i$$

$$= \sum \hat{y}_i^2 + \sum e_i^2 \quad (\sum \hat{y}_i e_i = 0) \tag{3.44}$$

其中：

(1) $\sum y_i^2 = \sum (Y_i - \overline{Y})^2$，它反映了 Y 的实际值与样本均值的总变差，称之为变差的"总平方和"，用 TSS(total sum of squares)表示。

(2) $\sum \hat{y}_i^2 = \sum (\hat{Y}_i - \overline{Y})^2$，它反映了由于回归或由于解释变量影响的 y_i 而形成的平方和，称为回归平方和或有解释的平方和，用 ESS(explained sum of squares)表示。

(3) $\sum e_i^2 = \sum (Y_i - \hat{Y}_i)^2$，它反映 y_i 变化中没有得到解释的变差，称为剩余平方和或未解释的平方和，用 RSS(residual sum of squares)表示。

这样，上面(3.44)式就可以写成：

$$TSS = ESS + RSS \tag{3.45}$$

如图 3.13 所示，对于一个确定的样本来说，$TSS = \sum y_i^2$ 是一个固定值，因此若 ESS 的值越大，则 RSS 的值相应地越小，或者说 ESS 在 TSS 中占的比重越大，则由回归直线解释的变差所占的比重越大，未解释的变差所占的比重越小；若 ESS 在 TSS 中占的比重越大，则回归直线拟合的优度越好。因此，我们定义：

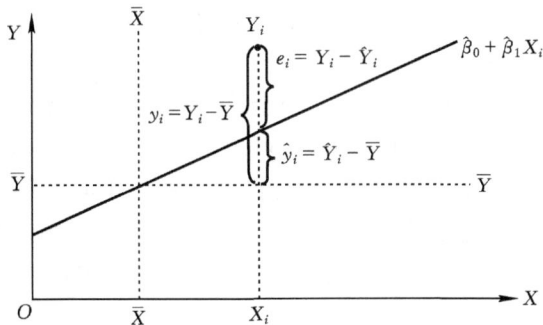

图 3.13　总变差的分解

$$R^2 = \frac{ESS}{TSS} = \frac{\sum (\hat{Y}_i - \overline{Y})^2}{\sum (Y_i - \overline{Y})^2} = \frac{\sum \hat{y}_i^2}{\sum y_i^2} \qquad (3.46)$$

或

$$= 1 - \frac{RSS}{TSS} = 1 - \frac{\sum e_i^2}{\sum y_i^2} \qquad (3.47)$$

用 R^2 来衡量回归直线的拟合优度,一般称作可决系数(或判定系数)。可以证明 R^2 的取值一般在 0～1 之间。当 $R^2 = 1$ 时,完全拟合;当 $R^2 = 0$ 时,被解释变量与解释变量之间完全无线性相关关系,但可能有其他曲线相关关系。

(二)R^2 的简便算式

$$R^2 = \frac{ESS}{TSS} = \frac{\sum \hat{y}_i^2}{\sum y_i^2} = \frac{\hat{\beta}_1^2 \sum x_i^2}{\sum y_i^2} \qquad (3.48)$$

例如,根据表 3.6 样本(一)的有关资料及 $\hat{\beta}_1$ 的估计值,就可以计算可决系数: $R^2 = 0.509\ 1^2 \times (3\ 300\ 000/888\ 900) = 0.962\ 2$,说明在一元线性回归模型中,消费支出的总变差中,有 96.22% 是由可支配收入解释的,而还有 $1 - R^2 = 3.78\%$ 是由收入以外的其他因素的变化造成的,可见,所建模型对样本的拟合程度还是很高的。

(三)可决系数 R^2 和相关系数 r 的关系

$$R^2 = \frac{(\sum x_i y_i)^2}{(\sum x_i^2)^2} \cdot \frac{\sum x_i^2}{\sum y_i^2} = (\frac{\sum x_i y_i}{\sqrt{\sum x_i^2 \sum y_i^2}})^2 = r^2 \qquad (3.49)$$

这个关系说明在一元线性回归模型中,可决系数 R^2 等于相关系数 r 的平方。 R^2 和 r 二者既有区别,又有联系。相关系数 r 只表示 X,Y 之间相关的密切程度,并不表明 X,Y 之间的因果关系。可决系数 R^2 说明在被解释变量的总变差中,由解释变量作出的解释所占的比重,它是一个变量的变差决定另一个变量的变差的综合度量,而相关系数 r 仅仅是 X,Y 之间线性依存关系的度量,不能用来描述非线性关系。对于一元线性回归模型来说,可决系数 R^2 除上述作用外,也度量了 Y 对 X 的线性依存程度。在计量经济学中,我们通常采用可决系数来度量拟合的优度,而不采用相关系数,这除了因可决系数比相关系数有更直观的意义之外,还由于 R^2 比 r 有更广泛的涵义,这一点可在后面有关章节中再讨论。

第四节　总体一元线性回归模型的估计和检验

一、总体回归系数的估计

总体回归系数 β_0 和 β_1（也称参数）是未知的，需要根据样本资料求出总体未知的参数，这就是所谓的参数估计。参数估计分为点估计和区间估计。

(一)点估计和区间估计

点估计就是运用样本数据计算一个单一的估计量，用以估计总体参数值。顺便指出，估计量作为一个统计量，它是样本数值的函数，例如 $\hat{\beta}_0$，$\hat{\beta}_1$ 分别表示总体参数 β_0，β_1 的估计量。估计值则是一个函数值，作为估计量的特殊值，它是用实际观测值代入相应的估计式之后所得的结果。

假如从总体中随机抽取一个样本，采用普通最小二乘法，通过计算，得出

$$\beta_0 \approx \hat{\beta}_0 , \beta_1 \approx \hat{\beta}_1$$

这样给出的近似值 $\hat{\beta}_0$，$\hat{\beta}_1$，就是总体参数 β_0，β_1 的点估计量。在重复抽样过程中，可以预期点估计量的均值等于总体参数真值。

例如 $E(\hat{\beta}_0) = \beta_0$，但由于抽样波动，单一的点估计量可能不同于总体真值，亦即在估计中必然发生误差。点估计既不能给出误差范围的大小，也没有给出估计的可靠程度。为了确定 $\hat{\beta}_0$，$\hat{\beta}_1$ 是怎样接近总体的真实参数 β_0，β_1，可以根据点估计量 $\hat{\beta}_0$，$\hat{\beta}_1$ 建立总体参数 β_0，β_1 的置信区间，进行区间估计，亦即建立围绕估计量 $\hat{\beta}_0$，$\hat{\beta}_1$ 的一定限制范围，推断总体参数 β_0，β_1 在一定置信度下落在该区间上限和下限范围之内。

例如，要查明 $\hat{\beta}_j$（j 表示 0 或 1）接近于 β_j 的程度，可以设法找出两个正数 δ 和 α，使区间

$$P(\hat{\beta}_j - \delta \leqslant \beta_j \leqslant \hat{\beta}_j + \delta) = 1 - \alpha \tag{3.50}$$

上式表述了区间估计的准确性，称为置信区间。δ 为抽样极限误差，它和 $\hat{\beta}_j$ 的标准误差和概率度有关。$1 - \alpha$ 表述了区间估计的可靠性，即区间估计的可靠概率，所以称为置信水平（概率）。α 称为显著性水平，按照一定要求总是预先加以规定的，通常采用三个标准：

$$\alpha = 0.05, 即 1 - \alpha = 0.95$$
$$\alpha = 0.01, 即 1 - \alpha = 0.99$$

$$\alpha = 0.001, 即\ 1 - \alpha = 0.999$$

显著性水平 α 表达区间估计的不可靠概率,例如 $\alpha=0.05$ 表示总体参数真值落在置信区间内,平均 100 次有 5 次会产生错误。在计量经济研究中,通常选用置信概率(又称置信度或置信水平)为 95%,这表示在重复抽样的条件下,总体真实参数 β_0, β_1 将以 95% 的可能性落在由样本数据计算的置信区间内,有 5% 的可能落在置信区间的置信下限或置信上限之外。但是,一旦取得了特定的样本,求出了 $\hat{\beta}_j$ 的特定值后,则该区间就不再是随机区间了,因为在这种情况下,β_j 不是落在这一给定区间内,就是落在该区间之外,其概率不是 1 就是 0。

必须指出,由于样本的波动性,上述置信区间是一随机区间,例如(3.50)式是参数 β_1 的区间估计式,它是根据 $\hat{\beta}_0$, $\hat{\beta}_1$ 而定的,将会随着样本的改变而改变。因此 $1-\alpha$ 的概率含义应从长期即重复抽样的意义上来理解。

(二)总体回归系数的置信区间

1. $\hat{\beta}_0$ 和 $\hat{\beta}_1$ 的抽样分布

构造总体参数的置信区间需要先确定估计式的抽样分布。前面已经指出,在古典假定条件下,u_i 服从正态分布,为此 Y_i 也服从正态分布,而 $\hat{\beta}_0$ 和 $\hat{\beta}_1$ 均是 Y_i 的线性函数,这样,无论在大样本($n\geqslant30$)或小样本($n<30$)条件下,抽取的样本所计算的 $\hat{\beta}_0$ 和 $\hat{\beta}_1$ 的估计值都服从正态分布,即使 Y_i 不服从正态分布,在大样本情况下,$\hat{\beta}_0$ 和 $\hat{\beta}_1$ 也服从正态分布。由于 $\hat{\beta}_0$ 和 $\hat{\beta}_1$ 都是无偏估计,若方差已知,则 $\hat{\beta}_0$ 和 $\hat{\beta}_1$ 的分布可表示为:

$$\hat{\beta}_0 \sim N(\beta_0, \sigma^2 \frac{\sum X_i^2}{n \sum x_i^2})$$

$$\hat{\beta}_1 \sim N(\beta_1, \sigma^2 \frac{1}{\sum x_i^2})$$

若是将 $\hat{\beta}_0$ 和 $\hat{\beta}_1$ 作标准化变换,变换成 Z 统计量,则 Z 统计量服从标准正态分布。

$$Z_0 = \frac{\hat{\beta}_0 - \beta_0}{SE(\hat{\beta}_0)} = \frac{\hat{\beta}_0 - \beta_0}{\sqrt{\sigma^2 \frac{\sum X_i^2}{n \sum x_i^2}}} \sim N(0,1) \qquad (3.51)$$

$$Z_1 = \frac{\hat{\beta}_1 - \beta_1}{SE(\hat{\beta}_1)} = \frac{\hat{\beta}_1 - \beta_1}{\sqrt{\sigma^2 \frac{1}{\sum x_i^2}}} \sim N(0,1) \qquad (3.52)$$

在大样本条件下,σ^2 未知,可通过 $\sum e_i^2$ 计算 $\hat{\sigma}^2$ 代替 σ^2,则参数估计的标准误

差：

$$SE(\hat{\beta}_0) = \sqrt{\hat{\sigma}^2 \frac{\sum X_i^2}{n \sum x_i^2}} \qquad (3.53)$$

$$SE(\hat{\beta}_1) = \sqrt{\hat{\sigma}^2 \frac{1}{\sum x_i^2}} \qquad (3.54)$$

用估计的标准误差作 $\hat{\beta}_0$ 和 $\hat{\beta}_1$ 的标准变换得到的 Z_0 和 Z_1，仍可视其服从标准正态分布。

在小样本条件下，若 σ^2 未知，如果是用估计的标准误差 $SE(\hat{\beta}_0)$ 和 $SE(\hat{\beta}_1)$ 将 $\hat{\beta}_0$ 和 $\hat{\beta}_1$ 作标准化变换，变换成 t 统计量，则 t 统计量不服从标准正态分布，而是服从自由度为 $n-2$ 的 t 分布：

$$t_0 = \frac{\hat{\beta}_0 - \beta_0}{SE(\hat{\beta}_0)} = \frac{\hat{\beta}_0 - \beta_0}{\sqrt{\hat{\sigma}^2 \frac{\sum X_i^2}{n \sum x_i^2}}} \sim t(n-2) \qquad (3.55)$$

$$t_1 = \frac{\hat{\beta}_1 - \beta_1}{SE(\hat{\beta}_1)} = \frac{\hat{\beta}_1 - \beta_1}{\sqrt{\hat{\sigma}^2 \frac{1}{\sum x_i^2}}} \sim t(n-2) \qquad (3.56)$$

2. β_0 和 β_1 的区间估计

确定了 $\hat{\beta}_0$ 和 $\hat{\beta}_1$ 的抽样分布，给定显著性水平 α，即在置信概率为 $1-\alpha$ 条件下，就可以对总体参数 β_0 和 β_1 作出区间估计。可分三种情况：

（1）当总体方差 σ^2 已知，且 u_i 服从正态分布情况下：

$$Z_0 = \frac{\hat{\beta}_0 - \beta_0}{SE(\hat{\beta}_0)} \sim N(0,1)$$

当 $\alpha=0.05$，即 $1-\alpha=0.95$，查标准正态分布表可知，Z 值在区间 $(-1.96, 1.96)$ 的概率为 0.95，即

$$P(-1.96 \leqslant Z_0 \leqslant 1.96) = 0.95$$

或

$$P(-1.96 \leqslant \frac{\hat{\beta}_0 - \beta_0}{SE(\hat{\beta}_0)} \leqslant 1.96) = 0.95$$

所以 $P[\hat{\beta}_0 - 1.96 SE(\hat{\beta}_0) \leqslant \beta_0 \leqslant \hat{\beta}_0 + 1.96 SE(\hat{\beta}_0)] = 0.95$

也可表示为 $\beta_0 = \hat{\beta}_0 \pm 1.96 SE(\hat{\beta}_0)$

同理 $\beta_1 = \hat{\beta}_1 \pm 1.96 SE(\hat{\beta}_1)$

　　(2)当总体方差 σ^2 未知,且为大样本,可用 $\hat{\sigma}^2$ 代替 σ^2,这时,仍可认为

$$Z_0 = \frac{\hat{\beta}_0 - \beta_0}{SE(\hat{\beta}_0)} \sim N(0,1)$$

其中
$$SE(\hat{\beta}_0) = \sqrt{\hat{\sigma}^2 \cdot \frac{\sum X_i^2}{n \sum x_i^2}}$$

当 $\alpha = 0.05$ 时,β_0 的 95% 置信区间是

$$\beta_0 = \hat{\beta}_0 \pm 1.96 SE(\hat{\beta}_0)$$

同理,β_1 的 95% 置信区间是

$$\beta_1 = \hat{\beta}_1 \pm 1.96 SE(\hat{\beta}_1)$$

　　(3)当总体方差 σ^2 未知,且为小样本时,用 $\hat{\sigma}^2$ 代替 σ^2,这时:

$$t_0 = \frac{\hat{\beta}_0 - \beta_0}{SE(\hat{\beta}_0)} \sim t(n-2)$$

　　如果显著性水平为 α,这时在 t 分布表中要查显著性水平为 $\alpha/2$,自由度为 $n-2$ 的临界值 $t_{\alpha/2}$,可建立如下置信区间:

$$P(-t_{\alpha/2} \leqslant t_0 \leqslant t_{\alpha/2}) = 1 - \alpha$$

或
$$P\left(-t_{\alpha/2} \leqslant \frac{\hat{\beta}_0 - \beta_0}{SE(\hat{\beta}_0)} \leqslant t_{\alpha/2}\right) = 1 - \alpha$$

即
$$P[\hat{\beta}_0 - t_{\alpha/2} SE(\hat{\beta}_0) \leqslant \beta_0 \leqslant \hat{\beta}_0 + t_{\alpha/2} SE(\hat{\beta}_0)] = 1 - \alpha$$

也可表示
$$\beta_0 = \hat{\beta}_0 \pm t_{\alpha/2} SE(\hat{\beta}_0)$$

同理
$$\beta_1 = \hat{\beta}_1 \pm t_{\alpha/2} SE(\hat{\beta}_1)$$

　　举例:根据表 3.6 中的有关数据计算,总体参数的点估计值分别为:

$$\beta_0 \approx \hat{\beta}_0 = 244.53$$

$$\beta_1 \approx \hat{\beta}_1 = 0.509 1$$

前面已计算过:$SE(\hat{\beta}_0) = 65.14$,$SE(\hat{\beta}_1) = 0.036 3$

　　因随机样本(一)为小样本,且 σ^2 未知,α 取 0.05,查 t 分布表,得 $t_{0.025}(8) = 2.306$,所以,β_0 的 95% 置信区间为

$$\beta_0 = \hat{\beta}_0 \pm t_{\alpha/2}(n-2) SE(\hat{\beta}_0)$$
$$= 244.53 \pm 2.306 \times 65.14$$
$$= 244.53 \pm 150.21$$

即 β_0 的 95% 置信区间为(94.32,394.74)。

同理，β_1 的 95% 置信区间为

$$\beta_1 = \hat{\beta}_1 \pm t_{a/2}(n-2)SE(\hat{\beta}_1)$$
$$= 0.509\,1 \pm 2.306 \times 0.036\,3$$
$$= 0.509\,1 \pm 0.083\,7$$

即 β_1 的 95% 置信区间为 $(0.425\,4, 0.592\,8)$。

（三）总体方差 σ^2 的区间估计

在计量经济研究中，一般情况下总体方差 σ^2 都是未知的，也需要通过样本去估计，由于样本的随机性，用 $\hat{\sigma}^2 = \sum e_i^2/(n-2)$ 对总体 σ^2 作出的点估计也是个随机变量，为了确定 $\hat{\sigma}^2$ 是怎样接近总体真实方差 σ^2，也需要建立总体参数的置信区间，进行区间估计。

可以证明，在 u_i 正态性假定下，变量

$$\chi^2 = (n-2)\frac{\hat{\sigma}^2}{\sigma^2} \tag{3.57}$$

服从自由度为 $n-2$ 的 χ^2 分布。因此，可以用卡方分布设置 σ^2 的置信区间：

$$P(\chi^2_{1-a/2} \leqslant \chi^2 \leqslant \chi^2_{a/2}) = 1-\alpha \tag{3.58}$$

查 χ^2 数值表，可以找出对应于给定的显著性水平 α 和自由度数为 $n-2$ 的临界值 $\chi^2_{1-a/2}$ 和 $\chi^2_{a/2}$，将 (3.57) 式代入 (3.58) 式，稍加整理后即得包含总体方差 σ^2 的 $(1-\alpha) \times 100\%$ 置信区间

$$P\left[(n-2)\frac{\hat{\sigma}^2}{\chi^2_{a/2}} \leqslant \sigma^2 \leqslant (n-2)\frac{\hat{\sigma}^2}{\chi^2_{1-a/2}}\right] = 1-\alpha \tag{3.59}$$

(3.59) 式说明 σ^2 的置信度 $(1-\alpha) \times 100\%$ 的置信区间为：

$$\left[(n-2)\frac{\hat{\sigma}^2}{\chi^2_{a/2}}, \ (n-2)\frac{\hat{\sigma}^2}{\chi^2_{1-a/2}}\right]$$

根据表 3.6 的样本（一）资料，可以计算总体方差的估计值 $\hat{\sigma}^2 = \dfrac{\sum e_i^2}{n-2} = 4\,349.04$。取 $a=0.05$，查 χ^2 分布表，得到

$$\chi^2_{1-a/2}(n-2) = \chi^2_{1-0.025}(8) = 2.18; \quad \chi^2_{a/2}(n-2) = \chi^2_{0.025}(8) = 17.53$$

那么 σ^2 的置信度 95% 的置信区间为

$$\left[\frac{(10-2) \times 4\,349.04}{17.53}, \frac{(10-2) \times 4\,349.04}{2.18}\right]$$

即 $(1\,984.73, 15\,959.78)$

综上所述，可见在一定的置信水平下构造置信区间，估计参数所在的范围时，应该结合具体问题和要求，全面考虑区间估计的精确性和可靠性。因为置信概率 $1-\alpha$ 愈大，置信区间就愈大，从而估计的可靠性亦愈大，但估计的精确性相应地降低。

二、总体回归系数的假设检验

参数估计与假设检验都是在样本分布的基础上作出的概率性判断,两者既有联系又有区别,但其基本原理则是一致的。参数的区间估计主要解答某一总体参数真值落在什么区间内的问题,而假设检验就是要对一个已知观测值或已得出的数据进行检验,判断它是否与某一个指定的假设(即对某一总体参数所作的有关假设)相一致。如果一致,就接受所指定的假设,不一致就否定所指定的假设。

假设检验的基本思想是:在某种原假设成立的条件下,利用适当的统计量和给定的显著性水平 α,构造一个小概率事件,可以认为小概率事件在一次观察中基本不会发生,如果该事件竟然发生了,就认为原假设不成立,从而拒绝原假设,接受备择假设。

选择检验统计量时,需视所要检验的类型、样本容量以及有关总体方差的信息而定。在计量经济研究中,常有以下几种假设检验方式。

(一) Z 检验

当总体方差已知,且为大样本时,可用 Z 检验。Z 检验步骤为:

原假设 $\qquad\qquad\qquad H_0 : \beta_1 = \beta_1^*$

备择假设 $\qquad\qquad\qquad H_1 : \beta \neq \beta_1^*$

构造 Z 统计量:

$$Z^* = \frac{\hat{\beta}_1 - \beta_1^*}{SE(\hat{\beta}_1)} \sim N(0,1) \qquad (3.60)$$

给定显著性水平 α(如 $\alpha = 0.05$),由正态分布表查出 Z 的临界值为 1.96。把根据样本数据计算的 Z^* 与 Z 临界值比较,如果 $-1.96 \leqslant Z^* \leqslant 1.96$,即 Z^* 落入接受区域,就接受 $H_0 : \beta_1 = \beta_1^*$;如果 $Z^* < -1.96$ 或 $Z^* > 1.96$,即落入接受区域以外的否定区域,就拒绝 H_0 而接受 H_1,即认为 $\beta_1 \neq \beta_1^*$。这种利用正态分布进行的显著性检验,称为 Z 检验。

(二) t 检验

当总体方差 σ^2 未知,且为小样本时,可用 t 检验。

原假设 $\qquad\qquad\qquad H_0 : \beta_1 = \beta_1^*$

备择假设 $\qquad\qquad\qquad H_1 : \beta_1 \neq \beta_1^*$

构造 t 统计量:

$$t^* = \frac{\hat{\beta}_1 - \beta_1^*}{SE(\hat{\beta}_1)} \sim t(n-2) \qquad (3.61)$$

给定显著水平 α,由 t 分布表查出自由度为 $n-2$,对应概率为 $\alpha/2$ 的临界值 $t_{\alpha/2}(n-2)$。把根据样本数据计算的 t^* 与临界值 $t_{\alpha/2}(n-2)$ 比较,如果 $-t_{\alpha/2} \leqslant t^* \leqslant$

$t_{\alpha/2}$,就接受 $H_0:\beta_1=\beta_1^*$;如果 $t^*<-t_{\alpha/2}$ 或 $t^*>t_{\alpha/2}$,就拒绝 H_0 而接受 H_1,即认为 $\beta_1\neq\beta_t^*$。像这样利用 t 分布进行的显著性检验,称为 t 检验。

(三)零假设检验

在计量经济研究中,为了检验解释变量对被解释变量是否有显著影响,经常把回归系数 $\beta_1=0$ 作为原假设,即 $H_0:\beta_1=0$,备择假设为 $H_1:\beta_1\neq0$,如果总体方差 σ^2 未知,且为小样本时,可利用 t 统计量:

$$t^*=\frac{\hat{\beta}_1-\beta_1}{SE(\hat{\beta}_1)}=\frac{\hat{\beta}_1}{SE(\hat{\beta}_1)}\sim t(n-2) \qquad (3.62)$$

给定显著性水平 α,由 t 分布表查自由度 $n-2$ 的临界值 $t_{\alpha/2}(n-2)$。当 $-t_{\alpha/2}\leqslant t^*\leqslant t_{\alpha/2}$ 时,接受 $H_0:\beta_1=0$,即认为解释变量对被解释变量没有显著影响;当 $t^*<-t_{\alpha/2}$ 或 $t^*>t_{\alpha/2}$ 时,拒绝 $H_0:\beta_1=0$,而接受备择假设 $H_1:\beta_1\neq0$,即认为解释变量对被解释变量有显著影响。

例如,由表 3.6 随机样本(一)已估计出样本回归函数为 $\hat{Y}_i=244.53+0.509\,1X_i$,如果要检验解释变量对被解释变量是否有显著影响,可进行如下假设检验:

原假设　　$H_0:\beta_1=0$(解释变量对被解释变量无显著影响)

备择假设 $H_1:\beta_1\neq0$(解释变量对被解释变量有显著影响)

由于 $n=10$ 为小样本,总体方差 σ^2 未知,可利用 t 检验。取 $\alpha=0.05$,查 t 分布表得 $t_{\alpha/2}(n-2)=t_{0.025}(8)=2.306$。因为

$$t^*=\frac{\hat{\beta}_1}{SE(\hat{\beta}_1)}=\frac{0.509\,1}{0.036\,3}=14.02>t_{0.025}(8)=2.306$$

所以拒绝 $H_0:\beta_1=0$ 的假设,也就是说经过统计检验,可以认为 β_1 明显地不等于 0,即解释变量对被解释变量存在显著影响。

类似地,当 $H_0:\beta_0=0$ 时,取 $\alpha=0.05$,因为

$$t^*=\frac{\hat{\beta}_0}{SE(\hat{\beta}_0)}=\frac{244.53}{65.14}=3.75>t_{0.025}(8)=2.306$$

所以可以拒绝 $H_0:\beta_0=0$ 的原假设。

应当注意,原假设和备择假设的设定方式不同,判断接受或拒绝区域的方式也不同,例如设定 $H_0:\beta_1=0$,$H_1:\beta_1\neq0$,进行的是双侧 t 检验;而设定 $H_0:\beta_1\geqslant\hat{\beta}_1^*$,$H_1:\beta_1<\beta_1^*$ 时,进行的是单侧 t 检验。

在实际计量经济工作中,经常采用一种近似的检验方法来判断解释变量的显著性。当抽取的样本为大样本时,根据中心极限定理,t 分布趋近于正态分布,因

此,取显著性水平 $\alpha=0.05$ 时,近似地有

$$P(|t^*|\leqslant 1.96)=0.95$$

或 $$P(|t^*|\leqslant 2)=0.95$$

这表明,只要 t^* 统计量的值大于或等于 2,或者 $\hat{\beta}_1$ 大于或等于 2 倍的 $SE(\hat{\beta}_1)$,即:

$$|t^*|=\left|\frac{\hat{\beta}}{SE(\hat{\beta}_1)}\right|\geqslant 2$$

或

$$|\hat{\beta}_1|\geqslant 2SE(\hat{\beta}_1) \tag{3.63}$$

就能以 95% 的置信概率否定原假设 $H_0:\beta_1=0$,认为该解释变量对被解释变量是有显著影响的。

另外,在 Eviews 软件输出的回归分析结果中,在每个 t 统计量 t_i 的右端还列出了一个概率值 p(又称 p 值),它表示:

$$P[|t^*|\geqslant t_{a/2}(n-k)]=p \quad (\text{k 为常数})$$

即给出了所谓"精确的显著水平"。有了 p 值之后,一方面不需要从 t 分布表查临界值,使 t 检验更加方便;另一方面也可以知道拒绝原假设 $H_0:\beta_1=0$(即认为解释变量有显著影响)的最低显著水平。例如 p 值等于 0.06 时,若主观地将显著水平直接取成 0.05,则认为解释变量无显著影响,但实际上在 0.06 的显著水平之下,解释变量还是有显著影响的。所以 p 值又使 t 检验更加客观、灵活、方便。

三、总体方差 σ^2 的假设检验

在计量经济研究中,对用样本估计的方差 $\hat{\sigma}^2$ 也需要进行假设检验。我们已经知道在 u_i 的正态性假定下,

$$\chi^2=(n-2)\frac{\hat{\sigma}^2}{\sigma^2}$$

服从自由度为 $n-2$ 的 χ^2 分布。可以利用 χ^2 分布去检验关于 σ^2 的假设。

当选定显著性水平 α 时,例如取 $\alpha=0.05$,在自由度 $n-2$ 下,可查 χ^2 表找到临界值 $\chi^2_{1-a/2}$ 和 $\chi^2_{a/2}$,即得

$$P(\chi^2_{1-a/2}\leqslant \chi^2\leqslant \chi^2_{a/2})=1-\alpha$$

对于 $\alpha=0.05$,就是

$$P(\chi^2_{0.975}\leqslant \chi^2\leqslant \chi^2_{0.025})=0.95$$

如果我们假定原假设 $H_0:\sigma^2=\sigma_0^2$,其中 σ_0^2 是给定的已知值,备择假设 $H_1:\sigma^2\neq\sigma_0^2$,由样本估计的 $\hat{\sigma}^2$ 和原假设 $\sigma^2=\sigma_0^2$,计算样本统计量

$$\chi^2 = (n-2)\frac{\hat{\sigma}^2}{\sigma_0^2}$$

如果计算的 χ^2 位于 $(\chi^2_{1-\alpha/2}, \chi^2_{\alpha/2})$ 置信区间内,则接受原假设 $\sigma^2 = \sigma_0^2$。反之,若 χ^2 落在该置信区间之外,则拒绝原假设,而接受 $\sigma^2 \neq \sigma_0^2$。

第五节　回归预测

一、回归分析结果的表述

简单线性回归模型经过估计、检验之后,一般用下面格式表述:

$$\hat{Y}_i = \hat{\beta}_0 + \hat{\beta}_1 X_i$$
$$SE: [SE(\hat{\beta}_0)] \quad [SE(\hat{\beta}_1)]$$
$$t: (t_0) \quad (t_1)$$
$$R^2 = \quad df(自由度) =$$

对于表 3.6 随机样本(一)计算的有关数据,其回归分析表达式为:

$$\hat{Y}_i = 244.53 + 0.509\,1 X_i$$
$$SE: (65.14) \quad (0.036\,3)$$
$$t: (3.75) \quad (14.02)$$
$$R^2 = 0.962\,2 \quad df = 8$$

表达式还要表述的其他内容(F 统计量,DW 统计量等)在后面有关章节再说明,按这种格式报告回归分析的计算结果,一是比较规范简洁,二是可以较容易地看出所估计的回归系数是否显著。所以在运用计量经济模型进行分析时,这种报告方式被广泛采用。

二、回归预测

计量经济研究的目的之一就是应用计量经济模型进行预测。所谓预测,就是利用所估计的样本回归模型已包含的过去和现在的样本数据和信息,对未来时期中被解释变量的可能值作出定量估计。

在解释变量预测模型和解释变量预测值确定的条件下,对被解释变量的预测可分为被解释变量 Y 的平均值预测和个别值预测。对 Y 平均值的预测又分为对 Y 平均值的点预测和区间预测。此外,因为随机扰动 u_i 的存在,被解释变量 Y 在预测期的个别值 Y_F 与平均值 $E(Y_F|X_F)$ 也有误差,因此在对 Y 平均值预测的基础上,还应当对被解释变量的个别值 Y_F 进行预测。个别值预测也包括点预测和区间预测(见图 3.14,图 3.15)。

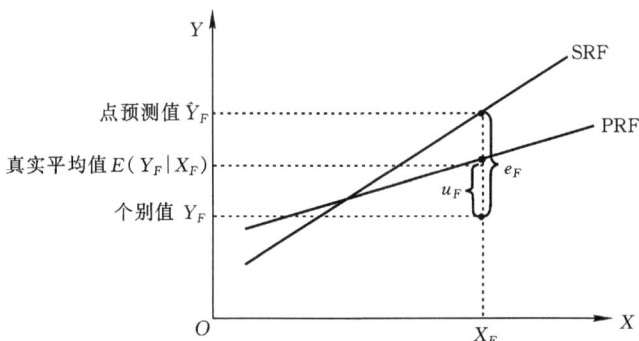

图 3.14   回归预测

(一)被解释变量 Y 平均值的预测

1. Y 平均值的点预测

把解释变量的预测值 X_F 直接代入所估计的样本回归函数,就可计算出被解释变量 Y 平均值的预测值:

$$\hat{Y}_F = \hat{\beta}_0 + \hat{\beta}_1 X_F \tag{3.64}$$

这样计算出的 Y_F 是对 Y 平均值的点预测。因为 $\hat{\beta}_0$ 和 $\hat{\beta}_1$ 均服从正态分布,作为线性函数的 $\hat{Y}_F$ 也服从正态分布。又因为 $\hat{\beta}_0$ 和 $\hat{\beta}_1$ 分别是 β_0 和 β_1 的最佳线性无偏估计(BLUE),所以(3.64)式计算的 $\hat{Y}_F$ 也是 $E(Y_F|X_F)$ 的最佳线性无偏估计。

例如,对于我们用表 3.6 样本(一)估计的计量模型:$\hat{Y}_i = 244.53 + 0.509\ 1 X_i$,如果预计在预测期每月家庭可支配收入将增加到 $X_F = 3\ 000$ 元,利用所估计的模型可计算出预测期每月家庭消费支出的平均值为:

$$\hat{Y}_F = 244.53 + 0.509\ 1 \times 3\ 000 = 1\ 771.83(元)$$

然而,由于抽样波动的存在,根据样本回归方程预测 $\hat{Y}_F$ 并不等于预测期 Y_F 的平均值 $E(Y_F|X_F)$ 的真实值;所以还有必要对 $E(Y_F|X_F)$ 的置信区间作出区间预测。

2. Y 平均值的区间预测

为了建立真实平均值 $E(Y_F|X_F)$ 的置信区间,首先应考察 Y 平均值的预测值 $\hat{Y}_F$ 的抽样分布,找出在 X 取 X_F 时,其预测值 $\hat{Y}_F$ 的均值和方差。

$$E(\hat{Y}_F) = E(\hat{\beta}_0 + \hat{\beta}_1 X_F)$$
$$= E(\hat{\beta}_0) + X_F E(\hat{\beta}_1)$$

$$= \beta_0 + \beta_1 X_F$$
$$= E(Y_F \mid X_F) \tag{3.65}$$

$$\mathrm{Var}(\hat{Y}_F) = E[\hat{Y}_F - E(Y_F \mid X_F)]^2$$

$$= E[\hat{\beta}_0 + \hat{\beta}_1 X_F - (\beta_0 + \beta_1 X_F)]^2$$

$$= E[(\hat{\beta}_0 - \beta_0)^2 + (\hat{\beta}_1 - \beta_1)^2 X_F^2 + 2X_F(\hat{\beta}_0 - \beta_0)(\hat{\beta}_1 - \beta_1)]$$

$$= \mathrm{Var}(\hat{\beta}_0) + X_F^2 \mathrm{Var}(\hat{\beta}_1) + 2X_F E\big[\big(\sum a_i u_i\big)\big(\sum k_i u_i\big)\big]$$

$$= \mathrm{Var}(\hat{\beta}_0) + X_F^2 \mathrm{Var}(\hat{\beta}_1) - 2X_F \sigma^2 \sum_{i=j} a_i k_i$$

$$= \sigma^2 \frac{\sum X_i^2}{n \sum x_i^2} + \sigma^2 \frac{X_F^2}{\sum x_i^2} - 2X_F \overline{X} \sigma^2 \frac{1}{\sum x_i^2}$$

$$= \sigma^2 \left[\frac{\sum x^2 + n\overline{X}^2 + nX_F^2 - 2nX_F\overline{X}}{n \sum x_i^2} \right]$$

$$= \sigma^2 \left[\frac{1}{n} + \frac{(X_F - \overline{X})^2}{\sum x_i^2} \right] \tag{3.66}$$

$$SE(\hat{Y}_F) = \sigma \sqrt{\frac{1}{n} + \frac{(X_F - \overline{X})^2}{\sum x_i^2}}$$

一般情况下，σ^2 未知，可用 $\hat{\sigma}^2 = \dfrac{\sum e_i^2}{n-2}$ 代替。这时，可建立 t 统计量：

$$t = \frac{\hat{Y}_F - E(\hat{Y}_F)}{SE(\hat{Y}_F)}$$

$$= \frac{\hat{Y}_F - E(Y_F \mid X_F)}{\hat{\sigma} \sqrt{\dfrac{1}{n} + \dfrac{(X_F - \overline{X})^2}{\sum x_i^2}}} \sim t(n-2) \tag{3.67}$$

即(3.67)式的 t 统计量服从自由度为 $n-2$ 的 t 分布。给定显著性水平 α，查 t 分布表得 $t_{\alpha/2}(n-2)$，因此

$$P\{[\hat{Y}_F - t_{\alpha/2}(n-2)SE(\hat{Y}_F)] \leqslant E(Y_F \mid X_F)$$
$$\leqslant [\hat{Y}_F + t_{\alpha/2}(n-2)SE(\hat{Y}_F)]\} = 1-\alpha$$

这样，给定 α 值，预测期 Y 的平均值 $E(Y_F|X_F)$ 的置信度为 $1-\alpha$ 的预测区间为

$$\left[\hat{Y}_F - t_{\alpha/2}(n-2)\hat{\sigma} \sqrt{\frac{1}{n} + \frac{(X_F - \overline{X})^2}{\sum x_i^2}}, \hat{Y}_F + t_{\alpha/2}(n-2)\hat{\sigma} \sqrt{\frac{1}{n} + \frac{(X_F - \overline{X})^2}{\sum x_i^2}} \right]$$

或者表示为

$$E(Y_F \mid X_F) = \hat{Y}_F \pm t_{\alpha/2}(n-2)\hat{\sigma}\sqrt{\frac{1}{n} + \frac{(X_F - \overline{X})^2}{\sum x_i^2}} \qquad (3.68)$$

例如,当给定 $\alpha=0.05$ 时,对于我们所估计的模型 $\hat{Y}_i=244.53+0.509\ 1X_i$,查 t 分布表得 $t_{0.025}(8)=2.306$。当预计 $X_F=3\ 000$ 元时,可得预测期消费支出平均值的预测区间为(相关数据见表 3.6 及前面的计算结果)

$$E(Y_F \mid X_F)=1\ 771.83\pm2.306\times6.49\times\sqrt{\frac{1}{10}+\frac{(3\ 000-1\ 700)^2}{3\ 300\ 000}}$$

$$=1\ 771.83\pm11.71$$

也就是说,预测期家庭可支配收入为 3 000 元时,家庭消费支出的平均值置信度为 95% 的置信区间为(1 760.12,1 783.54)元。

(二)被解释变量 Y 个别值的预测

假定总体原模型 $Y_i=\beta_0+\beta_1 X_i+u_i$ 以及相应的经典的假设条件,对于样本范围 $(t=1,2,\cdots,n)$ 之外的某个时期仍然成立。如果解释变量已知为 X_F,那么在预测期的个别值的预测值为

$$Y_F = \beta_0 + \beta_1 X_F + u_F \qquad (3.69)$$

显然 u_F 应满足以下条件:

$$E(u_F) = 0 \qquad (3.70)$$

$$\mathrm{Cov}(u_t, u_F) = 0 \quad (t=1,2,\cdots,n) \qquad (3.71)$$

$$\mathrm{Var}(u_F) = \sigma_F^2 = \sigma_u^2 = \sigma^2 \qquad (3.72)$$

$$\mathrm{Cov}(X_F, u_F) = 0 \qquad (3.73)$$

$$u_F \sim N(0, \sigma^2) \qquad (3.74)$$

这样,对于预测期任意解释变量 X_F 不难得到

$$\hat{Y}_F = \hat{\beta}_0 + \hat{\beta}_1 X_F \qquad (3.75)$$

由于　　　$E(\hat{Y}_F)=E(\hat{\beta}_0)+E(\hat{\beta}_1 X_F)=\beta_0+\beta_1 X_F$

而　　　　$E(Y_F)=E(\beta_0+\beta_1 X_F+u_F)=\beta_0+\beta_1 X_F$

即　　　　$E(\hat{Y}_F)=E(Y_F)$

所以 $\hat{Y}_F$ 是 $E(Y_F)$ 的无偏估计式。因此 $\hat{Y}_F$ 可以作为 $E(Y_F)$ 置信区间的中心。但是值得注意的是

$$E(\hat{Y}_F) = E(\hat{\beta}_0 + \hat{\beta}_1 X_F) = \beta_0 + \beta_1 X_F = Y_F - u_F$$

所以　　　　$E(\hat{Y}_F) \neq Y_F$

可见 $\hat{Y}_F$ 不是 Y_F 的无偏估计式。可是 $E(\hat{Y}_F)=E(Y_F)$,即 $E(Y_F-\hat{Y}_F)=0$,$E(e_F)=0$,也即二者之差 $(Y_F-\hat{Y}_F)=e_F$ 在多次观察中,其平均值趋于零。在这个

意义上,用 $\hat{Y}_F$ 来估计 Y_F,并用 $\hat{Y}_F$ 作为 Y_F 的预测区间中心是合理的。

1. 个别值的点预测

给定 X_F,预测个别值 Y_F,最佳线性无偏估计式仍然为 $\hat{Y}_F = \hat{\beta}_0 + \hat{\beta}_1 X_F$。

2. 个别值的区间预测

要对个别值 Y_F 进行区间预测,应先求预测误差:

$$e_F = Y_F - \hat{Y}_F \tag{3.76}$$

因为 Y_F,$\hat{Y}_F$ 均服从正态分布,所以二者之差 e_F 也服从正态分布。

$$E(e_F) = E(Y_F - \hat{Y}_F) = E(\beta_0 + \beta_1 X_F + u_F - \hat{\beta}_0 - \hat{\beta}_1 X_F)$$

$$= E(\beta_0) + X_F E(\beta_1) + E(u_F) - E(\hat{\beta}_0) - X_F E(\hat{\beta}_1) = 0 \tag{3.77}$$

$$\mathrm{Var}(e_F) = E(Y_F - \hat{Y}_F)^2 = E[E(Y_F \mid X_F) + u_F - \hat{Y}_F]^2$$

$$= E\{u_F - [\hat{Y}_F - E(Y_F \mid X_F)]\}^2$$

$$= E(u_F^2) + E[\hat{Y}_F - E(Y_F \mid X_F)]^2 - 2E[u_F(\hat{\beta}_0 + \hat{\beta}_1 X_F - \beta_0 - \beta_1 X_F)]$$

$$= \mathrm{Var}(u_F) + \mathrm{Var}(\hat{Y}_F) - 2[E(\hat{\beta}_0 u_F) + X_F E(\hat{\beta}_1 u_F) -$$

$$E(\beta_0 u_F) - X_F E(\beta_1 u_F)]$$

$$= \sigma^2 + \sigma^2 \left[\frac{1}{n} + \frac{(X_F - \overline{X})^2}{\sum x_i^2} \right]$$

$$= \sigma^2 \left[1 + \frac{1}{n} + \frac{(X_F - \overline{X})^2}{\sum x_i^2} \right] \tag{3.78}$$

所以

$$SE(e_F) = \sigma \sqrt{1 + \frac{1}{n} + \frac{(X_F - \overline{X})^2}{\sum x_i^2}} \tag{3.79}$$

当 σ^2 未知,用无偏估计 $\hat{\sigma}^2 = \sum e_i^2 / (n-2)$ 代替 σ^2,此时统计量

$$t = \frac{e_F - E(e_F)}{SE(e_F)} = \frac{Y_F - \hat{Y}_F}{SE(e_F)} \sim t(n-2)$$

服从自由度为 $n-2$ 的 t 分布,因此这里的 t 变量可以用作关于个别值 Y_F 的统计推断。给定 α,查 t 分布表得 $t_{\alpha/2}(n-2)$,因为

$$P[\hat{Y}_F - t_{\alpha/2}(n-2)SE(e_F) \leqslant Y_F \leqslant \hat{Y}_F + t_{\alpha/2}(n-2)SE(e_F)] = 1 - \alpha$$

所以个别值 Y_F 的置信度 $1-\alpha$ 的预测区间为

$$Y_F = \hat{Y}_F \pm t_{\alpha/2}(n-2)\hat{\sigma} \sqrt{1 + \frac{1}{n} + \frac{(X_F - \overline{X})^2}{\sum x_i^2}} \tag{3.80}$$

例如,对于我们所估计的收入-消费模型 $\hat{Y}_i = 244.53 + 0.509\,1 X_i$,当给定

$\alpha=0.05$，预测期可支配收入为 $X_F = 3\ 000$ 元时，可计算得

$$Y_F = 1\ 771.83 \pm 2.306 \times 6.49 \times \sqrt{1 + \frac{1}{10} + \frac{(3\ 000 - 1\ 700)^2}{3\ 300\ 000}}$$

$$= 1\ 771.83 \pm 19$$

也就是说，预测期可支配收入 $X_F = 3\ 000$ 元时，家庭消费支出的个别值置信度为 95% 的置信区间为 $(1\ 752.83, 1\ 790.83)$ 元。

三、回归预测应注意的问题

(1)利用计量经济模型对被解释变量所作的预测，是在一定先决条件下进行的条件预测。也就是说，这种预测是假定模型所设定的 Y 与 X 的关系式保持不变，即所估计的参数 $\hat{\beta}_0$ 和 $\hat{\beta}_1$ 在预测期保持不变的条件下的预测。此外，回归预测还是对解释变量在预测期的取值已经通过各种方式作出预测或确定的条件下进行的预测。

(2)从(3.66)式和(3.78)式可以看出，由 $\hat{Y}_F$ 对个别值预测的方差大于对平均值预测的方差。由图 3.15 可以看出，对于 X_F 来说，对个别值预测的置信区间比对平均值预测的置信区间更宽。

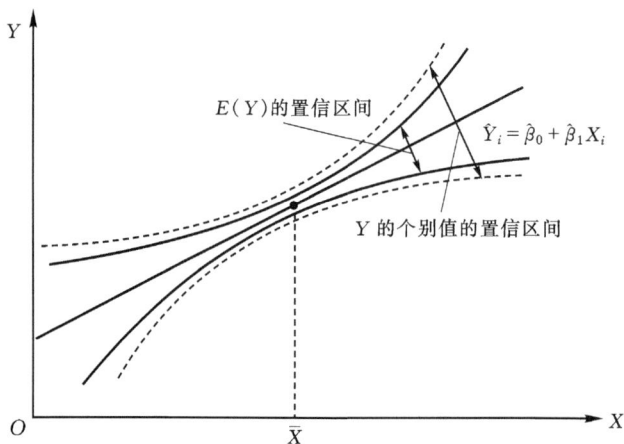

图 3.15　Y 均值与 Y 个别值的置信区间

(3)由(3.68)式和(3.80)式可以看出，对平均值和个别值的预测区间都不是常数，而是随解释变量预测值 X_F 而变化的。当 $X_F = \overline{X}$ 时，$(X_F - \overline{X})^2 = 0$，此时置信区间最窄；当 X_F 远离 $\overline{X}$ 时，$(X_F - \overline{X})^2$ 越大，置信区间也越宽，预测的精度越差。由图 3.15 可明显看出这一特性。

(4)由(3.68)式和(3.80)式还可看出,置信区间与样本容量 n 有关。样本容量 n 越大,同时 $\sum x_i^2$ 也越大,预测误差的方差越小,预测区间将越小。当 $n \to \infty$ 时,不存在抽样误差,此时对平均值预测的误差趋于 0,对个别值预测的误差只决定于随机扰动 u_i 的方差。

第六节　课堂实验案例

实验目的

1. 学习并掌握教材第一、二、三章的基本内容;

2. 学习并掌握计量经济学软件 Eviews 的操作使用;

3. 结合实例,能对简单线性回归模型进行计算机计算,并为学习后续各章打下基础。

实验要求

1. 要求将计算机计算和教材内容密切结合起来,对计算机屏幕上出现的概念要从理论上弄清楚;

2. 独立地完成简单线性回归模型的建立、估计、检验和预测,并能对计算过程中出现的检验问题进行简单的分析。

实验内容

我国城镇居民人均年消费性支出预测模型的建立、估计、检验和预测。

一、建立模型

经济理论告诉我们,一个国家的城镇居民人均年消费性支出主要决定于居民平均每人全部年收入水平,据此,我们可以选择城镇居民人均年消费性支出(Y)和居民平均每人全部年收入(X)建立我国城镇居民人均年消费性支出计量模型。

$$Y_i = \beta_0 + \beta_{1i} X_i + u_i$$

利用《中国统计年鉴》(2003 年)收集 1985—2001 年上述两个指标的数值(时间序列数值)见表 3.7。

表 3.7 我国城镇居民人均消费和人均年收入资料

年份	城镇居民平均每人全部年收入(X)(元)	城镇居民平均每人年消费性支出(Y)(元)
1985	748.92	673.2
1986	909.96	798.96
1987	1 012.2	884.4
1988	1 192.12	1 103.98
1989	1 387.81	1 210.95
1990	1 522.79	1 278.89
1991	1 713.1	1 453.81
1992	2 031.53	1 671.73
1993	2 583.16	2 110.81
1994	3 502.31	2 851.34
1995	4 288.09	3 537.57
1996	4 844.78	3 919.47
1997	5 188.54	4 185.64
1998	5 458.34	4 331.61
1999	5 888.77	4 615.91
2000	6 316.81	4 998.00
2001	6 907.08	5 309.01

二、估计模型中的未知参数

假设模型中随机扰动项 u_i 满足古典假定,运用 OLS 法估计模型的参数,利用计量经济学计算机软件 Eviews3.1 进行计算过程如下。

1. 建立工作文件

首先双击 Eviews 图标,进入 Eviews 界面。在菜单上依次点击 File\New\Workfile,屏幕上弹出一个 Workfile Range 对话框,由用户选择数据的时间频率(frequency)、起始期和终止期。

其中:Annual——年度   Monthly——月度

       Semi-annual——半年   Weekly——周

       Quarterly——季度   Daily——日

       Undated or irregular——非时序或不规则数据

选择时间频率为 Annual(年度数据)，在 Start Data 里键入 1985，在 End Data 里键入 2001，然后点击 OK 后，屏幕出现 Workfile 工作文件窗口。

也可以在 Eviews 软件主菜单栏下的命令窗口直接键入 CREATE 命令建立工作文件，命令格式为：

CREATE	时间频率类型	起始期	终止期
例如： CREATE	A	1985	2001

2. 输入数据

在 Objects 菜单中，点击 New Object，在 New Object 对话框里选 Group 并在 Name for Object 上定义文件名，点击 OK，屏幕出现数组编辑窗口(见图 3.16)。

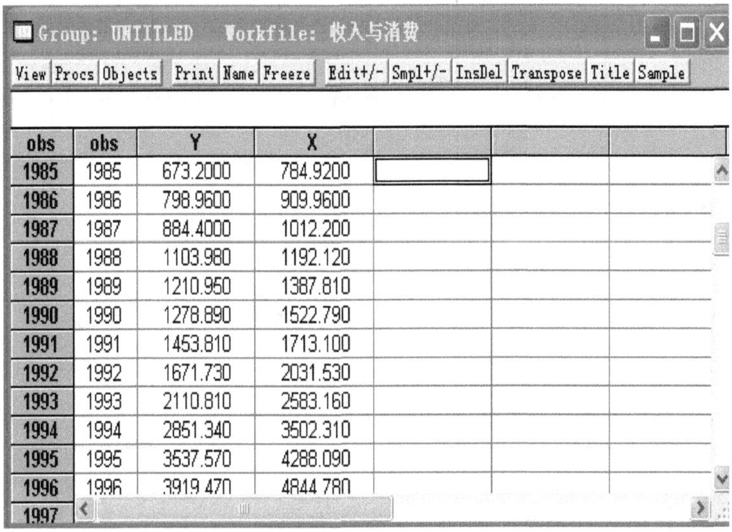

obs	obs	Y	X			
1985	1985	673.2000	784.9200			
1986	1986	798.9600	909.9600			
1987	1987	884.4000	1012.200			
1988	1988	1103.980	1192.120			
1989	1989	1210.950	1387.810			
1990	1990	1278.890	1522.790			
1991	1991	1453.810	1713.100			
1992	1992	1671.730	2031.530			
1993	1993	2110.810	2583.160			
1994	1994	2851.340	3502.310			
1995	1995	3537.570	4288.090			
1996	1996	3919.470	4844.780			
1997						

图 3.16　数据窗口

也可以在 Eviews 软件的命令窗口直接键入数据输入编辑命令：

DATA　　　X　　　Y

回车后，也会显示数组编辑窗口。

然后录入数据，首先按上行键，这时对应"obs"字样的空格会自动上跳，在对应第二个"obs"字样，有边框的空格里键入变量名，再按下行键，这时对应变量名下的这一列出现"NA"字样，便可依时间顺序键入相应的数据。其他变量的数据类似输入。也可几个变量同时录入。

3. 估计回归模型中参数

在界面上选 Quick 菜单，点击 Estimate Equation 项，屏幕出现估计对话框(Equation Specification)，在 Estimation Settings 中选 OLS 估计，即 Least

Squares,键入 Y　C　X 或 Y　X　C(C 为 Eviews 固定的截距项系数)。然后点击 OK,即显示估计结果(见表 3.8)。

　　或者在数据窗口中点击 Procs \ Make Equation,则打开一个方程描述窗口,如果不需要重新定义方程中的变量或调整样本区间,则可直接点击 OK 进行估计。屏幕显示有关估计结果(见表 3.8)。

　　也可以在 Eviews 软件的命令窗口中,直接键入 LS 命令估计模型。命令格式为:LS　Y　C　X,回车后,即显示估计结果(见表 3.8)。

表 3.8　我国城镇居民年人均收入与消费支出模型的估计结果

Variable	Coefficient	Std. Error	t-Statistic	Prob.
C	136.621 9	25.394 36	5.380 010	0.00 01
X	0.767 848	0.006 558	117.093 8	0.000 0
R-squared	0.998 907	Mean dependent var		2 643.252
Adjusted R-squared	0.998 834	S. D. dependent var		1 649.704
S. E. of regression	56.324 17	Akaike info criterion		11.010 26
Sum squared resid	47 586.18	Schwarz criterion		11.108 28
Log likelihood	−91.587 17	F-statistic		13 710.95
Durbin-Watson stat	1.065 992	Prob(F-statistic)		0.000 000

　　表 3.8 中各项统计结果解释如下,见表 3.9:

表 3.9　我国城镇居民年人均收入与消费支出模型的估计结果解释

常数和解释变量	参数估计值	参数标准差	t 统计量值	双侧概率
C	136.621 9	25.394 36	5.380 010	0.000 1
X	0.767 848	0.006 558	117.093 8	0.000 0
可决系数	0.998 907	被解释变量均值		2 643.252
修正的可决系数	0.998 834	被解释变量标准差		1 649.704
回归方程标准差 $\hat{\sigma}$	56.324 17	赤迟信息准则		11.010 26
残差平方和 $\sum e_i^2$	47 586.18	施瓦兹信息准则		11.108 28
似然函数的对数	−91.587 17	F 统计量		13 710.95
达宾-沃森统计量	1.065 992	F 统计量的概率		0.000 000

点击 Resids 可显示模型拟合情况（见图 3.17）。

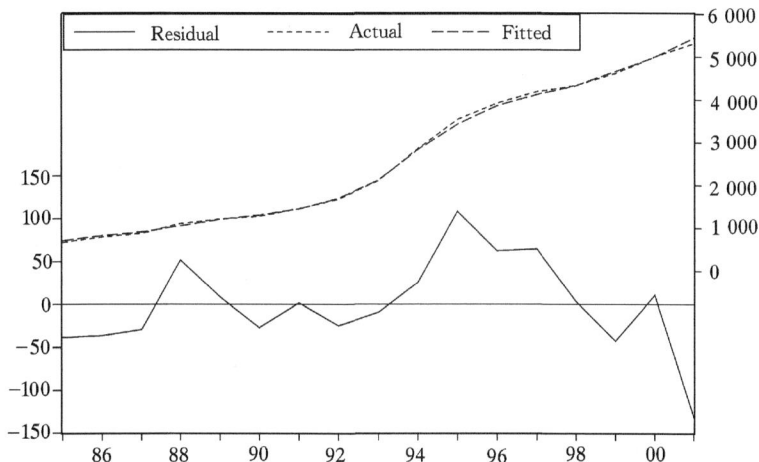

图 3.17　模型的拟合图

三、模型检验

（1）可决系数检验：$R^2 = 0.998\ 9$，说明模型在整体上拟合非常好，也即用人均年收入解释消费性支出变化效果很好。

（2）回归系数显著性检验：$t_0 = 5.38$，$t_1 = 117.09$，取 $\alpha = 0.05$，查 t 分布表，在自由度为 $n - 2 = 15$ 下，$t_{0.025}(15) = 2.131$，$|t_0| > t_{0.025}(15)$，所以拒绝接受 $H_0 : \beta_0 = 0$；$|t_1| > t_{0.025}(15)$，拒绝接受 $H_0 : \beta_1 = 0$，表明城镇居民人均年收入对人均消费性支出有显著影响。

四、回归分析表达式

回归分析表达式为：

$$Y = 136.621\ 9 + 0.767\ 8X$$
$$SE : (25.394\ 4) \quad (0.006\ 6)$$
$$t : \quad (5.38) \quad\quad (117.09)$$
$$R^2 = 0.998\ 9 \quad\quad F = 137\ 10.95 \quad\quad D.W = 1.066$$

五、回归预测

（1）给定解释变量的预测值。假定利用解释变量的趋势方程 $X_t = a + bt$ 预测出 2002 年、2003 年的平均每人年收入分别为 $X_{2002} = 700\ 3.31$ 元，$X_{2003} = 7\ 418.74$ 元。

(2)预测 $\hat{Y}_{2002}$，$\hat{Y}_{2003}$ 的值。先将 Range 从 1985—2001 扩展为 1985—2003。再将 $X_{2002}=7\,003.31$，$X_{2003}=7\,418.74$ 分别输入变量 X 中，在 Equation 对话框里选 Forecast，将时间 Sample 定义在 1985—2003，按 OK，这时 Eviews 自动计算出 $\hat{Y}_{2002}=5\,514.10$ 元，$\hat{Y}_{2003}=5\,833.08$ 元。

(3)计算 $\hat{Y}_{2002}$ 和 $\hat{Y}_{2003}$ 的预测区间。在 X,Y 的数据框里点击 View，选 Descriptive Stats 里的 Common Sample，Eviews 屏幕显示 X,Y 的描述统计的结果，见表 3.10。

表 3.10　变量描述统计分析结果

	X	Y
Mean(均值)	3 264.489	2 643.252
Median(中位数)	2 583.160	2 110.810
Maximum(最大值)	6 907.080	5 309.010
Minimum(最小值)	784.920 0	673.200 0
Std. Dev.(标准差)	2 147.304	1 649.704
Skewness(偏度)	0.328 209	0.283 043
Kurtosis(峰度)	1.559 758	1.487 678
Jarque-Bera(JB 统计量)	1.774 504	1.847 030
Probability(相伴概率)	0.411 786	0.397 121
Observations(观测值个数)	17	17

根据表 3.10 资料计算如下结果：

$$\sum (X_i-\overline{X})^2=\sigma_x^2(n-1)=2\,147.304^2\times16=73\,774\,631.49$$
$$(X_{2002}-\overline{X})^2=(7\,003.31-3\,264.489)^2=13\,978\,782.47$$
$$(X_{2003}-\overline{X})^2=(7\,418.74-3\,264.489)^2=17\,257\,801.37$$

Y_{2002} 置信度 95% 的预测区间为：

$$5\,514.097\pm2.131\times56.324\,17\times\sqrt{1+\frac{1}{17}+\frac{13\,978\,782.47}{73\,774\,631.49}}$$
$$=5\,514.097\pm134.103$$

Y_{2003} 置信度 95% 的预测区间为：

$$5\,833.083\pm2.131\times56.324\,17\times\sqrt{1+\frac{1}{17}+\frac{17\,257\,801.37}{73\,774\,631.49}}$$
$$=5\,833.083\pm136.469$$

(4)求出模型被解释变量值的曲线图。在估计出的 Equation 框里选 Forecast

项,Eviews 自动计算出样本估计期内的被解释变量的预测值,预测变量记为 YF,
其预测值曲线图如图 3.18 所示。

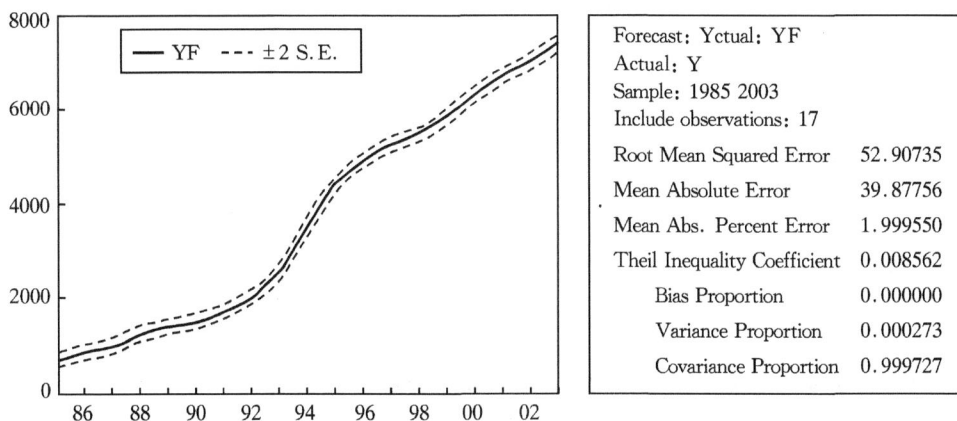

图 3.18　拟合预测值与实际值趋势图

(5)打印或存盘。若要打印回归分析结果,只需点击 Print 即可;若要存盘,则
点击 Name,在跳出的对话框中键入文件名,再点击 OK,回归分析结果就保存于工
作文件(Workfile)中,然后在工作文件窗口点击 Save 即可。

思考与练习

1. 回答问题

(1)在对参数进行最小二乘估计之前,要对模型作出哪些古典假定? 为什么要
提出这些古典假定?

(2)什么是总体回归模型、样本回归模型、总体回归函数、样本回归函数? 它们
之间的区别与联系是什么?

(3)总体方差和参数估计方差的区别是什么?

(4)什么是可决系数? 可决系数 R^2 与 t 检验的关系是什么?

(5)简述显著性检验的意义和过程。

(6)被解释变量的均值预测和个别值预测有何不同? 哪个预测误差大? 解释
原因。

2. 下表是按字母顺序编排的 10 名学生统计学课程的平时练习和期中考试的
成绩,两种成绩的等级分别为:

学 生	A	B	C	D	E	F	G	H	I	J
课堂练习	8	3	9	2	7	10	3	6	1	5
期终考试	9	5	10	1	8	7	4	4	2	6

平时练习成绩和期终考试成绩之间是否有联系?

3. 下表是某工业企业的科研费用和它的利润水平:

	1994	1995	1996	1997	1998	1999	2000	2001	2002	2003
研究费用(万元)	10	10	8	8	8	12	12	12	11	11
利润(万元)	100	150	200	180	250	300	280	310	320	300

试判断科研费用和利润水平的相关关系,并估计回归直线。

4. 用代数法证明关于 $Y_i^* = aY_i + b$ 和 $X_i^* = cX_i + d$ 的 n 个观测值间相关系数(其中 a, b, c, d 都是常数)等于观测值 Y_i 和 X_i 间的简单相关系数。

5. 一个包括 10 个家庭的随机样本具有下表所列收入和食品支出(元/月)数据:

	A	B	C	D	E	F	G	H	I	J
收入(元/周)	2 000	3 000	3 300	4 000	1 500	1 300	2 600	3 800	3 500	4 300
支出(元/周)	700	900	800	1 100	500	400	800	1 000	900	1 000

根据收入估计食品支出的回归直线,并解释所得结果。

6. 下述结果是从一个样本中获得的,该样本包括某企业的销售额(Y)以及相应的价格(X)的 11 个观测值。

$$\overline{X} = 519.18 \qquad \overline{Y} = 217.82$$

$$\sum X_i^2 = 3\,134\,543 \qquad \sum X_iY_i = 1\,296\,836 \qquad \sum Y_i^2 = 539\,512$$

(1)估计销售额对价格的回归直线,并解释其结果。

(2)回归直线未解释的销售变差部分是多少?

7. 下表是某国家在 1994—2003 年 10 年间的国民生产总值(X)和食品需求(Y)的资料(单位:亿元):

	1994	1995	1996	1997	1998	1999	2000	2001	2002	2003
Y	6	7	8	10	8	9	10	9	11	10
X	50	52	55	59	57	58	62	65	68	70

(1)试估计食品需求函数 $Y_i = \beta_0 + \beta_1 X_i + u_i$ 所得结果的经济意义是什么?

(2)试计算可决系数,并求食品支出中有解释的平方和和未解释的平方和。

(3)试估计回归直线的标准误差,并在 5% 的显著性水平上进行显著性检验。

(4)试求总体参数置信度为 99% 的置信区间。

(5)根据国民生产总值的趋势模型 $X_i = a + bt$,用 OLS 法估计 2004 年 X 的值。

(6)根据(5)的结果对该国食品需求作出均值和个别值的区间预测。

8. 试用代数方法证明下列结果:

(1)$\hat{\beta}_1 = r^2 \cdot \dfrac{\sum y_i^2}{\sum x_i y_i}$; (2)$\hat{\beta}_1 = r \cdot \dfrac{S_y}{S_x}$;

其中,$S_x = \sqrt{\sum x_i^2 / n}$, $S_y = \sqrt{\sum y_i^2 / n}$

9. 下面是由 20 个观测值估计出来的某国的消费函数,其中 Y 为可支配收入,C 为消费额。

$$\hat{C}_t = 81 + 0.75 Y_t$$

$$SE: \qquad (0.05)$$

这里 $R^2 = 0.950$, $\overline{Y} = 750$, $\sum (Y - \overline{Y})^2 = 7\,560$, $\sigma^2 = 2.3$

给定 $Y_{2003} = 280$(亿美元),试求 2003 年消费额,并为预测结果建立置信度为 95% 的置信区间。

10. 联系我国实际情况,自己确定一个研究对象,设计一个线性回归模型。具体要求如下:

(1)选题要有现实经济意义,样本资料要真实(可以通过调查取得,查阅文献资料要注明资料来源),样本容量不小于 15。

(2)估计样本回归函数,并讨论回归系数 $\hat{\beta}$ 和 R^2 的经济意义。

(3)对模型进行显著性检验。

(4)预测 Y_F 均值和个别值置信度为 95% 的预测区间。

第四章 多元线性回归模型

前面,我们详细地讨论了一元线性回归模型,但是经济现象是一个复杂的整体,一种经济现象的变动往往要受到多个因素变动的影响。例如,某种商品的需求量,不但取决于该商品的价格,还取决于消费者的收入,以及其他相关商品的价格、消费者的偏好等因素的影响。因此,我们需要将一元线性回归模型推广到多元线性回归模型。最简单的多元线性回归模型是由一个被解释变量和两个解释变量构成的模型,称为二元回归模型。本章我们主要研究二元线性回归模型(指参数是线性的,而变量可以是线性的或非线性的)和非线性回归模型。多元线性回归模型的基本方法与一元线性回归模型完全类似,在计算上虽然复杂,但从应用方面来讲,读者可通过教材后面的实验课加以解决。

第一节 二元线性回归模型

一、二元线性回归模型的形式

总体二元线性回归模型的形式为:

$$Y_i = \beta_0 + \beta_1 X_{1i} + \beta_2 X_{2i} + u_i \tag{4.1}$$

其中:Y_i 是被解释变量;X_{1i},X_{2i} 是对 Y_i 的变化有影响的两个解释变量;u_i 是随机扰动项,其涵义和一元回归模型中的 u_i 相同;β_0 为截距项,可理解为在 X_{1i},X_{2i} 这两个解释变量保持不变的情况下,随机扰动项中的所有因素对因变量 Y_i 的平均影响;$\beta_j (j=1,2)$ 为偏回归系数,它反映了在其他解释变量保持不变的情况下,其对应的解释变量 X 变化一个单位时,对被解释变量 Y_i 的影响。

根据回归分析的思想,总体二元回归函数形式为:

$$E(Y_i \mid X_{1i}, X_{2i}) = \beta_0 + \beta_1 X_{1i} + \beta_2 X_{2i} \tag{4.2}$$

由于总体二元线性回归模型和总体二元线性回归函数的系数都是未知的,所以只能通过样本信息对其作出估计。

样本二元线性回归模型为:

$$Y_i = \hat{\beta}_0 + \hat{\beta}_1 X_{1i} + \hat{\beta}_2 X_{2i} + e_i \tag{4.3}$$

样本二元线性回归函数为:

$$\hat{Y}_i = \hat{\beta}_0 + \hat{\beta}_1 X_{1i} + \hat{\beta}_2 X_{2i} \tag{4.4}$$

模型中 u_i, e_i 的涵义和一元线性回归模型中 u_i, e_i 的涵义相同。样本二元回归函数在几何图形上表示为一个平面,如图 4.1 所示。这是一个把被解释变量 Y 和有关的两个解释变量 X_1, X_2 画在一个三维空间的散布图所形成的 Y 对 X_1, X_2 的回归平面。在三维空间的散布图上,一系列实际观测到的 Y 值像一团云雾点散布在斜平面的周围,这一平面就是所有的散布点满足该二元回归方程的平面。根据最小二乘法的意义,这一回归平面能使 Y 与该平面的离差平方和为最小。

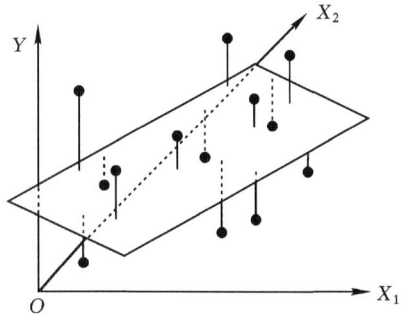

图 4.1　回归平面示意图

二、二元线性回归模型的基本假定

同一元线性回归模型一样,为了估计模型的参数,需要对随机扰动项 u 做出一些假定,即假定:

(1) $E(u_i) = 0$;

(2) $\mathrm{Var}(u_i) = \sigma^2$;

(3) $\mathrm{Cov}(u_i, u_j) = 0$, $(i \neq j)$;

(4) $u_i \sim N(0, \sigma^2)$;

(5) $\mathrm{Cov}(u_i, X_{1i}) = \mathrm{Cov}(u_i, X_{2i}) = 0$。由于 X_1, X_2 不是随机变量,即在重复抽样中 X_1, X_2 取固定值,且 $E(u_i) = 0$ 成立,所以第(5)个假定自然得以实现。

(6) $\mathrm{Cov}(X_{1i}, X_{2i}) = 0$。

和一元线性回归模型相比,二元以及多元线性回归模型多了一个假定条件,即假定解释变量之间不存在精确的线性关系,称为无多重共线性。

三、二元线性回归模型的估计

设样本二元线性回归模型为:

$$Y_i = \hat{\beta}_0 + \hat{\beta}_1 X_{1i} + \hat{\beta}_2 X_{2i} + e_i \tag{4.5}$$

若从总体中随机地抽取一个样本,该样本由 n 组观测值 (Y_i, X_{1i}, X_{2i}), $i = 1, 2, \cdots, n$ 组成,这样便得到一个方程组。

$$
\left.
\begin{aligned}
Y_1 &= \hat{\beta}_0 + \hat{\beta}_1 X_{11} + \hat{\beta}_2 X_{21} + e_1 \\
Y_2 &= \hat{\beta}_0 + \hat{\beta}_1 X_{12} + \hat{\beta}_2 X_{22} + e_2 \\
&\vdots \\
Y_n &= \hat{\beta}_0 + \hat{\beta}_1 X_{1n} + \hat{\beta}_2 X_{2n} + e_n
\end{aligned}
\right\}
\tag{4.6}
$$

这里,仍采用 OLS 方法估计参数,即选取未知参数的数值使其剩余(残差)平方和 $\sum e_i^2$ 为最小,也就是:

$$
\sum e_i^2 = \sum (Y_i - \hat{\beta}_0 - \hat{\beta}_1 X_{1i} - \hat{\beta}_2 X_{2i})^2 = \min
\tag{4.7}
$$

要求 $\hat{\beta}_0, \hat{\beta}_1, \hat{\beta}_2$ 这三个未知参数的值,使剩余平方和为最小,仍用求极值的方法,分别求出 $\sum e_i^2$ 关于 $\hat{\beta}_0, \hat{\beta}_1, \hat{\beta}_2$ 的偏导数,并使各个偏导数等于零,即得:

$$
\left.
\begin{aligned}
\frac{\partial \sum e_i^2}{\partial \hat{\beta}_0} &= 2 \sum (Y_i - \hat{\beta}_0 - \hat{\beta}_1 X_{1i} - \hat{\beta}_2 X_{2i})(-1) = 0 \\
\frac{\partial \sum e_i^2}{\partial \hat{\beta}_1} &= 2 \sum (Y_i - \hat{\beta}_0 - \hat{\beta}_1 X_{1i} - \hat{\beta}_2 X_{2i})(-X_{1i}) = 0 \\
\frac{\partial \sum e_i^2}{\partial \hat{\beta}_2} &= 2 \sum (Y_i - \hat{\beta}_0 - \hat{\beta}_1 X_{1i} - \hat{\beta}_2 X_{2i})(-X_{2i}) = 0
\end{aligned}
\right\}
\tag{4.8}
$$

等价于:

$$
\sum e_i = 0, \quad \sum e_i X_{1i} = 0, \quad \sum e_i X_{2i} = 0
\tag{4.9}
$$

解上述(4.8)式方程组,即得如下三个正规方程:

$$
\left.
\begin{aligned}
\sum Y_i &= n\hat{\beta}_0 + \hat{\beta}_1 \sum X_{1i} + \hat{\beta}_2 \sum X_{2i} \\
\sum X_{1i} Y_i &= \hat{\beta}_0 \sum X_{1i} + \hat{\beta}_1 \sum X_{1i}^2 + \hat{\beta}_2 \sum X_{1i} X_{2i} \\
\sum X_{2i} Y_i &= \hat{\beta}_0 \sum X_{2i} + \hat{\beta}_1 \sum X_{1i} X_{2i} + \hat{\beta}_2 \sum X_{2i}^2
\end{aligned}
\right\}
\tag{4.10}
$$

如果观测次数不少于三次,而 X_1 和 X_2 之间不存在线性关系,则由此正规方程组,可解得参数 β 的 OLS 估计式如下:

$$
\hat{\beta}_0 = \overline{Y} - \hat{\beta}_1 \overline{X}_1 - \hat{\beta}_2 \overline{X}_2
\tag{4.11}
$$

$$
\hat{\beta}_1 = \frac{(\sum X_{1i} Y_i)(\sum X_{2i}^2) - (\sum X_{2i} Y_i)(\sum X_{1i} X_{2i})}{(\sum X_{1i}^2)(\sum X_{2i}^2) - (\sum X_{1i} X_{2i})^2}
\tag{4.12}
$$

$$
\hat{\beta}_2 = \frac{(\sum X_{2i} Y_i)(\sum X_{1i}^2) - (\sum X_{1i} Y_i)(\sum X_{1i} X_{2i})}{(\sum X_{1i}^2)(\sum X_{2i}^2) - (\sum X_{1i} X_{2i})^2}
\tag{4.13}
$$

　　按照前面的表达方式,即用 $x_i = X_i - \overline{X}_i$, $y_i = Y_i - \overline{Y}$, 由正规方程组解出的参数 β 的估计式,也可以用离差的形式表示:

$$\hat{\beta}_0 = \overline{Y} - \hat{\beta}_1 \overline{X}_1 - \hat{\beta}_2 \overline{X}_2 \tag{4.14}$$

$$\hat{\beta}_1 = \frac{(\sum x_{1i} y_i)(\sum x_{2i}^2) - (\sum x_{2i} y_i)(\sum x_{1i} x_{2i})}{(\sum x_{1i}^2)(\sum x_{2i}^2) - (\sum x_{1i} x_{2i})^2} \tag{4.15}$$

$$\hat{\beta}_2 = \frac{(\sum x_{2i} y_i)(\sum x_{1i}^2) - (\sum x_{1i} y_i)(\sum x_{1i} x_{2i})}{(\sum x_{1i}^2)(\sum x_{2i}^2) - (\sum x_{1i} x_{2i})^2} \tag{4.16}$$

参照一元线性回归模型的估计方法,可以证明:

$$E(\hat{\beta}_0) = \beta_0 \tag{4.17}$$

$$E(\hat{\beta}_1) = \beta_1 \tag{4.18}$$

$$E(\hat{\beta}_2) = \beta_2 \tag{4.19}$$

$\hat{\beta}_i$ 的方差及标准误差为:

$$\mathrm{Var}(\hat{\beta}_0) = \sigma^2 \left[\frac{1}{n} + \frac{\overline{X}_1^2 \sum x_{2i}^2 + \overline{X}_2^2 \sum x_{1i}^2 - 2\overline{X}_1 \cdot \overline{X}_2 \cdot \sum x_{1i} x_{2i}}{\sum x_{1i}^2 \sum x_{2i}^2 - (\sum x_{1i} x_{2i})^2} \right]$$

$$SE(\hat{\beta}_0) = \sqrt{\mathrm{Var}(\hat{\beta}_0)} \tag{4.20}$$

$$\mathrm{Var}(\hat{\beta}_1) = \sigma^2 \frac{\sum x_{2i}^2}{\sum x_{1i}^2 \sum x_{2i}^2 - (\sum x_{1i} x_{2i})^2}$$

$$SE(\hat{\beta}_1) = \sqrt{\mathrm{Var}(\hat{\beta}_1)}$$

$$\tag{4.21}$$

$$\mathrm{Var}(\hat{\beta}_2) = \sigma^2 \frac{\sum x_{1i}^2}{\sum x_{1i}^2 \sum x_{2i}^2 - (\sum x_{1i} x_{2i})^2}$$

$$SE(\hat{\beta}_2) = \sqrt{\mathrm{Var}(\hat{\beta}_2)} \tag{4.22}$$

σ^2 一般未知,可用 $\hat{\sigma}^2$ 代替, $\hat{\sigma}^2 = \sum e_i^2 / (n-3) = \dfrac{\sum (Y_i - \hat{Y}_i)^2}{n-3}$

　　对于上述估计式,同样可以证明,高斯-马尔科夫定理也是成立的,即 $\hat{\beta}$ 也是 β 的最佳线性无偏估计式。

四、二元线性回归模型的统计检验

(一)模型的拟合优度检验——多重可决系数 R^2 和修正的可决系数 $\overline{R}^2$

1. 多重可决系数 R^2

在二元回归分析中,也要利用可决系数检验回归方程对样本观测值的拟合优度。多重可决系数 R^2 也表示在 Y 的总变差中由 X_1,X_2 的变化所解释的变差所占的百分比。

$$R^2 = \frac{ESS}{TSS} = \frac{\sum \hat{y}_i^2}{\sum y_i^2} = \frac{\sum (\hat{Y}_i - \overline{Y})^2}{\sum (Y_i - \overline{Y})^2}$$

或

$$= 1 - \frac{RSS}{TSS} = 1 - \frac{\sum e^2}{\sum y_i^2} = \frac{\sum y_i^2 - \sum e_i^2}{\sum y_i^2} \qquad (4.23)$$

前已证明 $e_i = y_i - \hat{y}_i, \hat{y}_i = \hat{\beta}_1 x_{1i} + \hat{\beta}_2 x_{2i}$

剩余平方和为

$$\sum e_i^2 = \sum e_i(y_i - \hat{y}_i) = \sum e_i(y_i - \hat{\beta}_1 x_{1i} - \hat{\beta}_2 x_{2i})$$

$$= \sum e_i y_i - \hat{\beta}_1 \sum e_i x_{1i} - \hat{\beta}_2 \sum e_i x_{2i}$$

由正规方程(4.9)可知

$$\sum e_i x_{1i} = 0, \quad \sum e_i x_{2i} = 0$$

所以

$$\sum e_i^2 = \sum e_i y_i = \sum (y_i - \hat{y}_i) y_i$$

$$= \sum y_i(y_i - \hat{\beta}_1 x_{1i} - \hat{\beta}_2 x_{2i})$$

$$= \sum y_i^2 - \hat{\beta}_1 \sum y_i x_{1i} - \hat{\beta}_2 \sum y_i x_{2i}$$

代入(4.23)式得

$$R^2 = \frac{\sum y_i^2 - (\sum y_i^2 - \hat{\beta}_1 \sum y_i x_{1i} - \hat{\beta}_2 \sum y_i x_{2i})}{\sum y_i^2}$$

即

$$R^2 = \frac{\hat{\beta}_1 \sum y_i x_{1i} + \hat{\beta}_2 \sum y_i x_{2i}}{\sum y_i^2} \qquad (4.24)$$

显然可见,R^2 的值介于 0 到 1 之间,R^2 越高,由 X_1,X_2 解释的变差在 Y 的总变差中所占的百分比越大,亦即模型与样本观测值的拟合优度越好,R^2 愈接近于零,拟合程度愈差。

2. 修正的可决系数 $\bar{R}^2$

上述 R^2 公式中只涉及被解释变量 Y 的有解释的变差和未被解释的变差,并未考虑由于模型中引进解释变量所失去的自由度数。从(4.24)式可以直观地看出,当解释变量的个数增加时,R^2 必定增加,而 $\sum e_i^2$ 必定减少(至少不会增加),但是经验表明 $\sum e_i^2$ 减少的速度和 R^2 增加的速度并不一致。因此,对被解释变量相同,而解释变量 X 的个数不同的两个回归模型进行选择时,就要用修正的可决系数 $\bar{R}^2$。其计算公式为:

$$\bar{R}^2 = 1 - \frac{\sum e_i^2/(n-k)}{\sum y_i^2/(n-1)} \tag{4.25}$$

其中,n 为样本容量;k 为模型中包括截距项在内的参数个数;在二元线性回归模型中,$k=3$。由于

$$\bar{R}^2 = 1 - \frac{(\sum y_i^2 - \sum \hat{y}_i^2)}{\sum y_i^2} \cdot \frac{n-1}{n-k}$$

$$= 1 - (1 - R^2)\frac{n-1}{n-k}$$

$$= R^2\frac{n-1}{n-k} + 1 - \frac{n-1}{n-k}$$

$$= \frac{(n-k)+(k-1)}{n-k}R^2 - \frac{k-1}{n-k}$$

$$= R^2 - (\frac{k-1}{n-k})(1-R^2)$$

因为 $k-1>0$,$n-k>0$,$1-R^2 \geqslant 0$,所以 $\bar{R}^2 \leqslant R^2$

这里应强调的是在选择模型时,不能把 $\bar{R}^2$ 当作原则,因为回归分析的目的不是要追求较高的 $\bar{R}^2$ 之值,而是要取得真实总体回归系数的可靠统计量,并对它们进行推断。某个解释变量是否应列入模型,在很大程度上取决于事前的理论分析和其他有关的统计检验。

(二)模型中解释变量的显著性检验

检验解释变量 X_1,X_2 对被解释变量 Y 是否有显著性影响等价于检验原假设 $H_0:\beta_1=0$,$\beta_2=0$ 和备择假设 $H_1:\beta_1 \neq 0$,$\beta_2 \neq 0$。可以证明,统计量

$$t_j = \frac{\hat{\beta}_j - \beta_j}{SE(\hat{\beta}_j)}(j=1,2) \tag{4.26}$$

服从自由度为 $n-3$ 的 t 分布,检验时,先计算每个 β_j 的 t_j 统计量

$$t_j = \frac{\hat{\beta}_j - 0}{SE(\hat{\beta}_j)} = \frac{\hat{\beta}_j}{SE(\hat{\beta}_j)} \qquad (4.27)$$

确定一个显著水平 α，再查 t 分布表，找出具有 $(n-3)$ 个自由度的 t 的临界值 $t_{\alpha/2}$，然后与统计量 t 相比较：

如果 $|t| \geqslant t_{\alpha/2}$，则拒绝 H_0，即认为解释变量 X_1，X_2 对 Y 有显著影响；

如果 $|t| < t_{\alpha/2}$，则接受 H_0，即认为解释变量 X_1，X_2 对 Y 没有显著影响。

同样，前面介绍的一元线性回归模型的参数显著性检验的简便方法——Z 检验，也可以运用于二元线性回归模型。即在 $n>30$ 的条件下，如果 $|\hat{\beta}_j| \geqslant 2SE(\hat{\beta}_j)$，则拒绝原假设 H_0，反之，则接受原假设。

（三）参数的置信区间

根据统计量 $t = \dfrac{\hat{\beta}_j - \beta_j}{SE(\hat{\beta}_j)} \sim t(n-3)$ $(j=0,1,2)$，所以对于给定的置信度 $1-\alpha$，可建立参数 β_j 的 $100(1-\alpha)\%$ 的置信区间如下：

$$\left[\hat{\beta}_j - t_{\alpha/2}(n-3)SE(\hat{\beta}_j), \qquad \hat{\beta}_j + t_{\alpha/2}(n-3)SE(\hat{\beta}_j)\right] \qquad (4.28)$$

（四）模型的显著性检验

解释变量的显著性检验只是检验单个解释变量对被解释变量有无显著性影响，而两个解释变量联合对被解释变量有无显著线性影响，还需要进一步作出判断，即检验样本模型对总体模型的拟合优度问题，也就是对回归系数进行整体检验。该检验是在方差分析的基础上利用 F 统计量进行的。

方差分析是对被解释变量 Y 在总变差分解的基础上，将自由度[①]考虑进去所作的分析。方差分析通常在如下表格中进行（见表 4.1）。

检验形式为原假设 H_0：$\beta_1=0$，$\beta_2=0$；备择假设 H_1：β_1，β_2 不全为零。构造 F 统计量：

$$F = \frac{\sum \hat{y}_i^2/2}{\sum e_i^2/(n-3)} \qquad (4.29)$$

可以证明，在原假设成立的条件下，F 统计量服从 $F(2,n-3)$ 的 F 分布。因此，我们利用 F 统计量来检验模型对总体的拟合优度。

---

① 自由度根据研究对象不同，有不同理解。这里所谈统计量的自由度，是指统计量中可以自由变化的样本观测值的个数，它等于所用样本观测值个数减去观测值的约束的个数。例如，样本均值 $\bar{X} = \sum X_i/n$ 的自由度为 n，而样本方差 $s^2 = \sum(X_i-\bar{X})^2/n$ 的自由度则为 $n-1$，因为其中使用了样本均值，线性关系式 $\bar{X} = \sum_1^n X_i/n$ 对样本观测值形成一个约束条件。

表 4.1 方差分析表

变差来源	平方和	自由度	方差	统计量
有解释的变差	$\text{ESS} = \sum \hat{y}_i^2 = \sum (\hat{Y}_i - \overline{Y})^2$	$k-1$	$\sum \hat{y}_i^2 / (k-1)$	$F = \dfrac{\sum \hat{y}_i^2 / (k-1)}{\sum e_i^2 / (n-k)}$
未解释的变差	$\text{RSS} = \sum e_i^2 = \sum (Y_i - \hat{Y}_i)^2$	$n-k$	$\sum e_i^2 / (n-k)$	
总变差	$\text{TSS} = \sum y_i^2 = \sum (Y_i - \overline{Y})^2$	$n-1$	$\sum y_i^2 / (n-1)$	$k=3$

根据方差分析表,计算 F 统计量。对于给定的显著性水平 α,查 F 分布表,可得到临界值 $F_\alpha(2, n-3)$。若 $F > F_\alpha(2, n-3)$,则拒绝原假设;若 $F < F_\alpha(2, n-3)$,则接受原假设。

同样,F 统计量与多重可决系数之间也有密切联系:

$$F = \frac{\sum \hat{y}_i^2 / 2}{\sum e_i^2 / (n-3)} = \frac{n-3}{2} \cdot \frac{\text{ESS}}{\text{RSS}} = \frac{n-3}{2} \cdot \frac{\text{ESS/TSS}}{1 - \text{ESS/TSS}}$$

$$= \frac{n-3}{2} \cdot \frac{R^2}{1 - R^2} \tag{4.30}$$

可以看出,R^2 趋近于 1,F 趋近于无穷大,也就越容易拒绝原假设 H_0,从而说明样本回归函数对样本观测值的拟合程度越好,则模型越能准确地反映总体特征。或者说 e_i 的值相应地越小,X_1,X_2 对 Y 的影响越显著,所以,F 检验实质上就是对 R^2 的显著性检验。

五、偏相关系数

在二元或多元回归分析中,对于变量之间的相关关系,可用偏相关系数来表示。

在研究多个变量 X_1,X_2,$\cdots$,X_k 与 Y 之间的线性相关程度时,如果其他变量保持不变,只考虑 Y 与 $X_i(i=1,2,\cdots,k)$ 之间的关系,这种相关叫做偏相关。衡量偏相关程度的指标,就是偏相关系数。例如,在二元线性回归模型中,$r_{01,2}$ 表示 X_2 保持不变时 Y 与 X_1 的偏相关系数;$r_{02,1}$ 表示 X_1 保持不变时 Y 与 X_2 的偏相关系数;$r_{12,0}$ 表示 Y 保持不变时 X_1 与 X_2 的偏相关系数。

在偏相关系数中,根据固定变量数目的多少,可分为零阶偏相关系数、一阶偏相关系数、$k-1$ 阶偏相关系数等。例如,r_{0i} 称为零阶偏相关系数(即简单相关系数),$r_{02,1}$ 称为一阶偏相关系数,$r_{01,23}$ 称为二阶偏相关系数,$r_{01,234}$ 称为三阶偏相关系数,依次类推。

在二元线性回归模型 $Y_i = \beta_0 + \beta_1 X_{1i} + \beta_2 X_{2i} + u_i$ 中,其偏相关系数的计算公式如下:

$$r_{01,2} = \frac{r_{01} - r_{02}r_{12}}{\sqrt{1 - r_{02}^2}\ \sqrt{1 - r_{12}^2}} \tag{4.31}$$

$$r_{02,1} = \frac{r_{02} - r_{01}r_{12}}{\sqrt{1 - r_{01}^2}\ \sqrt{1 - r_{12}^2}} \tag{4.32}$$

$$r_{12,0} = \frac{r_{12} - r_{01}r_{02}}{\sqrt{1 - r_{01}^2}\ \sqrt{1 - r_{02}^2}} \tag{4.33}$$

一般地,在研究多个变量的偏相关系数时,Y 与 $X_i(i=1,2,\cdots,k)$ 的 $k-1$ 阶偏相关系数的计算公式如下:

$$r_{0i,12,\cdots,i-1i+1,\cdots,k} = \frac{r_{0i,12,\cdots,i-1i+1,\cdots,k-1} - r_{0k,12,\cdots,k-1}r_{ik,12,\cdots,i-1i+1,\cdots,k-1}}{\sqrt{1 - r_{0k,12,\cdots,k-1}^2}\ \sqrt{1 - r_{ik,12,\cdots,i-1i+1,\cdots,k-1}^2}}$$

六、课堂实验案例

【案例 4.1】 已知某商品的需求量(Y)、价格(X_1)和消费者收入(X_2)的资料(见表 4.2)。设定该商品需求量与价格、消费者收入的回归模型为:

$$Y_i = \beta_0 + \beta_1 X_{1i} + \beta_2 X_{2i} + u_i$$

其中:Y 为需求量;X_1 为价格;X_2 为消费者收入。

下面先通过代数方法进行计算,以掌握二元线性回归模型计量分析的一般程序,然后运用 Eviews 软件在计算机上完成有关计算。

(1)列计算表,见表 4.2。

表 4.2　二元线性回归模型计算表

n	1	2	3	4	5	6	7	8	9	10	Σ
需求量 Y_i	100	75	80	70	50	65	90	100	110	60	800
价格 X_{1i}	5	7	6	6	8	7	5	4	3	9	60
收入 X_{2i}	1 000	600	1 200	500	300	400	1 300	1 100	1 300	300	8 000
y_i	20	−5	0	−10	−30	−15	10	20	30	−20	—
x_{1i}	−1	1	0	0	2	1	−1	−2	−3	3	—
x_{2i}	200	−200	400	−300	−500	−400	500	300	500	−500	—
y_i^2	400	25	0	100	900	225	100	400	900	400	3 450
x_{1i}^2	1	1	0	0	4	1	1	4	9	9	30
x_{2i}^2	40 000	40 000	16 000	90 000	25 000	160 000	250 000	90 000	250 000	250 000	1 580 000
$y_i x_{1i}$	−20	−5	0	0	−60	−15	−10	−40	−90	−50	−300
$y_i x_{2i}$	4 000	1 000	0	3 000	15 000	6 000	5 000	6 000	15 000	10 000	65 000
$x_{1i} x_{2i}$	−200	−200	0	0	−1 000	−400	−500	−600	−1 500	−1 500	−5900

(2)根据表中资料,计算 $\hat{\beta}_0,\hat{\beta}_1,\hat{\beta}_2$:

$$\hat{\beta}_1 = \frac{(\sum x_{1i} y_i)(\sum x_{2i}^2) - (\sum x_{2i} y_i)(\sum x_{1i} x_{2i})}{(\sum x_{1i}^2)(\sum x_{2i}^2) - (\sum x_{1i} x_{2i})^2}$$

$$= \frac{(-300) \times 1\,580\,000 - 65\,000 \times (-5\,900)}{30 \times 1\,580\,000 - (-5\,900)^2}$$

$$= \frac{-90\,500\,000}{12\,590\,000} = -7.188\,2$$

这里 $n = 10, \overline{Y} = 80, \overline{X}_1 = 6, \overline{X}_2 = 800$

$$\hat{\beta}_2 = \frac{(\sum y_i x_{2i})(\sum x_{1i}^2) - (\sum y_i x_{1i})(\sum x_{1i} x_{2i})}{(\sum x_{1i}^2)(\sum x_{2i}^2) - (\sum x_{1i} x_{2i})^2}$$

$$= \frac{65\,000 \times 30 - (-300) \times (-5\,900)}{30 \times 1\,580\,000 - (-5\,900)^2} = \frac{180\,000}{12\,590\,000} = 0.014\,3$$

$$\hat{\beta}_0 = \overline{Y} - \hat{\beta}_1 \overline{X}_1 - \hat{\beta}_2 \overline{X}_2$$

$$= 80 - (-7.188\,2) \times 6 - 0.014\,3 \times 800 = 111.69$$

(3) $R^2 = \dfrac{\hat{\beta}_1 \sum y_i x_{1i} + \hat{\beta}_2 \sum y_i x_{2i}}{\sum y_i^2}$

$$= \frac{(-7.188\,2) \times (-300) + 0.014\,3 \times 65\,000}{3\,450} = 0.894\,5$$

$$\overline{R}^2 = 1 - (1 - R^2) \times \frac{n-1}{n-k}$$

$$= 1 - (1 - 0.894\,5) \times \frac{10-1}{10-3} = 0.864\,4$$

(4) $\sum e_i^2 = (1 - R^2) \sum y_i^2$

$$= (1 - 0.894\,5) \times 3\,450 = 363.975$$

$$\hat{\sigma}^2 = \frac{\sum e_i^2}{n-k} = \frac{363.975}{10-3} = 51.996\,4$$

$$SE(Y) = \sqrt{\hat{\sigma}^2} = \sqrt{51.996\,4} = 7.21$$

说明实际观测值和理论上计算的拟合值之间的离差平均说来只有 7.21。

(5)将有关资料代入(4.20)、(4.21)、(4.22)式可求得:

$$\text{Var}(\hat{\beta}_0) = 553.69, \ \text{Var}(\hat{\beta}_1) = 6.53, \ \text{Var}(\hat{\beta}_2) = 0.000\,1$$

$$SE(\hat{\beta}_0) = \sqrt{\text{Var}(\hat{\beta}_0)} = 23.5, \ SE(\hat{\beta}_1) = \sqrt{\text{Var}(\hat{\beta}_1)} = 2.56$$

$$SE(\hat{\beta}_2) = \sqrt{\text{Var}(\hat{\beta}_2)} = 0.011$$

(6)进行 t 检验和 F 检验。

$$t_0 = \frac{\hat{\beta}_0}{SE(\hat{\beta}_0)} = \frac{111.7}{23.5} = 4.75, \quad t_1 = \frac{\hat{\beta}_1}{SE(\hat{\beta}_1)} = \frac{-7.19}{2.56} = -2.81,$$

$$t_2 = \frac{\hat{\beta}_2}{SE(\hat{\beta}_2)} = \frac{0.014}{0.011} = 1.27$$

在 5% 的显著水平上，$t_{0.025}(7) = 2.365$，$|t_0| = 4.75 > 2.365$，$|t_1| = 2.81 > 2.365$，$|t_2| = 1.27 < 2.365$，所以，估计值 $\hat{\beta}_0$，$\hat{\beta}_1$ 在统计上是显著的，而 $\hat{\beta}_2$ 不显著。

$$F = \frac{\sum \hat{y}_i^2 / 2}{\sum e_i^2 / (n-3)} = \frac{(\sum y_i^2 - \sum e_i^2)/2}{\sum e_i^2 / (n-3)}$$

$$= \frac{(3\ 450 - 363.975)/2}{363.975/7} = 29.675$$

在 5% 显著水平上，$F_{0.05}(2,7) = 4.74$，$29.71 > 4.74$，所以模型对总体的拟合优度较好。

(7)将回归结果表示如下：

$$\hat{Y} = 111.69 - 7.188\ 2X_1 + 0.014\ 3X_2$$

$$SE(\hat{\beta}_j):(23.5) \qquad (2.56) \qquad (0.011)$$

$$t:(4.75) \qquad (-2.81) \qquad (1.27)$$

$$F = 29.71,\ F_{0.05}(2,7) = 4.74,\ t_{0.025}(7) = 2.365$$

$$R^2 = 0.894\ 6,\ SE(Y) = 7.21$$

对上述结果可作如下解释：商品需求量 Y 与该商品的价格 X_1 和消费者的收入 X_2 之间存在着线性关系，$\hat{\beta}_1 = -7.188\ 2$ 表示该商品的价格每增加一个单位会使商品的需求量减少 $7.188\ 2$ 个单位，$\hat{\beta}_2 = 0.014\ 3$ 表示消费者收入每增加一个单位，会使该商品的需求量增加 $0.014\ 3$ 个单位。$\bar{R}^2 = 0.894\ 6$ 表示在样本数据中，需求量变化的 89.46% 可由该商品的价格和消费者的收入变化（线性）来解释，同时也说明所估计的回归函数较好地拟合了样本数据。

再对估计的模型进行检验，首先，可以看出参数的估计值的符号与先验理论是相符的，一般情况下，商品的需求量和商品的价格成反比关系，而与消费者收入成正比关系。其次，在显著水平 $\alpha = 0.05$ 情况下，$F_{0.05}(2,7) = 4.74 < F = 29.71$，所以拒绝原假设 $H_0: \beta_1 = \beta_2 = 0$，即认为模型较好地反映了商品销售价格和消费者收入对商品需求量的共同影响。$t_{0.025}(7) = 2.365 < |t_1| = 2.81$，$t_{0.025}(7) = 2.365 > |t_2| = 1.27$ 说明该商品的价格对需求量单独来说，影响显著，而消费者收入对需求量单独来说，却无显著影响。因为从客观实际来讲，消费者收入并非全部都用于购买这种商品，或者说该种商品在消费者的消费构成中占的比重不太大，因而影响不

显著,但是和该商品的价格共同作用时,影响却是显著的。因此,在实际应用时,如果只是想掌握商品需求量的变化情况(如预测 Y 的值),则可运用此模型,若想单独了解需求量对消费者收入的依赖程度,则不可运用此模型。

下面我们借助计量经济软件 Eviews3.1 进行计算。

(1)建立工作文件。启动 Eviews;用鼠标单击 File,出现下拉菜单,单击 New\workfile,出现 Workfile Range 对话框;点击 Workfile frequency 中的 Undated or irregular,在对话框的 Start Data 和 End Data 中分别键入 1 和 10(表明样本容量为 10),点击 OK,出现工作文件窗口。若要将工作文件存盘,则点击工作文件窗口上方的 Save,在跳出的 Save AS 对话框中给定路径和文件名,然后点击 OK,工作文件中的内容将被保存。

(2)输入数据。用鼠标单击 Quick,出现下拉菜单,单击 Empty Group,出现 Group 窗口。在数据表中的第一列中键入 Y 的数据,并将该序列取名为 Y;在第二、三列中分别键入 X_1 和 X_2 的数据,并分别取名为 X1 和 X2。

(3)回归分析。用鼠标单击 Procs,出现下拉菜单,单击 Make Equation,出现回归方程设定对话框,在 Equation Specification 栏中键入 Y C X1 X2;在 Estimation Settings 栏中选择 least Squares;点击 OK,屏幕显示回归分析结果(见表 4.3)统计检验见前述内容。

表 4.3 回归分析结果

Dependent Variable:Y
Method:Least Squares
Date:12/03/03 Time:20:32
Sample:1 10
Included observations:10

Variable	Coefficient	Std. Error	t-Statistic	Prob.
C	111.6918	23.53081	4.746619	0.0021
X_1	−7.188245	2.555331	−2.813039	0.00260
X_2	0.014297	0.011135	1.284007	0.2400
R-squared	0.894430	Mean dependent var		80.00000
Adjusted R-squared	0.864267	S.D. dependent var		19.57890
S.E. of regression	7.213258	Akaike info criterion		7.033044
Sum squared resid	364.2176	Schwarz criterion		7.123819
Log likelihood	−32.16522	F-statistic		29.65325
Durbin-Watson stat	0.770683	Prob(F-statistic)		0.000382

计算机显示的回归分析结果和前面计算的结果是一致的。点击 Resids 可显示拟合效果图(见图 4.2)。

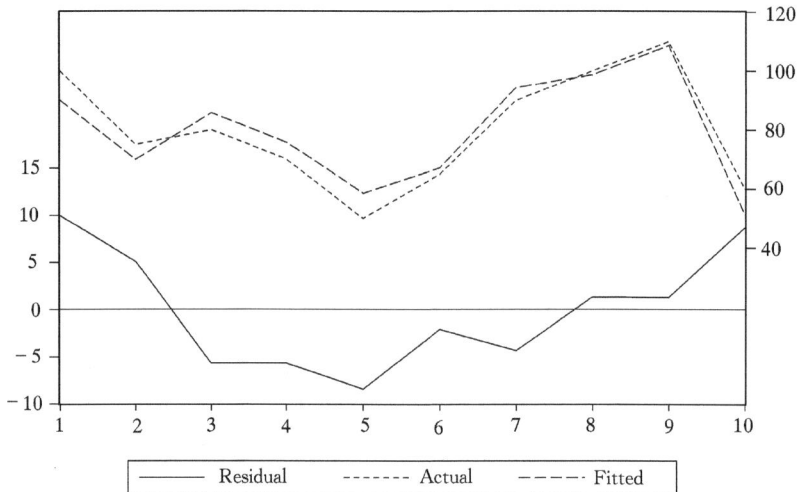

图 4.2　回归拟合曲线图

(4)打印或存盘。如果要打印回归分析结果,只需点击 Print 即可;若要存盘,则点击 Name,在跳出的对话框中取名,再点击 OK,回归分析结果就保存于工作文件,然后在工作文件窗口点击 Save 即可。

【案例 4.2】　某市 2003 年九个百货商店的商品销售利润率、劳动效率即职工的每月平均销售额以及每百元商品销售额所需的流通费用资料见表 4.4。

表 4.4　某九个百货商店有关资料

商店编号	1	2	3	4	5	6	7	8	9
利润率 $Y(\%)$	12.6	10.4	18.5	8.1	16.3	12.3	6.2	6.6	16.8
销售额 X_1(千元)	6	5	8	4	7	6	3	3	7
流通费用 $X_2(\%)$	2.8	3.3	1.8	3.9	2.1	2.9	4.1	4.2	2.5

假定商品销售利润率的回归模型为:

$$Y_i = \beta_0 + \beta_1 X_{1i} + \beta_2 X_{2i} + u_i$$

其中,Y 为利润率;X_1 为劳动效率;X_2 为流通费用率。

利用计量经济软件 Eviews3.1 进行回归分析,具体步骤如下。

（1）建立工作文件，输入数据，过程同前例。

（2）回归分析。在回归方程设定对话框 Equation Specification 栏中键入 Y C X1 X2；在 Estimation Settings 栏中选择 Least Squares；点击 OK，屏幕显示回归分析结果（见表 4.5）。

表 4.5　回归分析结果

Dependent Variable：Y

Method：Least Squares

Date：11/28/03 Time：12：29

Sample(adjusted)：1 9

Included observations：9 after adjusting endpoints

Variable	Coefficient	Std. Error	t-Statistic	Prob.
C	5.259618	11.93375	0.440735	0.6748
X1	1.908790	1.011860	1.886416	0.1082
X2	−1.198089	2.104840	−0.569207	0.5899

R-squared	0.978538	Mean dependent var	11.97778
Adjusted R-squared	0.971385	S. D. dependent var	4.538661
S. E. of regression	0.767764	Akaike info criterion	2.570533
Sum squared resid	3.536771	Schwarz criterion	2.636275
Log likelihood	−8.567400	F-statistic	136.7848
Durbin-Watson stat	1.004874	Prob(F-statistic)	0.000010

将上述回归结果写成以下表达式：

$$\hat{Y}_i = 5.2596 + 1.9088X_1 - 1.1981X_2$$
$$(11.9338)\quad(1.0119)\quad(2.1048)$$
$$(0.4407)\quad(1.8864)\quad(-0.5692)$$
$$R^2 = 0.9785,\quad \bar{R}^2 = 0.9714,\quad F = 136.7848$$
$$t_{0.025}(6) = 2.447,\quad F_{0.05}(2,6) = 5.14$$

上述模型中，参数估计值的符号与先验理论是相符的，在显著水平 $\alpha = 0.05$ 时，$F_{0.05}(2,6) = 5.14 < 136.78 = F$，所以拒绝原假设 $H_0：\beta_1 = \beta_2 = 0$，即认为模型较好地反映了劳动效率和流通费用率对利润率的共同影响。

但是 $t_{0.025}(6) = 2.447 > |t_i|$，即应该分别接受两个原假设 $H_0：\beta_1 = 0$ 以及

$H_0: \beta_2 = 0$，说明劳动效率和流通费用率对利润率的变化单独来说，都无影响。这个结论和客观经济现象是矛盾的。因此，如果样本数据真实地反映事实，那就说明我们对模型的假定存在着问题。事实上，是因为解释变量 X_1, X_2 之间存在着多重共线性问题，因此需要进一步讨论（此问题将在后面章节专门讨论）。如果是为了了解 Y 的变化情况，而不考虑 X_1, X_2 的单独影响时，上述模型还是可以利用的。

第二节　非线性回归模型

计量经济模型的函数形式可以是线性的，也可以是非线性的。线性模型最一般的形式可表示为：

$$Y_i = \beta_1 + \beta_2 X_{2i} + \beta_3 X_{3i} + \cdots + \beta_k X_{ki} + u_i \qquad (4.34)$$

这类模型的特点是模型中的被解释变量与解释变量呈线性关系，同时被解释变量与参数也呈线性关系。这种模型可以利用前面讲述的线性回归的方法进行估计，所以是最常用的函数形式。

非线性模型的形式很多，从估计的方法可划分为两大类：一类是可线性化模型，即将模型经过适当变量变换或函数变换转化成线性回归模型进行参数估计；另一类是不可线性化模型，即无法通过变量变换或函数变换转化成线性模型，要用专门方法进行估计。下面主要介绍可线性化的非线性模型的估计问题。

一、双对数模型（不变弹性模型）

模型　$\ln Y = \beta_0 + \beta_1 \ln X + u$ \qquad (4.35)

称为双对数模型，如果满足古典线性回归模型的统计假定，将上述模型作如下变换：

$$Y^* = \ln Y$$
$$X^* = \ln X$$

则(4.35)式可写成如下的线性模型：

$$Y^* = \beta_0 + \beta_1 X^* + u \qquad (4.36)$$

然后利用 OLS 法估计参数，求出的 $\hat{\beta}_0, \hat{\beta}_1$ 分别是 β_0, β_1 的最佳线性无偏估计式。

双对数模型的一个重要特点是 Y 和 X 之间的弹性 β_1 始终保持不变。在(4.35)式的函数中：

$$d(\ln Y) = d(\beta_0 + \beta_1 \ln X) = \beta_1 d(\ln X)$$

$$\beta_1 = \frac{d(\ln Y)}{d(\ln X)} = \frac{dY/Y}{dX/X} \approx \frac{\Delta Y/Y}{\Delta X/X} = \frac{Y \text{ 的增长速度}}{X \text{ 的增长速度}} \qquad (4.37)$$

这表明，在双对数模型中，β_1 是 Y 关于 X 的弹性，是一个常数，所以又称双对数模型为不变弹性模型。利用双对数模型可以研究高档商品(如电视机、电冰箱)的需求量,也可以研究日常生活中具有不变弹性的商品需求量。

二、半对数模型(不变增长模型)

在简单线性模型中,如果只有变量 Y 或者只有变量 X 是用对数形式表示时,就称为半对数回归模型。例如

$$Y = \beta_0 + \beta_1 \ln X + u$$

或 $$\ln Y = \beta_0 + \beta_1 X + u \tag{4.38}$$

这时,可令 $Y^* = \ln Y$,或 $X^* = \ln X$,该模型便可变换为线性模型。

$$Y = \beta_0 + \beta_1 X^* + u$$

或 $$Y^* = \beta_0 + \beta_1 X + u \tag{4.39}$$

此模型的特点是当 X 的相对量发生变化时,Y 的增长量是一个常数;或者当 X 的绝对量发生变化时,Y 的相对变化率(即增长率)是一个常数。在(4.38)式的函数中:

$$\beta_1 = \frac{dY}{d\ln X} = \frac{dY}{dX/X} \approx \frac{\Delta Y}{\Delta X/X} = \frac{Y \text{ 的增长量}}{X \text{ 的增长速度}}$$

即 X 增加 1% 时,Y 将增长 $0.01\beta_1$ 个单位,或

$$\beta_1 = \frac{d\ln Y}{dX} = \frac{dY/Y}{dX} \approx \frac{\Delta Y/Y}{\Delta X} = \frac{Y \text{ 的增长速度}}{X \text{ 的增长量}}$$

即 X 增加一个单位时,Y 将增加 $\beta_1 \cdot 100\%$。如果 X 为时间变量(如年份),则 β_1 反映 Y 的年均增长速度。因此,半对数模型也称为不变增长模型。

利用不变增长模型可以用来测度趋势变量所引起的该时期中的不变增长率。例如就业、消费品价格、货物进出口额、劳动生产率等变量在一定期间的常数增长率方面的问题。

三、倒数变换模型(双曲线模型)

模型 $Y = \beta_0 + \beta_1 \left(\dfrac{1}{X}\right) + u$ 或 $\dfrac{1}{Y} = \beta_0 + \beta_1 X + u$ $\tag{4.40}$

称为倒数变换模型。

这时,可令 $X^* = \dfrac{1}{X}$,或 $Y^* = \dfrac{1}{Y}$,该模型便可变换为线性模型:

$$Y = \beta_0 + \beta_1 X^* + u \quad \text{或} \quad Y^* = \beta_0 + \beta_1 X + u \tag{4.41}$$

该模型的一个明显特征是:随着 X 的无限扩大,Y 将趋近于极限值 β_0(或 $1/\beta_0$),即有一个渐近下限或渐近上限。通常采用此种模型来研究产品生产的平均固

定成本曲线、商品的成长曲线、菲利普斯曲线等。

四、多项式模型

多项式模型形式为：
$$Y_i = \beta_0 + \beta_1 X_i + \beta_2 X_i^2 + \cdots + \beta_k X_i^k + u_i \quad (i=1,2,\cdots,n) \quad (4.42)$$
对此类模型可设　$X_{ji} = X_i^j (j=1,2,\cdots,k)$
则(4.42)式可转化为线性模型：
$$Y_i = \beta_0 + \beta_1 X_{1i} + \beta_2 X_{2i} + \beta_3 X_{3i} + \cdots + \beta_k X_{ki} + u_i \quad (4.43)$$

思考与练习

1. 试设计一个二元线性回归模型，要求如下：

(1)写出模型的古典假定；

(2)写出总体回归模型和总体回归函数、样本回归模型和样本回归函数；

(3)写出回归系数及随机扰动项的最小二乘估计式，并说明参数估计式的性质；

(4)写出回归系数的方差及标准误差；

(5)写出总离差平方和、回归平方和、残差平方和及其自由度之间的关系。

2. 在多元线性回归分析中，为什么用修正的可决系数衡量估计模型对样本观测值的拟合优度？修正的可决系数与 F 检验之间有何区别与联系？

3. 试证明，当二元线性回归函数 $\hat{Y} = \hat{\beta}_0 + \hat{\beta}_1 X_1 + \hat{\beta}_2 X_2$ 中，X_1 和 X_2 相互独立时，$\hat{\beta}_1, \hat{\beta}_2$ 的估计值就等于 Y 关于 X_1 和 X_2 分别回归时的回归系数。

4. 下表是某家庭在衣着用品方面的开支(Y)、总开支(X_1)以及衣着用品价格(X_2)的资料：

年代	1991	1992	1993	1994	1995	1996	1997	1998	1999	2000
X_2	16	13	10	7	7	5	4	3	3.5	2
X_1	15	20	30	42	50	54	65	72	90	90
Y	3.5	4.3	5	6	7	9	8	10	14	14

试求 Y 对 X_1 和 X_2 的最小二乘回归估计方程，并在 5% 显著性水平下进行有关检验。

5. 根据下列数据，试估计其偏回归系数，标准误差以及修正的和未修正的 R^2 值。

$\overline{Y} = 367.693$　　　　　　　　　$\overline{X}_1 = 402.760$

$\overline{X}_2 = 8.0$　　　　　　　　　　$\sum (Y_i - \overline{Y})^2 = 66\ 042.269$

$\sum (X_1 - \overline{X}_1)^2 = 84\ 855.096$　　　$\sum (X_2 - \overline{X}_2)^2 = 280.000$

$\sum (Y - \overline{Y})(X_1 - \overline{X}_1) = 74\ 778.346$　　$\sum (Y - \overline{Y})(X_2 - \overline{X}_2) = 4\ 250.900$

$\sum (X_1 - \overline{X}_1)(X_2 - \overline{X}_2) = 4\ 796.000$　　$n = 15$

6. 设货币需求模型为

$$\ln(M_t / P_t) = \beta_0 + \beta_1 \ln(r_t) + \beta_2 (RGDP_t) + u_t$$

其中 M 为广义货币需求量，P 为物价水平，r 为利率，$RGDP$ 为实际国内生产总值。假定根据容量为 $n=19$ 的样本，用 OLS 法估计出如下样本回归模型：

$$\ln(M_t / P_t) = 0.03 - 0.26\ln(r_t) + 0.54(RGDP_t)$$

$t:$　　　　　　　　(13)　　　　(3)

$R^2 = 0.9$　　$D.W = 0.1$

(1)试从经济意义上考察估计模型的合理性。

(2)在 5% 显著性水平上，分别检验参数 β_1，β_2 的显著性。

(3)在 5% 显著性水平上，检验模型的整体显著性。

7. 自己选择研究对象，收集样本数据，建立多元线性回归模型并运用 Eviews 软件进行计算，对模型进行检验和分析，然后写出分析报告。

第五章 违背基本假定的回归模型

第一节 含有多重共线性的回归模型

一、对古典假定的再讨论

在前几章,我们对模型中的随机扰动项和解释变量作了古典假定。这些假定是:

(1)u_i 的零均值假定,即

$$E(u_i) = 0 \qquad (i = 1, 2, \cdots, n) \tag{5.1}$$

(2)u_i 的无自相关假定,即

$$\text{Cov}(u_i, u_j) = 0 \quad (i \neq j) \tag{5.2}$$

(3)u_i 的同方差性假定,即

$$\text{Var}(u_i) = \sigma^2 \quad (i = 1, 2, \cdots, n) \tag{5.3}$$

(4)解释变量与 u_i 不相关的假定,即

$$\text{Cov}(X_{ji}, u_i) = 0 \quad (i = 1, 2, \cdots, n \quad j = 2, 3, \cdots, k) \tag{5.4}$$

(5)解释变量之间无多重共线性假定,即不存在一组不全为零的常数 $\lambda_1, \lambda_2, \cdots, \lambda_k$,使

$$\lambda_1 X_{1i} + \lambda_2 X_{2i} + \cdots + \lambda_k X_{ki} = 0 \tag{5.5}$$

(6)u_i 的正态性假定,即

$$u_i \sim N(0, \sigma^2) \qquad (i = 1, 2, \cdots, n) \tag{5.6}$$

正是有了这些假定,回归系数的 OLS 估计式才是最佳线性无偏估计式(BLUE),但是经济现象往往不能满足这些假定。如果不能满足这些假定,会给经济计量带来什么影响以及研究如何处理这些情况将是我们继续讨论的问题。

违反了假定(1),即 $E(u_i) \neq 0$,这时可能出现 $E(u_i) = k(k \neq 0)$ 或 $E(u_i) = k_i$。假设有如下模型

$$Y_i = \beta_0 + \beta_1 X_i + u_i$$

其中 $E(u_i) = k \quad (i = 1, 2, \cdots, n)$。对上式取条件期望得:

$$\begin{aligned} E(Y/X_i) &= \beta_0 + \beta_1 X_i + E(u_i/X_i) \\ &= \beta_0 + \beta_1 X_i + k \\ &= \alpha + \beta_1 X_i \end{aligned}$$

其中 $\alpha=\beta_0+k$。因此,如果 $E(u_i)=k$,就不能估计出真实的截距系数 β_0。由于截距项在模型中相对来说不太重要,我们不必多加注意。就多数研究目的而论,斜率系数的意义较为重要些,但在这种情况下,斜率系数 β_1 不受影响。需要注意的是,当 $E(u_i)=k_i$ 时,可以证明 β_1 也可能是有偏的不一致的估计量。违反假定(1)的原因主要是样本数据出现统计误差,以及模型设定出现偏误。因此我们应尽量使样本数据精确,使设立的模型与实际一致。实际工作中,我们一般认为假定(1)是基本成立的,不再加以检验。

计量经济学中是假定解释变量的值为给定的,且回归分析的结果就是以这些给定值作为条件的。这样假定(4)也就不再检验了。通过以后的学习我们会知道,在自回归模型和联立方程模型中将会违反假定(4),这时的 OLS 估计量不仅是有偏的,而且也是不一致的。

我们知道,在假定(1)和假定(4)成立的情况下,无论 u_i 是否服从正态分布,OLS 估计量都是 BLUE;即使 u_i 不服从正态分布,在大样本时,OLS 估计量也趋于正态分布。但是在小样本时,如果没有正态性假定,OLS 估计量就不是正态分布。由于在实际工作中有时很难得到大样本资料,因此正态性假定对于假设检验和预测来说是极其重要的。我们知道,扰动项 u_i 代表大量未明确引入回归模型的独立变量(对于被解释变量)的联合影响,但这些被略去的变量所产生的影响都较小,或者是随机的。根据中心极限定理,大量独立同分布随机变量和的分布趋于正态分布(少数情况有例外)。而且,即使变量数目不是非常大或者这些变量不是严格独立的,它们的和仍然可以服从正态分布。正是这个中心极限定理为 u_i 的正态性假定提供了理论依据。故正态性假定通常也不作检验。剩下的假定(2)、假定(3)和假定(5),将在本章及其他章节中讨论。

二、多重共线性的概念及产生的原因

对于多元线性回归模型

$$Y_i = \beta_0 + \beta_1 X_{1i} + \beta_2 X_{2i} + \cdots + \beta_k X_{ki} + u_i \quad i=1,2,\cdots,n \quad (5.7)$$

应用 OLS 进行参数估计的基本假设之一是解释变量 $X_1,X_2,\cdots,X_k$ 是互相独立的。如果某两个或多个解释变量之间出现了线性相关性,则称为多重共线性(multicollinearity)。也就是说如果存在不全为 0 的常数 λ_i 使得

$$\lambda_1 X_{1i} + \lambda_2 X_{2i} + \cdots + \lambda_k X_{ki} = 0 \quad i=1,2,\cdots,n \quad (5.8)$$

成立,即某一个解释变量可以用其他解释变量的线性组合表示,则称为完全共线性。实际中完全共线性的情况并不多见,一般出现的是一定程度上的共线性或者说近似线性关系,即

$$\lambda_1 X_{1i} + \lambda_2 X_{2i} + \cdots + \lambda_k X_{ki} + v_i = 0 \quad i=1,2,\cdots,n \quad (5.9)$$

其中，v_i 是随机变量。

完全共线性意味着对于一个给定的样本，列向量 $X_1, X_2, \cdots, X_k$ 是线性相关的。近似共线性表明，由于存在随机变量 v_i，列向量 $X_1, X_2, \cdots, X_k$ 不是完全线性相关的，而是近似线性相关的。这里，"共线性"表示存在着线性相关关系，"多重"意味着相关关系有多个组合。

多重共线性产生的原因很多，主要有以下几个方面：

（1）经济变量之间的内在联系。例如，农业生产函数中，影响农产量的耕地面积和施肥量就存在着一定的线性依存关系。

（2）经济变量受某些因素的影响有一个共同变化趋势。例如，在国民经济处于繁荣的时期，国民收入、消费额、投资额、储蓄额等都会迅速增长。而在国民经济紧缩时期，这些变量的增长速度又都会相应放慢。这时的时间序列数据很可能呈现一定程度的多重共线性。

（3）模型中引进滞后变量。在经济计量模型中，如果把本期收入和过去收入（滞后变量）同时引进模型时，很可能出现多重共线性。

（4）多重共线性在截面数据中也可能存在。例如在研究企业的生产量时，企业的资金和劳动力总是高度相关的。

三、多重共线性带来的后果

（一）完全多重共线性带来的后果

如果在模型中至少有一个解释变量与其他解释变量线性相关，如(5.5)式所示或者有两个解释变量之间的相关系数 $r = \pm 1$，则称该模型存在完全多重共线性。在这种情况下，即使古典假定的其余假定均满足，模型可能会出现错误的结论，参数将无法唯一确定，参数的方差无穷大。

例如，在农业生产函数中

$$Y_i = \beta_0 + \beta_1 X_{1i} + \beta_2 X_{2i} + u_i \tag{5.10}$$

对于一个确定的样本，模型(5.10)中的参数应该被唯一确定。但是如果耕地面积 X_{1i} 和施肥量 X_{2i} 之间存在完全的共线性，比如 $X_{2i} = kX_{1i}$（k 为一非零常数），我们再引入一个任意非零常数 β^*，则 $\beta^* X_{1i} = \frac{1}{k}\beta^* X_{2i}$，代入模型中则有

$$Y_i = \beta_0 + (\beta_1 - \beta^*)X_{1i} + (\beta_2 + \frac{1}{k}\beta^*)X_{2i} + u_i \tag{5.11}$$

(5.10)式和(5.11)式虽然完全等价，但回归系数却显然不同。(5.10)式的参数决定后，(5.11)式的参数却可以随 β^* 的任意取值而变化，说明这时参数值的估计不唯一确定。此外，从经济意义上讲，如果取 $\beta^* > \beta_1$，那么 $(\beta_1 - \beta^*) < 0$，则

(5.11)式表明,随耕地面积的增加农产量将会减少,这显然是十分荒谬的结论。

下面再用模型参数说明完全多重共线性的后果。对于上述二元线性回归模型:

$$\hat{\beta}_1 = \frac{\sum X_{1i}Y_i \sum X_{2i}^2 - \sum X_{2i}Y_i \sum X_{1i}X_{2i}}{\sum X_{1i}^2 \sum X_{2i}^2 - (\sum X_{1i}X_{2i})^2}$$

$$= \frac{k^2 \sum X_{1i}Y_i \sum X_{1i}^2 - k^2 \sum X_{1i}Y_i \sum X_{1i}^2}{k^2 \sum X_{1i}^2 \sum X_{1i}^2 - k^2 (\sum X_{1i}^2)^2} = \frac{0}{0}$$

$$\hat{\beta}_2 = \frac{\sum X_{2i}Y_i \sum X_{1i}^2 - \sum X_{1i}Y_i \sum X_{1i}X_{2i}}{\sum X_{1i}^2 \sum X_{2i}^2 - (\sum X_{1i}X_{2i})^2}$$

$$= \frac{k \sum X_{1i}Y_i \sum X_{1i}^2 - k \sum X_{1i}Y_i \sum X_{1i}^2}{k^2 \sum X_{1i}^2 \sum X_{1i}^2 - k^2 (\sum X_{1i}^2)^2} = \frac{0}{0}$$

在此情况下 $\hat{\beta}_1$ 的方差为:

$$\mathrm{Var}(\hat{\beta}_1) = \sigma^2 \frac{\sum x_{2i}^2}{\sum x_{1i}^2 \sum x_{2i}^2 - (\sum x_{1i}x_{2i})^2}$$

$$= \frac{\sigma^2 \sum x_{2i}^2}{0} = \infty$$

对于 $\hat{\beta}_2$,类似地也有 $\mathrm{Var}(\hat{\beta}_2) = \dfrac{\sigma^2 \sum x_{1i}^2}{0} = \infty$

从直观意义上理解,模型中的参数 β_1 表示在 X_2 保持不变的情况下,X_1 每变化一个单位时 Y 的平均变化率。由于模型中存在完全多重共线性,$X_2 = kX_1$,所以当 X_1 每变化一个单位时,X_2 也相应地变化 k 个单位,我们就无法去确定在 X_2 保持不变的情况下,X_1 对 Y 的单独影响。

(二)不完全多重共线性的影响

如果解释变量之间有一定的线性关系,即两个解释变量之间的相关系数为 $-1 < r < 0$ 或 $0 < r < 1$,则称模型中存在不完全多重共线性。不完全多重共线性主要会产生以下影响:

(1)参数估计量的方差随多重共线性"严重程度"的增加而增大。

对于二元线性回归模型,由 $\hat{\beta}_1$ 和 $\hat{\beta}_2$ 的方差容易导出

$$\mathrm{Var}(\hat{\beta}_1) = \frac{\sigma^2 \sum x_{2i}^2}{\sum x_{1i}^2 \sum x_{2i}^2 - (\sum x_{1i}x_{2i})^2} = \frac{\sigma^2}{\sum x_{1i}^2} \cdot \frac{1}{1 - r_{12}^2} \tag{5.12}$$

$$\text{Var}(\hat{\beta}_2) = \frac{\sigma^2 \sum x_{1i}^2}{\sum x_{1i}^2 \sum x_{2i}^2 - (\sum x_{1i}x_{2i})^2} = \frac{\sigma^2}{\sum x_{2i}^2} \cdot \frac{1}{1-r_{12}^2} \quad (5.13)$$

其中 r_{12} 为 X_1 和 X_2 之间的相关系数。(5.12)和(5.13)式中第二项因子称为方差膨胀因子(variance inflating factor),记成 VIF。

$$\text{VIF} = \frac{1}{1-r_{12}^2} \quad (5.14)$$

VIF 表明,OLS 估计量的方差随着多重共线性的增加而"膨胀"。当 X_1,X_2 高度相关时(即 $r_{12} \to 1$),$\text{VIF} \to +\infty$。表 5.1 就反映了多重共线性对 VIF 的影响,也即对 OLS 估计量的方差的影响。

表 5.1 多重共线性对参数估计方差的影响

r_{12}^2	0	0.5	0.8	0.9	0.95	0.96	0.97	0.98	0.99	0.999
VIF	1	2	5	10	20	25	33	50	100	1 000

从表 5.1 可以看出,当 $r_{12}^2 = 0.8$ 时,$\text{Var}(\hat{\beta}_1)$ 5 倍于 $r_{12} = 0$ 的方差;当 $r_{12}^2 > 0.9$ 时,方差便呈现急剧增大的趋势。

(2)进行统计检验时,容易删除掉重要解释变量而造成模型设定误差。在对参数进行显著性检验时,检验统计量为

$$t = \frac{\hat{\beta}_j}{SE(\hat{\beta}_j)} = \frac{\hat{\beta}_j}{\sqrt{\text{Var}(\hat{\beta}_j)}}$$

当多重共线性增加时,由于 $\text{Var}(\hat{\beta}_j)$ 随之增加,t 统计量将会减小。这样,很可能本应否定原假设 $H_0 : \beta_j = 0$,却由于 t 值减小而错误地接受了原假设,即认为解释变量 X_j 对 Y 的影响不显著,而从模型中剔除掉。在这种情况下,将会造成剔除重要解释变量的设定误差。

(3)参数的置信区间明显扩大。由于存在多重共线性,参数估计值有较大的标准差,因此参数真值的置信区间也将增大。例如,当 σ^2 已知时,β_j 的 95% 置信区间为 $\beta_j = \hat{\beta}_j \pm t_{0.025}(n-k)SE(\hat{\beta}_j)$,此置信区间将随 $SE(\hat{\beta}_j)$ 的增大而增大。

(4)参数估计量及其标准误差对于样本波动非常敏感。数据即使出现轻微变动,它们都将发生较大变化。这可以从(5.12)式中看出,当 $r_{12}^2 \to 1$ 时,则有 $(1-r_{12}^2) \to 0$,$1/(1-r_{12}^2) \to \infty$。故当样本数据的轻微变动引起 r_{12}^2 的轻微变动时,$1/(1-r_{12}^2)$ 将会发生较大的变动,即 $\text{Var}(\hat{\beta}_j)$ 将会发生较大的变动。

从以上论述可以看出,当模型中存在多重共线性时,会带来许多严重的后果。

不过应当说明,在模型存在多重共线性时,OLS 估计仍然为线性无偏估计。而且,我们的目的如果是预测 Y 的未来值,且预计解释变量之间的多重共线关系在预测期不发生变化,那么,多重共线性对 Y 的预测就没有明显影响。

四、多重共线性的检验

多重共线性是一种样本现象,即使总体不存在多重共线性,所得样本也可能出现多重共线性。而且由于抽样波动,对于同一总体,不同样本的共线性程度也不相同。因此,对于多重共线性的检验,可以直接从对所得样本进行的分析中去作出判断。下面介绍几种常用的方法。

1. 根据可决系数 R^2、F 检验、t 检验的结果判断

如果模型的可决系数 R^2 很大,F 检验高度显著,但是偏回归系数的 t 检验几乎都不显著,则模型很可能存在多重共线性。因为通过检验,虽然各解释变量对 Y 的共同影响高度显著,但每个解释变量的单独影响却都不显著,我们无法辨别哪个解释变量对被解释变量的影响更大,这时很有可能存在严重的多重共线性。

2. 利用解释变量之间的简单相关系数检验

在 Eviews 软件中可以直接计算解释变量的相关系数矩阵:

[命令方式] COR 解释变量名

[菜单方式]将所有解释变量设置成一个数组,并在数组窗口中点击 View\Correlations。

如果线性回归模型中有 k 个解释变量,其两两简单相关系数矩阵如下:

$$
\begin{array}{c}
\begin{array}{ccccc} X_1 & X_2 & X_3 & \cdots & X_k \end{array} \\
\begin{array}{c} X_1 \\ X_2 \\ X_3 \\ \vdots \\ X_k \end{array}
\begin{bmatrix}
r_{11} & r_{12} & r_{13} & \cdots & r_{1k} \\
r_{21} & r_{22} & r_{23} & \cdots & r_{2k} \\
r_{31} & r_{32} & r_{33} & \cdots & r_{3k} \\
\vdots & \vdots & \vdots & & \vdots \\
r_{k1} & r_{k2} & r_{k3} & \cdots & r_{kk}
\end{bmatrix}
\end{array} \tag{5.15}
$$

因为 $r_{ij}=r_{ji}$,所以简单相关系数矩阵是一对称阵。根据矩阵中主对角线上方(或下方)的 r_{ij} 就可以判断 X_i 和 X_j 之间的相关性。但是,任意两个解释变量之间的简单相关系数,实际隐含着其他变量变化的相关影响,因此,有时要通过偏相关系数来反映二者之间的真实相关程度。

3. 利用辅助回归方程的可决系数 R^2 和 F 统计量检验

当模型的解释变量个数多于两个,可以通过建立每个解释变量分别对其余的解释变量的辅助回归模型来检验多重共线性,即依次建立 k 个辅助线性回归方程:

$$X_1 = f_1(X_2, X_3, \cdots, X_k)$$
$$X_2 = f_2(X_1, X_3, \cdots, X_k)$$
$$\vdots$$
$$X_k = f_k(X_1, X_2, \cdots, X_{k-1})$$

并计算各个回归方程对应的可决系数 $R_1^2, R_2^2, \cdots, R_k^2$，然后构造 F 统计量

$$F_i = \frac{R_i^2/(k-1)}{(1-R_i^2)/(n-k)} \quad (i = 2, \cdots, k) \tag{5.16}$$

在无相关性的原假设下 F_i 服从分子自由度为 $(k-1)$，分母自由度为 $(n-k)$ 的 F 分布。以 F_i 作检验统计量，检验总体拟合优度。如果 F_i 不显著，就表明解释变量 X_i 与其余 $(k-1)$ 个解释变量的线性组合在整体上不相关，即 X_i 未受其余解释变量的共线影响。如果 F_i 显著，则表明 X_i 与其余解释变量的线性组合在整体上相关，或 X_i 受其余解释变量的共线影响。

4. 方差膨胀因子检验

对于多元线性回归模型，$\hat{\beta}_j$ 的方差可以表示成：

$$\mathrm{Var}(\hat{\beta}_j) = \frac{\sigma^2}{\sum(X_{ij} - \bar{X}_j)^2} \cdot \frac{1}{1-R_j^2} = \frac{\sigma^2}{\sum(X_{ij} - \bar{X}_j)^2} \cdot \mathrm{VIF}_j \tag{5.17}$$
$$\mathrm{VIF}_j = (1-R_j^2)^{-1}$$

其中 R_j^2 为 X_j 关于其他解释变量的辅助回归模型的判定系数，VIF_j 为方差膨胀因子。随着多重共线性程度的增强，VIF_j 以及系数估计误差都在增大。因此，可以用 VIF_j 作为衡量多重共线性的一个指标：一般地，当 $\mathrm{VIF}_j > 10$ 时（此时 $R_j^2 > 0.9$），认为模型存在较严重的多重共线性。

另一个与 VIF_j 等价的指标是"容许度"（tolerance），其定义为：

$$\mathrm{TOL}_j = (1-R_j^2) = 1/\mathrm{VIF}_j \tag{5.18}$$

显然，$0 \leqslant \mathrm{TOL}_j \leqslant 1$；当 X_j 与其他解释变量高度相关时，$\mathrm{TOL}_j \to 0$。因此，一般当 $\mathrm{TOL}_j < 0.1$ 时，认为模型存在较严重的多重共线性。

五、多重共线性的解决办法

多重共线性既然产生严重的不良后果，我们在已判断它确实存在的情况下，应当寻求一定的措施去消除或减弱它的影响。下面介绍几种最常用的办法。

(一)增大样本容量

当样本容量增加时，$\sum X_{1i}^2$ 和 $\sum X_{2i}^2$ 也会增大，由 (5.12) 和 (5.13) 式可以看出，这时参数估计值的方差也将减小。前面已经说明，参数估计值的方差随着多重共线性的"严重程度"的增加而增大，通过增加样本容量减小方差，也就削弱了多重共

线性的不利影响。

(二)利用"事前信息"

"事前信息"也称"先验信息",是指根据经济理论及实际的统计资料所获得的解释变量之间的关系。如果已经知道模型存在着多重共线性,而且也知道解释变量之间的关系,便可以把这种关系考虑到模型中去,以消除多重共线性。

例如,著名的 Cobb-Douglas 生产函数 $Y = AL^{\alpha}K^{\beta}$ 中,劳动投入量 L 与资金投入量 K 之间通常是高度相关的,如果已知附加信息是规模报酬不变,即: $\alpha + \beta = 1$

则
$$Y = AL^{1-\beta}K^{\beta} = AL(\frac{K}{L})^{\beta}$$

或
$$\frac{Y}{L} = A(\frac{K}{L})^{\beta} \tag{5.19}$$

记
$$y = Y/L, \ k = K/L$$

则 C-D 生产函数可以表示成: $y = Ak^{\beta}$

此时二元模型转化成一元模型,当然不存在多重共线性的问题,可以利用 OLS 法估计 $\hat{A}$, $\hat{\beta}$,进而得到 $\hat{\alpha} = 1 - \hat{\beta}$。

(三)变换模型形式

对原设定的模型进行适当的变换,也可以消除或削弱原模型中解释变量之间的相关关系。具体有两种变换方式,一是变换模型的函数形式,如将线性模型转换成双对数模型、半对数模型、多项式模型等;二是变换模型的变量形式,如引入差分变量、相对数变量等。例如,某种商品的需求函数为:
$$Y_i = \beta_1 + \beta_2 X_i + \beta_3 P_i + \beta_4 P_i^* + u_i \tag{5.20}$$

其中: Y_i 为需求量; X_i 为居民收入; P_i 为该商品价格; P_i^* 为替代商品的价格。

在实际资料中, P 和 P^* 常呈现同方向的变动或某种连锁反应,所以它们之间是高度相关的,(5.20)式存在多重共线性。

如果只要求知道两种商品的相对价格(P_i/P_i^*)变动对需求量的影响,并不一定要求分析商品价格的绝对变动对需求量的影响,则可把需求函数变换为:
$$Y_i = \alpha_1 + \alpha_2 X_i + \alpha_3 (\frac{P_i}{P_i^*}) + u_i \tag{5.21}$$

从而(5.21)式避免了 P 和 P^* 严重多重共线性的影响。但要注意的是,这时参数的意义发生了变化。

(四)综合利用时间序列数据和截面数据

例如,某商品的需求函数为
$$\ln Y_i = \beta_0 + \beta_1 \ln X_{1i} + \beta_2 \ln X_{2i} + u_i \tag{5.22}$$

其中:Y_i为某商品需求量;X_{1i}为城市居民收入;X_{2i}为农村居民收入。

假如我们已拥有Y_i,X_{1i},X_{2i}的时间序列数据,但是在此样本中X_{1i}和X_{2i}很可能高度正相关,若是直接利用时间序列样本估计模型,很可能产生多重共线性。解决这个问题的方法之一是设法收集某一年Y和X_1(或X_2)的截面数据,先根据截面数据估计出Y关于X_1的弹性(即参数β_1),然后再根据估计的$\hat{\beta}_1$对原模型作变换:

$$Y_i^* = \beta_0 + \beta_2 \ln X_{2i} + u_i \tag{5.23}$$

其中:$Y_i^* = \ln Y_i - \hat{\beta}_1 \ln X_{1i}$

这样变换后的模型(5.23)式显然排除了多重共线性的影响,此时再利用原来的时间序列数据估计出β_0和β_2,从而估计出原模型的全部参数。不过应当注意,此方法的应用有一个前提条件,就是在整个时期β_1的波动不大。

(五)Frisch 综合分析法

Frisch 综合分析法也称逐步回归法。这种方法的基本步骤是:首先把被解释变量对每一个解释变量分别进行回归,从而得到所有的基本回归方程式,并对每一个基本回归方程进行统计检验,分析其估计结果,从中选择最合适的基本回归方程,然后再逐一增加其他的解释变量,重新再作回归,并根据统计分析作如下的分类判断。

(1)如果新引入的解释变量,使可决系数R^2值增加,且其他回归系数在统计上仍是显著的,那么就可以认为这个新引入的解释变量是有用的,作为模型中的解释变量予以保留。

(2)如果新引入的解释变量不能提高可决系数R^2的值,对其他回归系数也没有影响,则不作为解释变量。

(3)如果新引入的解释变量不仅改变了R^2的值,而且也显著地影响了回归系数的符号或数值,以至于使某些回归系数达到不能接受的程度,则可断言产生了严重的多重共线性,说明这个新引入的解释变量可能是重要的。但由于它与其他解释变量存在着线性相关关系,普通最小二乘法估计失效。所以不能盲目地剔除这类变量,否则就会造成随机扰动项与模型中的解释变量相关。如果通过检验,其相关的两个解释变量中的一个可以由另一个来解释,则可以略去对被解释变量影响较小的一个,保留影响较大的一个。

【案例 5.1】

食品消费需求影响因素分析

假设某食品企业欲研究食品消费量与居民可支配收入、食品价格指数、其他商品价格指数和流动资产的关系,现收集某地区 1994—2003 年食品消费量 Y,居民可支配收入 X_1,食品价格指数 X_2,其他商品价格指数 X_3,流动资产 X_4 的样本资料如表 5.2 所示。

表 5.2　某地区食品消费量有关资料

年份	食品消费量 Y（万元）	可支配收入 X_1（元）	食品价格指数 X_2（%）(1990 年为 100)	其他价格指数 X_3（%）(1990 年为 100)	流动资产 X_4（万元）
1994	8.4	82.9	92	94	17.1
1995	9.6	88.0	93	96	21.3
1996	10.4	99.9	96	97	25.1
1997	11.4	105.3	94	97	29.0
1998	12.2	117.7	100	100	34.0
1999	14.2	131.0	101	101	40.0
2000	15.8	148.2	105	104	44.0
2001	17.9	161.8	112	109	49.0
2002	19.3	174.2	112	111	51.0
2003	20.8	184.7	112	111	53.0

根据经验和理论分析得知，食品消费量要受到所有这些因素的影响，可建立以下回归模型：

$$Y_i = \beta_0 + \beta_1 X_{1i} + \beta_2 X_{2i} + \beta_3 X_{3i} + \beta_4 X_{4i} + u_i$$

1. 利用 OLS 进行回归

利用 OLS 进行回归时，得到：

$$Y = -13.534 + 0.0969 X_1 - 0.199 X_2 + 0.340 X_3 + 0.015 X_4$$

$$(-1.801)\quad(3.660)\quad(-2.209)\quad(2.271)\quad(0.305)$$

$$R^2 = 0.998 \qquad \bar{R}^2 = 0.996 \qquad F = 626.46 \qquad D.W = 3.38$$

从估计结果可以看出，$\bar{R}^2$、F 统计量的值都较大，但 β_4 的 t 统计量值较小，可能存在多重共线性，需要进行检验。

2. 利用简单相关系数检验多重共线性

利用 Eviews 软件，可以得到相关系数矩阵，见表 5.3。

表 5.3　简单相关系数矩阵

	Y	X_1	X_2	X_3
X_1	0.997 7			
X_2	0.975 5	0.980 3		
X_3	0.988 7	0.987 6	0.991 8	
X_4	0.983 3	0.988 3	0.970 0	0.969 5

从表 5.3 可见每个因素都与食品需求高度相关,而且解释变量之间也是高度相关的。通过辅助回归,得到估计结果如表 5.4 所示(其中可以通过 Eviews 的数值计算命令 scalar 得到)。

表 5.4 辅助回归的有关统计量

被解释变量	解释变量	R_i^2	F_i	VIF_i
X_1	X_2, X_3, X_4	0.9921	439.538	126.5823
X_2	X_1, X_2, X_3	0.9863	251.9745	72.9927
X_3	X_1, X_2, X_4	0.9920	434.0000	125.0000
X_4	X_1, X_2, X_3	0.9820	190.9444	55.5556

给定显著性水平 $\alpha=0.05$,$F_{0.05}(2,7)=4.74$。而表 5.4 中的 F_i 统计量值都大于 4.74,说明存在严重的多重共线性。另外 VIF_i 也都大于 10,同样说明存在严重的多重共线性。

3. 按照逐步回归法确立线性回归模型

根据理论分析,可支配收入应该是食品需求最主要的影响因素;相关系数检验也表明,收入与食品需求的相关性最强。所以 $Y_i=\beta_0+\beta_1 X_{1i}+e_i$ 作为最基本的模型。

4. 将其余变量逐个引入模型

将其余变量逐个引入模型,估计结果列入表 5.5(其中括号里的数字为 t 统计量)。

表 5.5 食品需求函数逐步回归分析结果

模型	X_1	X_2	X_3	X_4	$\bar{R}^2$	R^2
$Y=f(X_1)$	0.117 9				0.995 0	0.995 6
$Y=f(X_1, X_2)$	0.125 7 (8.43)	−0.036 1 (−0.54)			0.994 4	0.995 6
$Y=f(X_1, X_3)$	0.102 2 (5.61)		0.089 7 (0.87)		0.994 7	0.995 9
$Y=f(X_1, X_4)$	0.131 5 (6.92)			−0.038 9 (−0.73)	0.994 6	0.995 8
$Y=f(X_1, X_2, X_3)$	0.103 6 (7.46)	−0.188 2 (−2.47)	0.318 5 (2.62)		0.997 0	0.998 0
$Y=f(X_1, X_2, X_4)$	0.138 7 (5.5845)	0.034 5 (0.494 1)		−0.037 9 (−0.668 2)	0.993 9	0.996 0
$Y=f(X_1, X_2, X_3, X_4)$	0.096 9 (3.66)	−0.199 1 (2.21)	0.340 1 (2.27)	0.015 1 (0.31)	0.996 4	0.998 0

从表 5.5 估计结果可以看出,在基本模型中引入 X_2 之后,β_1,β_2 的符号正确,但 X_2 的 t 检验不显著,同时拟合优度 R^2 提高不多,$\bar{R}^2$ 反而下降,同理再分别引入其他两个解释变量,引入的变量都不显著,但相对来说,模型 $Y=f(X_1,X_3)$ 的拟合优度最高,所以再将该模型作为基本模型,逐步引入其他变量。引入 X_2 之后,模型中各个系数的符号合理,解释变量的 t 检验也都是显著的,并且拟合优度 R^2 和 $\bar{R}^2$ 都有所提高。在此基础上再引入 X_4,其 t 检验不显著,为多余变量。

经过以上的逐步引入检验过程,最终确定食品需求函数为:

$$\hat{Y}_i = -12.75 + 0.103\,6X_{1i} - 0.188\,2X_{2i} + 0.318\,5X_{3i}$$

$$t: \quad (-1.958)\,(7.46) \qquad (-2.47) \qquad (2.62)$$

$$R^2 = 0.998\,0 \qquad \bar{R}^2 = 0.997\,0 \qquad F = 983.96 \qquad D.W = 3.52$$

这次回归结果的各个变量都比较显著,由此就确定了模型中的解释变量,然后可以进行异方差和序列相关性等其他检验。

第二节　含有异方差性的回归模型

一、异方差性的概念及产生的原因

(一)异方差性的概念

在前述古典线性回归模型的假定中曾提出 $\mathrm{Var}(u_i \mid X_i) = \sigma^2$,即在不同的观测值 X_i 的条件下,随机扰动项 u_i 的方差等于一个常数,如果 u_i 的方差不等于一个常数,即

$$\mathrm{Var}(u_i \mid X_i) = \sigma_i^2 \neq 常数 \qquad (i=1,2,\cdots,n) \tag{5.24}$$

则称随机扰动项 u_i 具有异方差性(heteroscedasticity)。

(二)异方差性产生的原因

异方差性产生的原因主要有以下几方面。

1. 略去了某些解释变量

设回归模型为:

$$Y_i = \beta_0 + \beta_1 X_{1i} + u_i \tag{5.25}$$

假如略去了某个解释变量 X_2,如果被略去的解释变量 X_2 与 X_1 呈同方向变化的趋势,或呈相反方向变化的趋势,这就使得 Y 的观察值 Y_i 与回归值 $\hat{Y}_i$ 的离差 e_i 随着 X_1 增大(减小)而增大(减小),从而 u_i 不是同方差的,这在经济现象中不乏其例。

例如,假设有一个关于家庭预算的截面数据样本,我们想要用来测定储蓄函数:$S_i = \beta_0 + \beta_1 Y_i + u_i$,其中 S_i 是第 i 户的储蓄额,Y_i 是第 i 户的收入。在这种情况

下,扰动项 u_i 的常数方差这一假定是不合适的。因为在储蓄行为中,收入高的家庭其储蓄的变动性要比收入低的家庭大得多。收入高的家庭在保持某一生活水平的前提下,可以比较自由地支配其他的消费支出,即使是对高档商品的消费,因此将随时地提取储蓄或增加储蓄。而收入低的家庭,常为某一目的而储蓄(如想购买一件高档商品或偿还某笔债务),他们每个月的储蓄量基本相等,储蓄形式较有规律性。这就意味着收入高,其 u_i 就大;而收入低,其 u_i 小。因此,用家庭预算的截面数据样本来估计储蓄函数时,u_i 项的常数方差这一假定就不成立。

2. 测量误差

由于测量误差在时间范围内逐渐累积,所以误差量也趋于增加,这时 u_i 的方差随着 X 值的递增而递增。另外,由于抽样技术和其他各种数据收集技术方法的改进,测量误差可能减少,这时,u_i 的方差随着时间而递增。因此,在时间序列数据中,常常由于测量误差的影响,u_i 项不是同方差的。

3. 模型的函数形式设定

由于模型的函数形式设定不正确也会引起异方差。

二、异方差性产生的后果

1. OLS 估计式不再是"最小方差估计式"

设线性回归模型为:

$$Y_i = \beta_0 + \beta_1 X_i + u_i \tag{5.26}$$

其中扰动项 u_i 具有异方差性,但 $E(u_i)=0$,$\text{Cov}(u_i,u_j)=0$,为了讨论的方便,不妨设 $\text{Var}(u_i)=\sigma^2 X_i^2$,这意味着扰动项的方差随着解释变量 X 取值的增大而增大。

现用普通最小二乘法对此具有异方差性的模型进行估计,可求得

$$\hat{\beta}_1 = \beta_1 + \frac{\sum x_i u_i}{\sum x_i^2}$$

于是

$$E(\hat{\beta}_1) = \beta_1 + \frac{\sum x_i E(u_i)}{\sum x_i^2} = \beta_1$$

$$\text{Var}(\hat{\beta}_1) = E(\hat{\beta}_1 - \beta_1)^2 = E\left[\frac{\sum x_i u_i}{\sum x_i^2}\right]^2$$

$$= E\left[\frac{\sum x_i^2 u_i^2 + 2\sum_{i \neq j} x_i x_j u_i u_j}{(\sum x_i^2)^2}\right]$$

$$= \frac{\sum x_i^2 E(u_i^2)}{(\sum x_i^2)^2}$$

$$= \begin{cases} \dfrac{\sigma^2 \sum x_i^2}{(\sum x_i^2)^2} = \dfrac{\sigma^2}{\sum x_i^2} = \mathrm{Var}(\hat{\beta}_1) & \text{(同方差时)} \\[4mm] \dfrac{\sigma^2 \sum x_i^2 X_i^2}{(\sum x_i^2)^2} = \mathrm{Var}(\hat{\beta}_1) \dfrac{\sum x_i^2 X_i^2}{\sum x_i^2} & \text{(异方差时)} \end{cases} \tag{5.27}$$

由于经济问题中一般有 $\dfrac{\sum x_i^2 X_i^2}{(\sum x_i^2)^2} > 1$，所以异方差时 $\mathrm{Var}(\hat{\beta}_1)$ 大于同方差时 $\mathrm{Var}(\hat{\beta}_1)$

方差，从而说明异方差时，最小二乘估计式不再具有最小方差。同理可以证明 $\hat{\beta}_0$ 也有类似的结果。

2. 解释变量显著性检验失效

在原假设 $H_0 : \beta_1 = 0$ 成立的情况下，参数 β_1 的 t 统计量为：

$$t = \frac{\hat{\beta}_1}{\sqrt{\mathrm{Var}(\hat{\beta}_1)}} \tag{5.28}$$

当 u_i 存在异方差时，$\mathrm{Var}(\hat{\beta}_1)$ 的方差不再是最小方差，如果仍用同方差时 $\mathrm{Var}(\hat{\beta}_1)$ 去估计其方差，势必会低估其真实方差，这样就使 t 偏大，从而可能造成本来应该接受原假设却成为否定原假设的错误。

3. 参数的置信区间的建立发生困难

我们仍以一元线性回归模型为例进行讨论。在一元线性回归模型中，总体 β_1 的置信区间为 $\beta_1 = \hat{\beta}_1 \pm t_{a/2}(n-k)\sqrt{\mathrm{Var}(\hat{\beta}_1)}$，在存在异方差情况下，$\mathrm{Var}(\hat{\beta}_1) = \dfrac{\sigma^2 \sum x_i^2 X_i^2}{(\sum x_i^2)^2}$ 将随着 X_i^2 发生变化，不能唯一地确定，从而 β_1 的置信区间的建立也发生困难。

4. 预测的精确度降低

设用 OLS 法估计的线性回归模型为：

$$Y_i = \hat{\beta}_0 + \hat{\beta}_1 X_i \tag{5.29}$$

利用该回归方程进行预测时，先给定解释变量预测值 X^*，由(5.29)式求出被解释变量点预测值 Y^*：

$$Y^* = \hat{\beta}_0 + \hat{\beta}_1 X^* \tag{5.30}$$

然后再给出预测区间：

$$\left[Y^* - t_{a/2}(n-2) \cdot \hat{\sigma}\sqrt{1 + \frac{1}{n} + \frac{(X^* - \overline{X})^2}{\sum(X_i - \overline{X})^2}},\right.$$

$$\left.Y^* + t_{a/2}(n-2) \cdot \hat{\sigma}\sqrt{1 + \frac{1}{n} + \frac{(X^* - \overline{X})^2}{\sum(X_i - \overline{X})^2}}\right] \qquad (5.31)$$

从(5.30)式可知,点预测的精确度取决于 $\hat{\beta}_0$ 和 $\hat{\beta}_1$ 的精确度。但由于 u_i 的异方差性增大了 $\hat{\beta}_0$ 和 $\hat{\beta}_1$ 的方差,从而使 $\hat{\beta}_0$ 和 $\hat{\beta}_1$ 的精确度降低。因此,点预测值 Y^* 的精确度降低。

再从(5.31)式可知,要求出预测区间,除了知道 Y^* 外还必须知道扰动项方差的估计式 $\hat{\sigma}^2$,在 u_i 是同方差的情况下,可用 $\sum e_i^2/(n-2)$ 来估计;而在 u_i 是异方差的情况下,就不能用它来估计。关于这一点,在前面章节推导 $\hat{\sigma}^2 = \sum e_i^2/(n-2)$ 时可以清楚地看出。如勉强用 $\sum e_i^2/(n-2)$ 来代替 $\hat{\sigma}^2$,则必然降低预测区间的精度。

三、异方差性的检验

对异方差性的检验,至今还没有可靠的规则来检验异方差性,而只有一些经验方法可供选用。下面讨论几种常用的检验方法。

(一)图示检验法

图示检验法有残差图分析和相关图分析两种方法。

1. 残差图分析

残差图分析是在利用 Eviews 进行回归模型估计之后,在方程窗口点击 Resids 按钮,直接在计算机屏幕上可以看到残差分布图,如果残差分布图的区域逐渐变宽或变窄,或出现偏离带状区域的复杂变化,则表明存在着异方差性。但应注意在观察之前需要先将数据按照解释变量顺序排序,命令格式为:SORT X。

2. 相关图分析

在建立模型时,为了判断模型的函数形式,一般要观察被解释变量 Y 与解释变量 X 的相关图,如图中随着 X 的增加,Y 的分布的离散程度呈现逐渐增大(或减小)的趋势,则表明模型存在着递增型(或递减型)的异方差性。这是因为被解释变量 Y_i 的离散程度和随机扰动项 u_i 的离散程度相同的结果。

图示检验法只能粗略地观察模型是否存在异方差性,当异方差性不太明显时,还需要采用一些较为精确的检验方法。

(二)斯皮尔曼(Spearman)等级相关检验法

如果模型中存在异方差性的实质是 u_i 的方差与 X_i 有关,我们可以通过 u_i 与

X_i 的相关系数来检验 u_i 的异方差性(但不能用简单相关系数来检验,为什么? 读者可以思考)。其检验的具体步骤为:

(1)对 Y 和 X 的数据拟合回归直线,得出剩余 e_i。

(2)取 e_i 的绝对值 $|e_i|$,然后按照递增或递减顺序评定 $|e_i|$ 和 X_i 的等级。

(3)计算对应的 $|e_i|$ 和 X_i 的等级之差 D_i。

(4)求等级相关系数

$$r'_{ex} = 1 - \frac{6\sum D_i^2}{n(n^2-1)} \tag{5.32}$$

其中,D_i 为等级之差,n 为观测值的数目。

(5)进行显著性检验,建立 t 统计量:

$$t = \frac{r'\sqrt{n-2}}{\sqrt{1-(r')^2}} \tag{5.33}$$

其自由度为 $n-2$。选定某个置信度 $1-\alpha$,若 $t>t_{\alpha/2}$,则否定同方差假定,认为 u 与 X 之间存在显著的相关,即 u_i 是异方差性的;若 $t<t_{\alpha/2}$,则 u 与 X 之间不存在显著的线性相关,但可能存在其他联系,这同样会导致异方差性。因此并不能得出"u_i 是同方差的"这一结论。但当样本容量大于 30,即为大样本时,则要用 Z 统计量进行检验。

【案例 5.2】

某地区居民储蓄模型的异方差检验

某地区 31 年中居民个人储蓄及个人收入资料如表 5.6 所示。

表 5.6　某地区居民储蓄及收入资料

n	储蓄 Y (万元)	个人收入 X (万元)	$\hat{Y}$	e_i	x 的等级	相应的 $|e_t|$ 的等级	D	D^2
1	264	8 777	105.49	158.51	1	14	13	169
2	105	9 210	141.43	−36.43	2	3	1	1
3	90	9 954	203.19	−113.19	3	7	4	16
4	131	10 508	249.18	−118.18	4	8	4	16
5	122	10 979	288.28	−166.28	5	15	10	100
6	107	11 912	365.73	−258.73	6	22	16	256
7	406	12 747	435.05	−29.05	7	2	−5	25
8	503	13 499	497.47	5.53	8	1	−7	49
9	431	14 269	561.39	−130.39	9	9	0	0
10	588	15 522	665.40	−77.40	10	4	−6	36

n	储蓄 Y （万元）	个人收入 X （万元）	$\hat{Y}$	e_i	x 的 等级	相应的 $|e_t|$ 的等级	D	D^2
11	898	16 730	765.68	132.32	11	10	−1	1
12	950	17 663	843.13	106.87	12	6	−6	36
13	779	18 575	918.84	−139.84	13	11	−2	4
14	819	19 635	1 006.83	−187.83	14	17	3	9
15	1 222	21 163	1 133.67	88.33	15	5	−10	100
16	1 702	22 880	1 276.21	425.79	16	28	12	144
17	1 578	24 127	1 379.72	198.28	17	18	1	1
18	1 654	25 604	1 502.33	151.67	18	12	−6	36
19	1 400	26 500	1 576.71	−176.71	19	16	−9	9
20	1 829	27 670	1 673.83	155.17	20	13	−7	49
21	2 200	28 300	1 726.13	473.87	21	30	9	81
22	2 017	28 430	1 736.92	280.08	22	25	3	9
23	2 105	29 560	1 830.73	274.27	23	24	1	1
24	1 600	29 650	1 838.20	−238.20	24	20	−4	16
25	2 250	32 100	2 041.58	208.42	25	19	−6	36
26	2 420	32 500	2 074.78	345.22	26	27	1	1
27	2 570	35 250	2 303.06	266.94	27	23	−4	16
28	1 720	35 500	2 323.82	−603.82	28	31	3	9
29	1 900	36 000	2 365.32	−465.32	29	29	0	0
30	2 100	36 200	2 381.92	−281.92	30	26	−4	16
31	2 300	38 200	2 547.95	−247.95	31	21	−10	100

　　根据表 5.6 的资料作散点图（见图 5.1）。从散点图上可以看出随着个人收入水平的增加，储蓄额的离散程度也增加，表明 u_i 的方差呈现出异方差性，而且是递增形式。

　　然后应用普通最小二乘法可得下列回归方程

$$\hat{Y}=-623.11+0.083X$$

$$SE：(122.938)\ \ (0.005)$$

$$t：\ (-5.068)\ \ (16.468)\qquad R^2=0.903$$

　　为了进一步检验异方差性的存在，再用斯皮尔曼等级相关系数检验。把 X_i

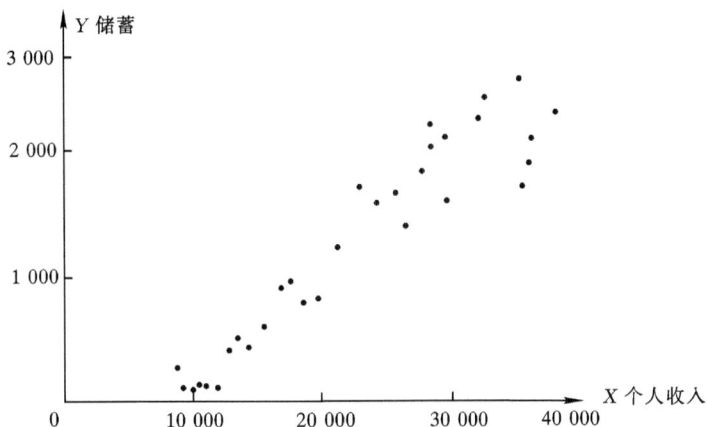

图 5.1 储蓄、收入的散点图

值和 $|e_i|$ 分别按升序划分等级,并按 X_i 等级的升序排列在表 5.6 中,然后计算等级相关系数:

$$r' = 1 - \frac{6 \sum D^2}{n(n^2 - 1)} = 1 - \frac{6 \times 1\ 342}{31 \times (31^2 - 1)} = 0.729$$

再对 r' 进行显著性检验,假设总体等级相关系数 ρ 为零,那么 r' 近似地服从均值为零、方差为 $1/(n-2)$ 的正态分布,即 $r' \sim N[0, 1/(n-2)]$,所以可以构造 Z 统计量

$$Z = \frac{r'}{1/\sqrt{n-2}} = \frac{0.729}{1/\sqrt{29}} = 3.926$$

查表知 $Z_{0.025} = 1.96$, $Z > Z_{0.025}$,所以等级相关系数是显著的。因而从等级相关系数的检验也证实了异方差性的存在。

(三)Goldfeld-Quandt 检验

此检验适用于大样本,是由 S·M·Goldfeld 和 Quandt 于 1965 年提出的。要求观测值的数目至少是所要估计的参数的两倍,并且假定扰动项 u_i 服从均值为零的正态分布,且 u_i 与 u_j 的协方差为零,即 $E(u_i u_j) = 0$ $(i \neq j)$。

原假设 $H_0 : u_i$ 是同方差的

备择假设 $H_1 : u_i$ 具有异方差性(不妨认为具有递增方差)

其具体步骤为:

(1)将观测值按照解释变量 X_i 的大小顺序排列:

$X_1, X_2, \cdots, X_n$

$Y_1, Y_2, \cdots, Y_n$

(2) 删去正中心的 c 个观测值,将剩下的 $n-c$ 个观测值划分为容量相等的两个子样本,其中一个包含 X 的较小值,另一个包含 X 的较大值。略去的数目 c 是 Goldfeld 和 Quandt 通过实验取得的。对于 $n>30$ 的样本,略去的中心观测值的数目约为 $n/4$。例如,当 $n=30$ 时,略去的数目 $c=8$;$n=60$ 时,$c=16$。

(3) 对两个子样本分别用普通最小二乘法求回归方程,这里当然要假定 $(n-c)/2$ 要大于待估计的参数个数。

(4) 分别求出两个子样本回归方程的剩余平方和 $\sum e_{1i}^2$ 及 $\sum e_{2i}^2$;其中 $\sum e_{1i}^2$ 表示 X 较小值的子样本的剩余平方和,$\sum e_{2i}^2$ 表示 X 较大值的子样本的剩余平方和。

(5) 建立 F 统计量:

$$F = \frac{\sum e_{2i}^2 / \left(\dfrac{n-c}{2} - k\right)}{\sum e_{1i}^2 / \left(\dfrac{n-c}{2} - k\right)} = \frac{\sum e_{2i}^2}{\sum e_{1i}^2} \tag{5.34}$$

它服从第一自由度为 $\dfrac{n-c}{2} - k$,第二自由度也为 $\dfrac{n-c}{2} - k$ 的 F 分布,其中 k 为要估计的参数的个数。容易理解,统计量 F 的分子 $\sum e_{2i}^2 / \left(\dfrac{n-c}{2} - k\right)$ 是 X 较大值子样本的 u 的方差估计值。因此 F 值的大小可以衡量两个子样本的 u 的方差是否相异。

如果两个方差相同,F 就接近于 1;如果方差不同,F 值将是较大的(这是因为我们前面假设检验递增方差),所以 $\sum e_{2i}^2 > \sum e_{1i}^2$,根据 F 检验理论,可选定某个置信度 $1-\alpha$,查 F 分布表,得到对应于上述自由度的临界值 F_α。若计算得到的 $F>F_\alpha$,就拒绝零假设 H_0,即有异方差性(递增型);若 $F<F_\alpha$,则接受零假设 H_0,u_i 是同方差的。显然,F 值越大,异方差性越强。当然,也可以建立 F 统计量:

$$F = \frac{\sum e_{1i}^2}{\sum e_{2i}^2} \tag{5.35}$$

如果 $F>F_\alpha$,就拒绝零假设 H_0;若 $\sum e_{2i}^2 < \sum e_{1i}^2$,则认为 u_i 的方差为递减性。

【案例 5.3】 根据表 5.6 资料,用 Goldfeld-Quandt 方法检验异方差性。把储蓄额 X 按递增次序排列,并略去中心 9 个观察值,剩下的观察值分别按较低的 X 值和较高的 X 值分成两个子样本,如表 5.7 所示。

利用 Eviews 软件进行 G-Q 检验的具体步骤为:

SORT	X		将样本数据关于 X 排序
SMPL	1	11	确定子样本 1
LS	Y	C X	进行回归并求出 RSS$_1$=150 867.9
SMPL	21	31	确定子样本 2
LS	Y	C X	进行回归并求出 RSS$_2$=809 628.2

计算出 $F=809\,628.2\,/\,150\,867.9=5.366\,5$，取 $\alpha=0.05$ 时，查 F 分布表得 $F_{0.05}(11-2,11-2)=3.18$，而 $F>F_{0.05}$，所以模型中存在着(递增)异方差性。

表 5.7　两个子样本的有关资料

第一个子样本			第二个子样本		
n_1	Y_1	X_1	n_2	Y_2	X_2
1	264	8 777	21	2 200	28 300
2	105	9 210	22	2 017	28 430
3	90	9 954	23	2 105	29 560
4	131	10 508	24	1 600	29 650
5	122	10 979	25	2 250	32 100
6	107	11 912	26	2 420	32 500
7	406	12 747	27	2 570	35 250
8	503	13 499	28	1 720	35 500
9	431	14 269	29	1 900	36 000
10	588	15 122	30	2 100	36 200
11	898	16 730	31	2 300	38 200

(四)Park 检验

Park 提出 σ_i^2 是解释变量 X_i 的某种函数，使图示法显示的异方差具有具体的形式，他提出的函数形式是：

$$\sigma_i^2 = \sigma^2 X_i^\beta e^{v_i} \tag{5.36}$$

或
$$\ln\sigma_i^2 = \ln\sigma^2 + \beta\ln X_i + V_i$$

由于 σ_i^2 一般是未知的，我们可以用 e_i^2 代替 σ_i^2，并进行如下的回归：

$$\ln e_i^2 = \ln\sigma^2 + \beta\ln X_i + V_i \tag{5.37}$$

如果 β 在统计上是显著的，则表明数据中存在着异方差性，如果 β 不显著，就可以接受同方差假定。利用 Eviews 软件进行检验的步骤为：

LS　Y　C　X
GENR　　LNE2＝log(RESID^2)
GENR　　LNX ＝log(X)
LS　LNE2　C　LNX

(五)Glejser 检验

Glejser 检验的基本思想是：将 $|e_i|$ 对 X_i 进行回归，确定 $|e_i|$ 与 X_i 之间的关

系,以便判断 u_i 的异方差性。其步骤为:

第一步,建立 Y 与 X 之间的回归方程 $\hat{Y}_i = \hat{\beta}_1 + \hat{\beta}_2 X_i$,并计算 $|e_i|(i=1,2,\cdots,n)$。

第二步,用 $|e_i|$ 对 X_i 进行回归,由于 $|e_i|$ 与 X_i 之间的真实函数形式是不知道的,所以通常用各种不同函数形式进行试验,以选择最佳形式。如设

$$|e_i| = \alpha_0 + \alpha_1 f(X_i) + \varepsilon_i \tag{5.38}$$

其中 $f(X_i)$ 可选为 $f(X_i) = X_i^p (p = 1, 2, -1, 1/2, \cdots)$,再利用相关系数、标准误差、$F$ 检验等统计量确定 (5.38) 式的最佳形式。

第三步,对于 (5.38) 式中的最佳形式,对 α_1 进行显著性检验,若显著不为零,就可以认为存在异方差性。否则认为是同方差性的。

利用 Eviews 软件进行 Glejser 检验的步骤为:

LS   Y   C   X

GENR   E=abs(RESID)   生成 $|e_i|$ 序列

然后利用 GENR 命令依次生成 $1/X, 1/X^2, \sqrt{X}, 1/\sqrt{X}$ 等序列,再分别建立 $|e_i|$ 与这些序列的回归方程,就可以检验出异方差的形式。

Park 检验和 Glejser 检验的最大优点是,不仅回答了是否存在异方差性,同时也给出了异方差形式的信息,这个信息对于消除扰动项的异方差是很重要的。对于大样本而言,这两种方法一般都能得出满意的结果;但是对于小样本,它们只能作为了解异方差的定性手段。

(六) White 检验

White 检验不需要关于异方差的任何先验认识,只要求在大样本的情况下即可。

设原模型: $Y_t = \beta_0 + \beta_1 X_1 + \beta_2 X_2 + u_t$

假设异方差与解释变量 X_1, X_2 的一般线性关系为:

$$\sigma_t^2 = \alpha_0 + \alpha_1 X_1 + \alpha_2 X_2 + \alpha_3 X_1^2 + \alpha_4 X_2^2 + \alpha_5 X_1 X_2 + u_t$$

实际上还可以引进解释变量的高次项,但这样会使样本的自由度大幅度下降,所以一般只引入二次项,而且在样本容量较小、解释变量个数相对较多的情况下,为了保证自由度,在 σ_t^2 的方程中可以省去交叉乘积项。White 检验的具体步骤为:

$H_0 : \alpha_1 = \alpha_2 = \cdots = \alpha_5 = 0$

$H_1 : \alpha_1 \neq 0, \alpha_2 \neq 0, \cdots \alpha_5 \neq 0$

(1) 用 OLS 求原模型参数 $\hat{\beta}_0, \hat{\beta}_1, \hat{\beta}_2$。

(2) 计算剩余序列 e_t,并求 e_t^2。

(3) 估计 e_t^2 关于 $X_1, X_2, X_1^2, X_2^2, X_1 X_2$ 的线性回归方程即辅助回归函数。

(4)计算统计量 nR^2，其中 n 为样本容量，R^2 为辅助回归方程中的未校正的 R^2。

(5)在 H_0 假设条件下，nR^2 服从自由度为 5 的 χ^2 分布，给定显著性水平 α，查 χ^2 分布表，得临界值 $\chi_\alpha^2(5)$，比较 nR^2 与 $\chi_\alpha^2(5)$，如果 $nR^2 > \chi_\alpha^2(5)$，否定 H_0，接受 H_1，表明原模型的 u_t 中存在异方差。

【案例 5.4】 利用 Eviews 软件可以直接进行 White 检验。以表 5.6 居民储蓄的资料为例，White 检验的步骤为：

(1)估计回归模型：LS　Y　C　X

(2)检验异方差性：在方程窗口中依次点击 View\Residual Test\White Heteroskedasticity，此时可以选择在辅助回归模型中是否包含交叉乘积项（cross tems）。本例为一元回归模型，辅助回归模型中只有 X 和 X^2 两项，不存在交叉乘积项，执行命令之后，屏幕将显示辅助回归模型的估计结果及以下信息（见表5.8）：

表 5.8　辅助回归模型的估计结果

White	Heteroskedasticity	Test	
F-statistic	7. 216 901	Probability	0. 002 967
Obs* R-Squared	10. 544 61	Probability	0. 005 132

其中 F 值为辅助回归模型的 F 统计量值。取显著性水平 $\alpha = 0.05$，由于 $\chi_{0.05}^2(2) = 5.99 < nR^2 = 10.544\,6$，所以居民储蓄模型存在异方差性。实际上，由输出结果的概率值（p 值）可以看出，只要取显著水平 $\alpha > 0.005\,132$，就可以认为储蓄模型存在异方差性。实际应用中，一般是直接观察 p 值的大小，若 p 值较小，则拒绝不存在异方差性的假设，认为模型存在异方差性。

四、异方差性的解决办法

解决异方差性时，其基本思想是运用适当的估计方法，将异方差变换为同方差或削弱异方差性对模型的影响。

(一)模型变换法

模型变换法是通过 Park 检验或 Glejser 检验后，确定了异方差的具体形式，若异方差性与 X_i 的变化有关，且

$$Var(u_i) = \sigma_i^2 = \sigma^2 f(X_i) \tag{5.39}$$

σ^2 为常数，则用 $\sqrt{f(X_i)}$ 除以原模型的两端，就可以将模型转化为同方差模型，然后再利用最小二乘法估计变换后的模型，估计的参数仍是最佳线性无偏估计，设原模型为：

$$Y_i = \beta_0 + \beta_1 X_i + u_i \tag{5.40}$$

其中,u_i 是异方差性的,但它满足线性回归模型的所有其他假定条件。

(1)假定异方差性的形式为:$\mathrm{Var}(u_i) = \sigma_i^2 = kX_i^2$($k$ 为一个常数),即 u 的方差随着 X_i^2 按比例地递增,对模型实行变换就是用 $\sqrt{X_i^2}$ 去除原模型两边,即:

$$\frac{Y_i}{X_i} = \frac{\beta_0}{X_i} + \beta_1 + \frac{u_i}{X_i} \tag{5.41}$$

令
$$Y_i^* = \frac{Y_i}{X_i} \quad X_i^* = \frac{1}{X_i} \quad u_i^* = \frac{u_i}{X_i}$$

则
$$Y_i^* = \beta_1 + \beta_0 X_i^* + u_i^*$$

这时 $\mathrm{Var}(u_i^*) = \mathrm{Var}(\frac{u_i}{X_i}) = \frac{1}{X_i^2}\mathrm{Var}(u_i) = k$(常数),即为同方差,则可以利用 OLS 估计 β_0, β_1。

(2)假定异方差性的形式是

$$\mathrm{Var}(u_i) = \sigma_i^2 = k^2 X_i \tag{5.42}$$

对原模型两边同除以 $\sqrt{X_i}$ 得

$$\frac{Y_i}{\sqrt{X_i}} = \frac{\beta_0}{\sqrt{X_i}} + \beta_1 \sqrt{X_i} + \frac{u_i}{\sqrt{X_i}} \tag{5.43}$$

令
$$Y_i^* = \frac{Y_i}{\sqrt{X_i}} \qquad X_{1i}^* = \frac{1}{\sqrt{X_i}}$$

$$X_{2i}^* = \sqrt{X_i} \qquad u_i^* = \frac{u_i}{\sqrt{X_i}}$$

则
$$Y_i^* = \beta_0 X_{1i}^* + \beta_1 X_{2i}^* + u_i^*$$

这时模型为不含常数项的二元线性回归模型,

$$\mathrm{Var}(u_i^*) = \mathrm{Var}(\frac{u_i}{\sqrt{X_i}}) = \frac{1}{X_i}\mathrm{Var}(u_i) = k^2 \text{(常数)}$$

即为同方差,同样可以利用 OLS 估计 β_0, β_1。

(3)假定异方差的形式是:

$$\mathrm{Var}(u_i) = \sigma_i^2 = k^2 (\beta_0 + \beta_1 X_i)^2 \tag{5.44}$$

对原模型两边同除以 $\sqrt{(\beta_0 + \beta_1 X_i)^2} = \beta_0 + \beta_1 X_i$ 得

$$\frac{Y_i}{\beta_0 + \beta_1 X_i} = \frac{\beta_0}{\beta_0 + \beta_i X_i} + \beta_1 \frac{X_i}{\beta_0 + \beta_1 X_i} + \frac{u_i}{\beta_0 + \beta_1 X_i} \tag{5.45}$$

变换后的随机扰动项 $\frac{u_i}{\beta_0 + \beta_1 X_i}$ 就是同方差,因为:

$$\mathrm{Var}(\frac{u_i}{\beta_0 + \beta_1 X_i}) = \frac{1}{(\beta_0 + \beta_1 X_i)^2}\mathrm{Var}(u_i) = \frac{1}{(\beta_0 + \beta_1 X_i)^2}\sigma_i^2 = k^2$$

然而上述这种变换是无法进行的,因为 $E(Y_i)=\beta_0+\beta_1 X_i$ 取决于 β_0 和 β_1,而 β_0,β_1 是未知的参数,但是,我们知道,$Y_i=\hat{\beta}_0+\hat{\beta}_1 X_i$ 是 $E(Y_i)$ 的估计量,因此,我们可以分两步进行:

第一步:先不考虑异方差,用 OLS 求得 $\hat{Y}_i$,然后用估计的 $\hat{Y}_i$ 对模型变换

$$\frac{Y_i}{\hat{Y}_i}=\beta_1(\frac{1}{\hat{Y}_i})+\beta_2 \frac{X_i}{\hat{Y}_i}+\frac{u_i}{\hat{Y}_i}$$

第二步:对变换后的上述模型作回归,虽然 $\hat{Y}_i$ 不一定等于 $E(\hat{Y}_i)$,但是它们是一致估计,即当样本容量无限增加时,$\hat{Y}_i$ 收敛于 $E(Y_i)$。因此,对于大样本可利用上述方法进行估计。

(二)加权最小二乘法(WLS)

用普通最小二乘法估计模型中的参数时,要求剩余平方和 $\sum e_i^2$ 为最小,这里对每个 e_i^2 的地位是同等看待的,即权数为 1;但在前面已经说明,在存在异方差性的情况下,OLS 方法已不是一个适宜的估计方法,因为在异方差的情况下(例如方差为递增型),随着 X_i 的增加,扰动项的方差也将偏大,进而 e_i^2 也将偏大,这就使得回归的精确度降低,因此在考虑"使同归误差达到最小"时,需要对不同的 e_i^2 给予必要的折扣,以使不同的 e_i^2 变为同一方差或接近同一方差。合理的做法是:对较小的 e_i^2 给予较大的权数,对较大的 e_i^2 给予较小的权数。通常取权数 $W_i=1/\sigma_i^2$ $(i=1,2,\cdots,n)$,且 σ_i^2 越小,W_i 越大;σ_i^2 越大,W_i 越小。因此称 $\sum W_i e_i^2=\sum W_i(Y_i-\hat{\beta}_0-\hat{\beta}_1 X_i)^2=\min$ 为加权(或折扣)最小二乘法(weighted least squares,WLS),由此得到的参数估计式称为加权最小二乘估计式。

$$\hat{\beta}_0^*=\overline{Y}^*-\hat{\beta}\overline{X}^* \tag{5.46}$$

$$\hat{\beta}_1^*=\frac{\sum W_i y_i^* x_i^*}{\sum W_i(x_i^*)^2} \tag{5.47}$$

其中

$$\overline{X}^*=\frac{\sum W_i X_i}{\sum W_i} \qquad \overline{Y}^*=\frac{\sum W_i Y_i}{\sum W_i}$$

$$x_i^*=X_i-\overline{X}_i^* \qquad y_i^*=Y_i-\overline{Y}_i^*$$

可以看出,当 $W_1=W_2=\cdots=W_n$,即权数相同时,则加权最小二乘估计式就是普通最小二乘估计式。由此可以推论,对于异方差模型,WLS 才是最佳线性无偏估计。

(三)WLS 估计的 Eviews 软件实现

在 Eviews 软件中实现 WLS 时,首先需要通过 Park 检验或 Glejser 检验确定

权数变量 W 的具体形式,也可以选取某个与异方差变动趋势反向变动的变量序列,如 $1/|e_i|$,$1/e_i^2$ 等。具体操作过程为:

(1)生成权数变量。

(2)使用 WLS 估计模型。

[命令方式] LS(W = 权数变量)　　Y　　C　　X

[菜单方式]

①在方程窗口中点击 Estimate 按钮;

②在弹出的方程说明对话框中点击 Options,进入参数设置对话框;

③在参数设置对话框中选定 WeightedLS 方法,并在权数变量栏中输入权数变量,然后点击 OK 返回方程说明对话框;

④点击 OK,系统将采用 OLS 方法估计模型。

(3)对估计后的模型,再使用 White 检验判断是否消除了异方差性。

【案例 5.5】

WLS 的 Eviews 实现

在案例 5.2 中,已检验出根据表 5.6 所估计的模型存在异方差性,为消除异方差性,这里用 WLS 进行估计。

(1)利用 Park 检验,可以得出 e_i^2 的一般形式为

$$\ln e_i^2 = -13.330\ 9 + 2.364\ 9\ln X_i$$

因此可以取权数变量 $W_1 = 1/X^{2.364\ 9}$。

(2)利用 Glejser 检验思想,也可以取以下三种形式作为权数变量:

$$W_2 = 1/\sqrt{X_i} \qquad W_3 = 1/|e_i| \qquad W_4 = 1/e_i^2$$

(3)进行 WLS 估计。在 Eviews 中,生成新的权重变量:

GENR　　　　W1=1/X^2.364 9　　　　　　　　$(W1=1/X_i^{2.364\ 9})$

GENR　　　　W2=1/SQR(X)　　　　　　　　　$(W2=1/\sqrt{X_i})$

GENR　　　　W3=1/ABS(RESID)　　　　　　　$(W3=1/|e_i|)$

GENR　　　　W4=1/RESID^2　　　　　　　　 $(W4=1/e_i^2)$

通过命令　　LS(W=Wi)Y　C　X　　($i=1,2,3,4$)

或在方程窗口中点击 Estimate\Options 按钮,并在权数变量栏依次输入 W_1,W_2,W_3,W_4,在得到模型的基础上,同时利用 White 检验法检验模型是否存在异方差性。结果如下:

(1)$\hat{Y} = -584.428\ 5 + 0.076\ 855X$　　　　$(W=W_1)$

　　 SE:(90.582 2)　　(0.008 1)

　　 t:(-6.451 9)　　(9.500 1)

$$R^2 = -0.086\ 597 \quad nr^2 = 9.550\ 2 \quad p = 0.008\ 4$$

(2) $\hat{Y} = -688.434\ 9 + 0.085\ 9X$ $\qquad (W = W_2)$

$\qquad SE: (\ 90.415\ 2) \quad (0.004\ 4)$

$\qquad t: (-7.614\ 2\ ) \quad (19.361\ 5)$

$\qquad R^2 = 0.863\ 4 \qquad nr^2 = 5.928\ 1 \qquad p = 0.051\ 608$

(3) $\hat{Y} = -678.418\ 9 + 0.087\ 3X$ $\qquad (W = W_3)$

$\qquad SE: (42.343\ 4) \quad (0.003\ 1)$

$\qquad t: (-16.021\ 8) \quad (28.161\ 4)$

$\qquad R^2 = 0.996\ 1 \qquad nr^2 = 4.477\ 0 \qquad p = 0.106\ 6$

(4) $\hat{Y} = -764.898\ 3 + 0.093\ 92X$ $\qquad (W = W_4)$

$\qquad SE: (30.176\ 1) \quad (0.002\ 2)$

$\qquad t: (-25.347\ 8) \quad (42.007\ 0)$

$\qquad R^2 = 0.999\ 9 \qquad nr^2 = 2.089\ 0 \qquad p = 0.351\ 9$

分析:模型(1)中得出的拟合优度为负值,不符合要求,可舍弃模型(1)。模型(2)中,拟合优度有提高,$R^2 = 0.863\ 4$,White 检验中 p 值为 0.005 132,仍存在显著的异方差性。模型(3)和模型(4)的拟合优度均有提高,且都可以认为已消除了异方差性,但通过进一步比较,可以看出模型(4)在拟合优度、p 值及相关系数等方面均优于(3),因此可以选模型(4)作为估计结果。

将模型(4)与 OLS 的估计结果(见案例 5.2)进行比较可以看出:OLS 估计出的系数偏差较大;截距项 β_0 估计得过高,斜率系数 β_1 又估计得偏低,使用 WLS 后,β_0,β_1 被较为合理地调整且整个方程的拟合优度有了较大的提高,R^2 提高到 0.999 9,从而更贴近地反映了大多数样本点的变化趋势。

第三节 含有自相关性的回归模型

一、自相关性的概念及来源

(一)自相关性的概念

在前面研究线性回归模型中,曾假定不同观测值的随机扰动项是独立的,即 u_i 与 $u_j (i \neq j)$ 的协方差等于零,即 $\mathrm{Cov}(u_i, u_j) = E(u_i u_j) = 0$。如果不满足这个假定,亦即在任何具体时期中,如果 u 值都与它自己以前的值(或几个数值)相关,我们就称为随机扰动项存在着自相关性(autocorrelation)。

自相关性是相关的一种特殊情况。自相关指的不是两个(或更多)不同变量之间的关系,而是指同一变量的逐次值之间的关系。为了清楚地表明我们所研究的 u 与时间有关,我们用 u_t, u_{t-1}, u_{t-2} 等表示 u 在 $t, t-1, t-2$ 等时期所取的值。

(二)自相关性的来源

在实际经济问题中,自相关主要是由以下原因造成的:

1. 模型中略去了具有自相关性的解释变量

在建立计量经济模型时,如果被略去的解释变量本身存在着自相关性,它必然在随机扰动项中反映出来,从而使随机扰动项具有自相关性。例如,家庭收入、投资效果、人口增长率、就业率等,它们往往和自己前期的值有着密切的联系,如果把它们都归结到随机扰动项 u 中,就可能造成 u 也是自相关的。

2. 错误地确定模型的数学形式

如果所研究的经济变量之间的相互关系本身是一个周期函数 $Y_t = (\beta_0 + \beta_1 t)\sin t + u_t$,而我们却错误地认为是线性函数,$Y_t = \beta_0 + \beta_1 t$,随机扰动项就可能自相关。例如,某些商品的销售量受季节的影响,则销售量和时间都存在周期循环形式。如果选用线性函数,其周期项就并入了扰动项之中,使扰动项在时间上是相关的。

3. 随机扰动项本身的自相关性

在许多情况下,随机因素(如干旱、暴风雨、战争、地震等)所产生的影响,常常持续好长时期。例如,在农业生产中,由于反常天气所引起的歉收,可能会在几个时期内影响其他经济变量,这时,随机扰动项本身就可能存在着自相关性,这种自相关情况也称为"真实自相关性"。

4. 被解释变量本身的自相关性

众所周知,许多经济变量往往会有自相关性,使用时间序列数据更是如此。例如生产函数中的产值,消费函数中的消费额,投资函数的投资量等,它们在 t 期的数值往往有赖于 $t-1$ 期的数值,所以是自相关的。而被解释变量和随机扰动又有着相同的分布,这样,上述这些被解释变量的自相关,必然引起随机扰动项的自相关。

二、自相关性产生的后果

(1)参数的估计式仍然是无偏的。假设模型为

$$Y_i = \beta_0 + \beta_1 X_i + u_i$$

因为　　　$\hat{\beta}_1 = \beta_1 + \dfrac{\sum x_i u_i}{\sum x_i^2}$

所以　　　$E(\hat{\beta}_1) = \beta_1 + E(\dfrac{\sum x_i u_i}{\sum x_i^2}) = \beta_1$

(2)用 OLS 法估计的参数的方差将有严重低估现象,这样可能出现把实际上不重要的解释变量由于方差小而当做重要解释变量接受的危险。

用 OLS 法估计的 $\hat{\beta}_1$ 的方差为:

$$\mathrm{Var}(\hat{\beta}_1) = \frac{\sigma_u^2}{\sum x_i^2}$$

在存在自相关情况下，用 OLS 法估计的方差：

$$\mathrm{Var}(\hat{\beta}_1)^{(有)} = E[(\hat{\beta}_1 - \beta_1)^2]$$

$$= E[(\frac{\sum x_i u_i}{\sum x_i^2})^2]$$

$$= \frac{1}{(\sum x_i^2)^2} E[\sum (x_i u_i)^2 + 2\sum_{i \neq j} x_i x_j u_i u_j]$$

$$= \frac{1}{(\sum x_i^2)^2} [\sum x_i^2 \sigma_u^2 + 2\sum x_i x_j \rho^{i-j} \sigma_u^2]$$

$$= \frac{\sigma_u^2}{\sum x_i^2} [1 + 2\rho \frac{\sum x_i x_{i-1}}{\sum x_i^2} + 2\rho^2 \frac{\sum x_i x_{i-2}}{\sum x_i^2} + \cdots]$$

$$= \mathrm{Var}(\hat{\beta}_1)^{(无)} + \mathrm{Var}(\hat{\beta}_1)^{(无)} [2\rho \frac{\sum x_i x_{i-1}}{\sum x_i^2} + 2\rho^2 \frac{\sum x_i x_{i-2}}{\sum x_i^2} + \cdots]$$

$\mathrm{Var}(\hat{\beta}_1)^{(无)}$ 为无自相关情况下 $\hat{\beta}_1$ 的方差，括号内的结果大于零，因为在经济问题中，$X_i X_j$ 一般为正相关，自相关系数也为正，所以在自相关存在情况下，参数估计值的方差大于无自相关的参数估计值的方差，如果用 OLS 估计方差，将严重低估方差，从而导致 t 检验失效。

（3）用剩余平方和来估计随机扰动项的方差也有严重低估现象。

在古典一元线性回归模型中，σ^2 的无偏估计量为：

$$\hat{\sigma}^2 = \sum \frac{e_i^2}{n-2}$$

即

$$E(\hat{\sigma}^2) = \sigma^2$$

$$\sum e_i^2 = (n-2)\hat{\sigma}^2$$

$$E(\sum e_i^2) = (n-2)\sigma^2$$

本来用 $\sum e_i^2$ 估计方差时，满足上式，但存在自相关时，$E(\sum e_i^2)$ 就不会有原来那样大，而是比原来小，可以证明：

$$E(\sum e_i^2) = \sigma^2 [(n-2) - (2\rho \frac{\sum_{i=1}^{n-1} x_i x_{i+1}}{\sum_{i=1}^n x_i^2} + 2\rho^2 \frac{\sum_{i=1}^{n-2} x_i x_{i+2}}{\sum_{i=1}^n x_i^2} + \cdots + 2\rho^{n-1} \frac{x_i x_n}{\sum_{i=1}^n x_i^2})]$$

$$= \sigma^2(n-2-c) \quad (c \text{ 为上面第二个小括号中的数值})$$

$$\hat{\sigma}^2 = \frac{\sum e_i^2}{n-2-c}$$

如果用 $\sum \dfrac{e_i^2}{n-2}$ 估计总体方差必然低估,使 $SE(\hat{\beta})$ 变小。

(4)预测不准确。因为存在自相关时,它与用其他计量经济方法求得的估计值的方差相比较,误差很大,从而参数的置信区间扩大,显著性检验的可靠性降低,所以预测也就不准确。

三、自相关性的检验

自相关性检验主要是检验模型的误差项序列是否存在某种形式的相关关系,检验的方法主要有以下几种。

(一)图示法

图示法是将样本回归的剩余项 $e_t, e_{t-1}, \cdots$,组成一个数组(e_{t-1}, e_t),然后把它们绘在二维图形上,便可获得 u_t 是否存在自相关性的初步概念。如果数组中 (e_{t-1}, e_t) 各项是相关的,则表明真实的 u_t 和 u_{t-1} 序列也存在自相关性。数组(e_{t-1}, e_t)的数据排列如下(见表5.9)。

表 5.9 e_t, e_{t-1} 数据排列表

e_{t-1}	e_1	e_2	e_3	...	e_{n-2}	e_{n-1}
e_t	e_2	e_3	e_4	...	e_{n-1}	e_n

建立直角坐标系,e_{t-1} 为横轴,e_t 为纵轴;由于两个"变量"e_{t-1} 和 e_t 的均值都是零,所以坐标原点选在$(\bar{e}_{t-1}, \bar{e}_t)$上。现将点$(e_1, e_2)$,$(e_2, e_3)$,$\cdots$,$(e_{n-1}, e_n)$绘在图上(见图5.2):

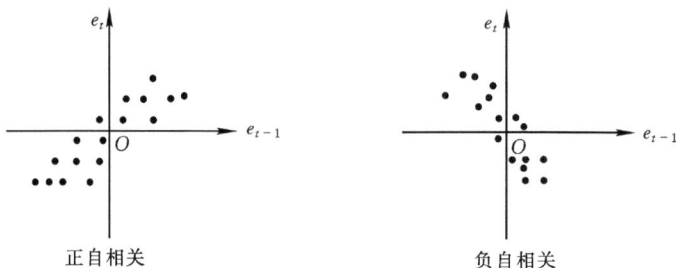

图 5.2 自相关性

　　容易理解,如果大多数点(e_{t-1},e_t)落在第 I、III 象限内,则 e_{t-1} 与 e_t 是正自相关的;若大多数点落在第 II、IV 象限内,则 e_{t-1} 与 e_t 是负自相关的。

　　由此,还可以引出另一种判断自相关性的简单办法:

　　按时间顺序把回归的剩余 e_t 绘在 (t,e_t) 平面直角坐标系中,若 e_t 表现为一个按时间有规则变化的形式,我们就断言 e_t 是自相关的。其可分两种情况:①e_t 在连续时期中的逐次值不断地改变符号,其图形是锯齿形(图 5.3),则 e_t 是负自相关的。因为此时若将 (e_{t-1},e_t) 画在图 5.2 中,必然落在

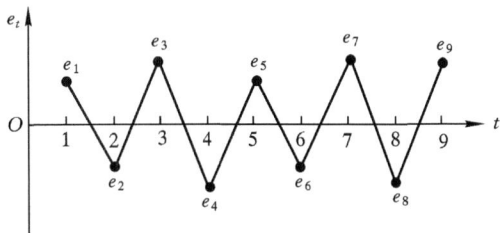

图 5.3　负自相关

第 II、IV 象限。②若 e_t 不频繁地改变符号,而是几个负的 e_t 以后跟着几个正的 e_t,然后又是几个负的 e_t,…,图形呈循环型(图 5.4),则 e_t 是正相关的。因为此时若将 (e_{t-1},e_t) 画在图 5.2 中,大部分落在第 I、III 象限。

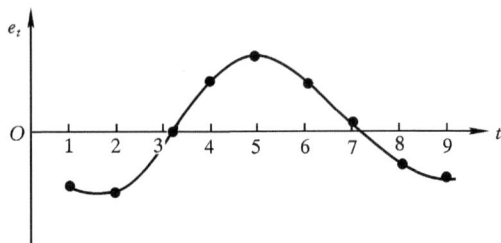

图 5.4　正自相关

　　在 Eviews 软件中,通过在方程窗口点击 Resids 按钮,或者点击 View\Actual,Fitted,Residual\Table,都可以得到残差分布图。

(二)自相关系数法

　　如果自相关的回归型式为"一阶自回归"型式,即随机扰动项的逐次值 u_t 与它前一期的值 u_{t-1} 之间,存在着以下的回归型式:

$$u_t = \beta_t u_{t-1} + V_t \qquad (5.48)$$

其中,β_1 是一个取常数值的参数。(5.48)式相当于 u_i 对 u_{t-1} 的回归方程,而两者仅相差一期,所以称为一阶自回归型式。

　　u_t 和 u_{t-1} 之间的相关系数 ρ 为:

$$\rho = \frac{\sum u_t u_{t-1}}{\sqrt{\sum u_t^2}\,\sqrt{\sum u_{t-1}^2}} \tag{5.49}$$

ρ 的取值在 $-1 \leqslant \hat{\rho} \leqslant 1$。在实际应用中,误差系列 $u_t, u_{t-1}, u_{t-2}, \cdots$ 的真实值是未知的,由于 e_t 是 u_t 的估计值,且 $\bar{e}_t = 0$,所以自相关系数的估计值为

$$\hat{\rho} = \frac{\sum e_t e_{t-1}}{\sqrt{\sum e_t^2}\,\sqrt{\sum e_{t-1}^2}} \approx \frac{\sum\limits_{t=2}^{n} e_t e_{t-1}}{\sum\limits_{t=2}^{n} e_t^2} \tag{5.50}$$

$\hat{\rho}$ 作为自相关系数的估计值与样本量有关,需要做统计显著性检验才能确定自相关性的存在,通常用 D－W 检验代替对 $\hat{\rho}$ 的检验。

(三)D－W 检验

D－W 检验是达宾-沃森(Durbin-Watson) 1951 年提出的一种检验自相关性的方法。此方法适用于大样本($n > 15$),而且仅用于检验是否存在自相关性的一阶自回归的型式。

1. Durbin－Watson 统计量 d 及其涵义

D－W 统计量定义为

$$d = \frac{\sum\limits_{t=2}^{n}(e_t - e_{t-1})^2}{\sum\limits_{t=1}^{n} e_t^2} \tag{5.51}$$

将分子的二项式展开,可得

$$d = \frac{\sum\limits_{t=2}^{n} e_t^2 + \sum\limits_{t=2}^{n} e_{t-1}^2 - 2\sum\limits_{t=2}^{n} e_t e_{t-1}}{\sum\limits_{t=1}^{n} e_t^2} \approx 2 - 2\frac{\sum\limits_{t=2}^{n} e_t e_{t-1}}{\sum\limits_{t=1}^{n} e_t^2} \tag{5.52}$$

于是

$$d \approx 2(1 - \hat{\rho}) \tag{5.53}$$

我们知道,$\hat{\rho}$ 是衡量 u_t 自相关程度的一个数量指标,它介于 -1 和 1 之间,即 $-1 \leqslant \hat{\rho} \leqslant 1$;由(5.53)式可知:

$$\hat{\rho} = -1 \qquad d = 4 \qquad 负自相关$$
$$\hat{\rho} = 0 \qquad d = 2 \qquad 无自相关$$
$$\hat{\rho} = 1 \qquad d = 0 \qquad 正自相关$$

这就是 D－W 统计量的涵义。由此可知,D－W 检验只适用于一阶自回归型式的自相关。

2. D-W 统计量的上限

我们知道,用作假设检验的统计量,必须知道它的统计分布。但是,D-W 统计量的精确分布无法知道,Durbin-Watson 采用两个已知分布作为它的上限 d_U 和下限 d_L,即 $d_L < d < d_U$。d_L,d_U 的分布如图 5.5 所示,其数值列于附表(见附表 7)。

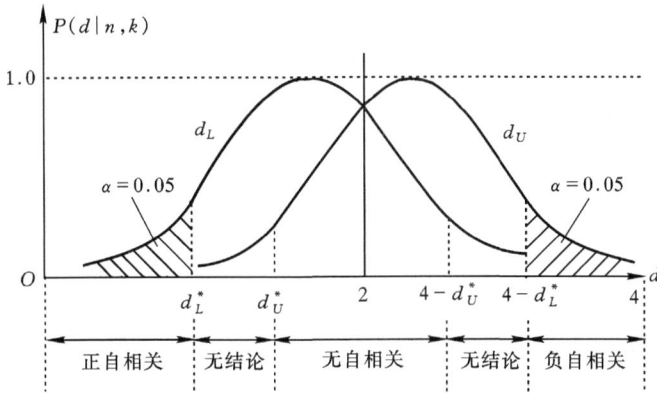

图 5.5　D-W 检验

$P(d|n,k)$ 为对应于样本容量为 n,解释变量的个数为 k 的密度函数。给定 n,k 和显著性水平 α 后,可求出下限的临界值 d_L^* 和 d_U^*;相应地可求出另一侧的临界值 $4-d_L^*$ 和 $4-d_U^*$。

3. D-W 检验的过程

建立原假设 $H_0: \rho = 0$（即 $d=2$）

备择假设　$H_1: \rho \neq 0$（即 $d \neq 2$）

首先,用普通最小二乘法求出线性回归模型的参数估计值,从而可算出剩余数列 $e_t (t=1,2,\cdots,n)$;

其次,将 e_t 代入(5.51)式,计算 D-W 统计量 d 的实际值;

再次,根据 n,k,d 从 D-W 检验临界值表上查得 d_L^* 和 d_U^*;

最后,将 d 的实际值与 d_L^* 及 d_U^* 进行比较,可得如下检验结果:

当 $d < d_L^*$ 时,拒绝原假设 $\rho = 0$,认定扰动项有正自相关(因为 d 接近于 0);

当 $d_U^* < d < 4-d_U^*$ 时,接受原假设 $\rho = 0$,认定扰动项无自相关(因为 d 接近于 2);

当 $d > 4-d_L^*$ 时,拒绝原假设 $\rho = 0$,认定扰动项有负自相关(因为 d 接近于 4);

当 $d_L^* < d < d_U^*$ 或 $4-d_U^* < d < 4-d_L^*$ 时,不能作出结论(因为 d 不接近于 0,2,4 当中的任何一个)。

D-W 检验虽然存在无结论区域,是一个缺陷。但是只要增大样本,其结论区域就会缩小。这样在大多数情况下都能检验扰动项有无自相关。所以这种方法被广泛地应用。

但是应该注意:①D-W 检验不能用于检验自回归模型的序列相关,如果在自回归模型中使用 d 统计量,d 的值总是十分接近 2,而 $d=2$ 就意味着没有一个自相关区域。这样就存在着一个内在的偏倚,阻碍对这类模型中系统相关的发现。②如 d 值落在无结论区,需增大样本容量重新计算 d,或改用残差图法检验。③只适用一阶线性自回归,其他形式不适用。

(四)高阶自相关性检验

1. 偏相关系数检验

偏相关系数是衡量多个变量之间相关程度的重要指标,可以用它来判断自相关性的类型。利用 Eviews 软件计算偏相关系数,具体有两种方式:

【命令方式】IDENT RESID

【菜单方式】在方程窗口中点击:

View\ Residual Test \Correlogram-Q-statistics

屏幕将直接输出 e_t 与 $e_{t-1}, e_{t-2}, \cdots, e_{t-p}$($p$ 是事先指定的滞后期长度)的相关系数和偏相关系数,从中可以直观地看出残差序列的相关情况。分析过程中为了排除此相关关系的相互影响,应该是用偏相关系数(PAC)判断自相关性。

2. 布罗斯-戈弗雷(Breusch-Godfrey)检验

布罗斯-戈弗雷检验简称为 BG 检验,或拉格朗日乘数检验(lagrange multiplicator,LM)。

对于模型

$$Y_t = \beta_0 + \beta_1 X_{1t} + \beta_2 X_{2t} + \cdots + \beta_k X_{kt} + e_t$$

设自相关形式为:

$$e_t = \rho_1 e_{t-1} + \rho_2 e_{t-2} + \cdots + \rho_p e_{t-p} + V_t \tag{5.54}$$

假设 $H_0 : \rho_1 = \rho_2 = \cdots = \rho_p = 0$

即不存在自相关性。对该假设的检验过程如下:

(1)用 OLS 法估计模型,得到残差序列 e_t;

(2)将 e_t 关于所有解释变量和残差的滞后值 $e_{t-1}, e_{t-2}, \cdots, e_{t-p}$ 进行回归,计算出辅助回归模型的可决系数 R^2;

(3)布罗斯和戈弗雷证明,在大样本情况下,渐进地有

$$nR^2 \sim \chi^2(p)$$

因此,对于显著水平 α,若 nR^2 大于自由度为 p 的 χ_α 临界值,则拒绝原假设 H_0,即

认为至少有一个 ρ_i 的值显著地不等于零。

利用 Eviews 软件可以直接进行 BG 检验:在方程窗口中点击 View\ Residual Test \ Serial Correlation LM Test,屏幕将输出辅助回归模型的有关信息,包括 nR^2 及其临界概率值。但 BG 检验中,需要人为确定滞后期的长度。实际应用中,一般是从低阶的 $p(p=1)$ 开始,直到 $p=10$ 左右,若未能得到显著的检验结果,可以认为不存在自相关性。

【案例 5.6】

中国城乡居民储蓄存款模型(自相关性检验)

表 5.10 列出了我国城乡居民储蓄存款年末余额(单位:亿元)和国内生产总值指数(1978 年为 100)的历年统计资料,试建立居民储蓄存款模型,并检验模型的自相关性。

表 5.10 我国城乡居民储蓄存款与国内生产总值指数

年份	存款余额(Y)	GDP 指数(X)	年份	存款余额(Y)	GDP 指数(X)
1978	210.60	100.00	1990	7 034.20	281.70
1979	281.00	107.60	1991	9 107.00	307.60
1980	399.50	116.00	1992	11 545.40	351.40
1981	523.70	122.10	1993	14 762.39	398.80
1982	675.40	133.10	1994	21 518.80	449.30
1983	892.50	147.60	1995	29 662.25	496.50
1984	1 214.70	170.00	1996	38 520.84	544.10
1985	1 622.60	192.90	1997	46 279.80	592.00
1986	2 237.60	210.00	1998	53 407.47	638.50
1987	3 073.30	234.30	1999	59 621.80	684.10
1988	3 801.50	260.70	2000	64 332.40	738.80
1989	5 146.90	271.30	2001	73 762.40	794.20

(1)绘制相关图,确定模型的函数形式。利用 SCAT 命令绘制居民存款与 GDP 的相关图。图形显示两者存在明显的曲线相关关系,所以将居民储蓄存款模型的函数形式初步确定为:双对数模型、指数曲线模型和二次多项式模型。

(2)利用 OLS 法估计模型,并选择统计检验结果较好的模型。经过比较、分析,取居民储蓄存款模型为双对数模型,估计结果为:

$$\ln\hat{Y}_t = -7.520\,7 + 2.852\,4\ln X_t$$

$$SE: \quad (0.284\,1) \quad (0.050\,0)$$

$$R^2 = 0.993\,3 \qquad \bar{R}^2 = 0.993\,0 \qquad D.W = 0.404\,3$$

(3)检验自相关性。

①残差图分析:在方程窗口中击 Resids 按钮,所显示的残差图表明 e_t 呈现有规律的波动,预示着可能存在自相关性。

②D－W 检验:因为 $n=24$,$k=1$,取显著性水平 $\alpha=0.05$ 时,查表得 $d_L=1.273$,$d_U=1.446$,而 $0<D.W=0.404\ 3<d_L$,所以存在(正)自相关性。

③偏相关系数检验:在 Eviews 方程窗口中点击 View\Residual Test\Correlogram-Q-Statistics,并输入滞后期为 12,屏幕将显示残差 e_t 与 e_{t-1},…,e_{t-12} 的各期相关系数和偏相关系数,具体过程可在后面的实验课中进行。

④BG 检验:在方程窗口中点击 View\Residual Test\Serial Correlation LM Test,并选择滞后期为 2,具体过程可在后面的实验课中进行。

从本例的检验过程可以看出,利用 OLS 估计建立回归模型之后,一般是先根据残差图和 D.W 值,初步判断模型是否存在自相关性,然后再利用偏相关系数检验或 BG 检验进一步确认自相关性,但最后还需要通过自相关性的调整过程,确定自相关性的具体形式。

四、自相关性的解决办法

根据自相关性的来源不同,可以采取不同的解决办法。如果自相关性是由于略去了具有自相关性的解释变量,合适的处理方法就是把这些解释变量引入模型中去。如果自相关性是由于对关系式的数学形式作了错误确定,适当的方法就是改变初始(线性)形式,用其他数学形式另行估计,并重新检查所得新的剩余 e,如果不存在自相关,则认为此数学形式便是合适的模型。

当上述自相关来源都已消除后,则可以认为自相关主要来源于随机扰动项本身(即真实自相关),对于自相关的一阶自回归型式,其合适的方法是通过广义差分法来消除自相关的影响。

(一)广义差分法

设线性回归模型为:

$$Y_t = \beta_0 + \beta_1 X_t + u_t \qquad (5.55)$$

其中,u_t 为自相关的一阶自回归型式:

$$u_t = \rho u_{t-1} + V_t \qquad (5.56)$$

由(5.55)式可得

$$Y_{t-1} = \beta_0 + \beta_1 X_{t-1} + u_{t-1} \qquad (5.57)$$

(5.57)式两边乘上 ρ 得

$$\rho Y_{t-1} = \rho\beta_0 + \rho\beta_1 X_{t-1} + \rho u_{t-1} \qquad (5.58)$$

(5.55)式减去(5.58)式得

$$Y_t - \rho Y_{t-1} = (\beta_0 - \rho \beta_0) + \beta_1 (X_t - \rho X_{t-1}) + (u_t - \rho u_{t-1}) \qquad (5.59)$$

令

$$Y_t^* = Y_t - \rho Y_{t-1}$$
$$X_t^* = X_t - \rho X_{t-1}$$
$$\beta_0^* = (1 - \rho) \beta_0$$
$$V_t = u_t - \rho u_{t-1}$$

则(5.59)式可化为

$$Y_t^* = \beta_0^* + \beta_1 X_t^* + V_t \qquad (5.60)$$

根据(5.56)式 $V_t = u_t - \rho u_{t-1}$ 中，V_t 无自相关。所以，将原模型(5.55)式变成(5.60)式后，就消除了扰动项的自相关性。

采取上述变换后，失去了一个观察值，为了避免这一损失，可以将 Y 与 X 的第一个观测值作如下变换：

$$Y_1^* = \sqrt{1 - \rho^2}\, Y_1$$
$$X_1^* = \sqrt{1 - \rho^2}\, X_1$$

这一变化称为 Prois-Winster 变换。我们称(5.60)式为广义差分模型，通过差分变换进行估计的方法称为广义差分估计法。

对于多元线性回归模型，广义差分法也同样适用。设模型：

$$Y_t = \beta_0 + \beta_1 X_{1t} + \beta_2 X_{2t} + \cdots + \beta_k X_{kt} + u_t \qquad (5.61)$$
$$u_t = \rho u_{t-1} + V_t \qquad (5.62)$$

其中 ρ 已知，V_t 满足经典回归的基本假定。(5.61)式滞后一期并乘以 ρ 得

$$\rho Y_{t-1} = \rho \beta_0 + \rho \beta_1 X_{1(t-1)} + \rho \beta_2 X_{2(t-1)} + \cdots + \rho \beta_k X_{k(t-1)} + \rho u_{t-1} \qquad (5.63)$$

由(5.61)式减去(5.63)式得：

$$Y_t - \rho Y_{t-1} = (1 - \rho)\beta_0 + \beta_1 (X_{1t} - \rho X_{1(t-1)}) + \beta_2 (X_{2t} - \rho X_{2(t-1)}) + \cdots +$$
$$\beta_k (X_{kt} - \rho X_{k(t-1)}) + (u_t - \rho u_{t-1}) \qquad (5.64)$$

令

$$Y_t^* = Y_t - \rho Y_{t-1} \qquad \beta_0^* = (1 - \rho)\beta_0$$
$$X_{1t}^* = X_{1t} - \rho X_{1(t-1)}$$
$$X_{2t}^* = X_{2t} - \rho X_{2(t-1)} \qquad\qquad (5.65)$$
$$\vdots$$
$$X_{kt}^* = X_{kt} - \rho X_{k(t-1)} \qquad V_t = u_t - \rho u_{t-1}$$

则(5.64)式可写成

$$Y_t^* = \beta_0^* + \beta_1 X_{1t}^* + \beta_2 X_{2t}^* + \cdots + \beta_k X_{kt}^* + V_t \qquad (5.66)$$

由于 V_t 满足经典回归的全部假定，因此可以对模型(5.66)应用 OLS 法。

(二)自相关系数 ρ 的估计

在进行上述差分变换时，需要先知道 u_t 的自相关系数 ρ，而 ρ 通常是未知的，

需要先估计出 ρ 的值。对 ρ 的估计,一般可采用以下几种办法:

1. 根据先验信息或经验来估计 ρ 值

研究者可以根据一些先验信息(如某项研究成果)或根据自己的理解或经验,作出有关自相关系数的一些"合理"的估计,通常取 $\rho=1$,于是有 $u_t = u_{t-1} + V_t$,这就意味着本期扰动与前期扰动有几乎相同的效应,这时模型的变换即为一次差分形式:

$$Y_t - Y_{t-1} = \beta_1(X_t - X_{t-1}) + V_t$$
$$\Delta Y_t = \beta_1 \Delta X_t + V_t \tag{5.67}$$

其中

$$\Delta Y_t = Y_t - Y_{t-1}$$
$$\Delta X_t = X_t - X_{t-1}$$
$$V_t = u_t - u_{t-1}$$

根据假定,V_t 是无自相关的。这就是在实际工作中,普遍采用一次差分来解决自相关问题的道理。

当 $\rho = -1$,即存在负自相关,这时差分方程为

$$Y_t + Y_{t-1} = 2\beta_0 + \beta_1(X_t + X_{t-1}) + V_t$$
$$\frac{Y_t + Y_{t-1}}{2} = \beta_0 + \beta_1 \frac{X_t + X_{t-1}}{2} + \frac{V_t}{2} \tag{5.68}$$

这是一个移动平均回归模型。

2. 利用 D-W 统计量估计 ρ

前面已谈到 D-W 统计量 d 与 ρ 之间的关系,即

$$d = 2(1 - \hat{\rho})$$

在进行 D-W 检验时,需要求出 d 值,经检验后,若存在自相关,则可利用 d 值求出 ρ 值:

$$\hat{\rho} = 1 - d/2$$

但是,必须注意,这种方法只适用样本较大的情况。因为关系式 $d = 2(1 - \hat{\rho})$ 只对大样本渐进有效,对于小样本来说往往不适用。在小样本情况下,Theil 和 Nagar 建议采用如下关系式:

$$\hat{\rho} = \frac{n^2(1 - d/2) + k^2}{n^2 - k^2} \tag{5.69}$$

式中:n 为观测数据总数目,即样本容量;d 为 D-W 统计量;k 为待估参数个数(包括常数项)。

3. Cochrane-Orcutt 迭代法

迭代法主要是用逐次逼近的方法来求出 ρ 的估计值,具体步骤如下:

设回归模型为

$$Y_t = \beta_0 + \beta_1 X_t + u_t \tag{5.70}$$

其中
$$u_t = \rho u_{t-1} + V_t$$

第一步:用普通最小二乘法求出(5.70)式的估计式:

$$\hat{Y}_t = \hat{\beta}_0 + \hat{\beta}_1 X_t \tag{5.71}$$

从而得到"第一轮"剩余:

$$\hat{e}_t = Y_t - \hat{Y}_t = Y_t - \hat{\beta}_0 - \hat{\beta}_1 X_t \quad (t = 1, 2, \cdots, n) \tag{5.72}$$

根据这些剩余,可得 ρ 的"第一轮"估计值 $\hat{\rho}$:

$$\hat{\rho} = \frac{\sum_{t=2}^{n} \hat{e}_t \hat{e}_{t-1}}{\sum_{t=1}^{n} \hat{e}_t^2} \tag{5.73}$$

第二步:用 $\hat{\rho}$ 得到变换后的模型:

$$Y_t - \hat{\rho} Y_{t-1} = (1 - \hat{\rho})\beta_0 + \beta_1 (X_t - \hat{\rho} X_{t-1}) + V_t^{(1)} \tag{5.74}$$

其中
$$V_t^{(1)} = u_t - \hat{\rho} u_{t-1}$$

用普通最小二乘法估计(5.74)式,得到"第二轮"的 $\hat{\hat{\beta}}_0$ 和 $\hat{\hat{\beta}}_1$,但要注意,$\hat{\hat{\beta}}_0$ 是根据(5.74)式截距项 $\beta_0^* = (1 - \hat{\rho})\beta_0$ 的估计式 $\hat{\beta}_0^*$ 求出的:

$$\hat{\hat{\beta}} = \hat{\beta}_0^* / (1 - \hat{\rho}) \tag{5.75}$$

接着,用 $\hat{\hat{\beta}}$ 和 $\hat{\hat{\beta}}_1$ 可算出"第二轮"剩余:

$$\hat{\hat{e}}_t = Y_t - \hat{\hat{\beta}}_0 - \hat{\hat{\beta}}_1 X_t \tag{5.76}$$

从而得到 ρ 的"第二轮"估计值 $\hat{\hat{\rho}}$:

$$\hat{\hat{\rho}} = \frac{\sum_{t=2}^{n} \hat{\hat{e}}_t \hat{\hat{e}}_{t-1}}{\sum_{t=1}^{n} \hat{\hat{e}}_t^2} \tag{5.77}$$

第三步:用 $\hat{\hat{\rho}}$ 得到第二次变换后的模型:

$$Y_t - \hat{\hat{\rho}} Y_{t-1} = \beta_0 (1 - \hat{\hat{\rho}}) + \beta_1 (X_t - \hat{\hat{\rho}} X_{t-1}) + V_t^{(2)} \tag{5.78}$$

式中:$V_t^{(2)} = u_t - \hat{\hat{\rho}} u_{t-1}$

仿照第二步,可求"第三轮"估计值 $\hat{\hat{\beta}}_0, \hat{\hat{\beta}}_1$,由此产生"第三轮"的剩余 $\hat{\hat{\hat{e}}}_t$,从而求出 ρ 的"第三轮"估计值 $\hat{\hat{\hat{\rho}}}_0$。

重复这一迭代过程,直到 ρ 的估计值收敛时为止。一般可选取某一个精度 (10^{-m}) 为衡量标准,当前后两次 ρ 的估计值之差的绝对值小于 10^{-m} 时,迭代停止。最后的 ρ 的估计值就是所需要的 ρ 的估计值。

(三)广义差分法的 Eviews 软件实现

利用广义差分法估计自相关性模型可以通过 Eviews 软件实现,具体步骤为:

(1) 利用 OLS 法估计模型,系统将同时计算残差序列 RESID:

    LS   Y   C   X

(2) 判断自相关性的类型:

    IDENT   RESID

根据 e_t 和 $e_{t-s}(s=1,2,\cdots,p)$ 的偏相关系数,初步确定自相关的类型;

(3) 利用广义差分法估计模型。在 LS 命令中加上 AR 项,系统将自动使用广义差分法来估计模型。如自相关类型为一阶自回归型式,则命令格式为

    LS   Y   C   X   AR(1)

如果模型为高阶自相关形式,再加上 AR(2),AR(3)……Eviews 软件将使用迭代法估计模型,并输出 ρ 的估计值及其标准差、t 统计量值等,根据 AR 项的 t 检验值是否显著,可以进一步确定自相关的具体型式。

(4) 迭代估计过程的控制。迭代估计过程中,Eviews 软件按照默认的迭代次数(100 次)和误差精度(0.001)来控制迭代估计程序。如果需要提高估计精度,或者估计程序结束时得到的并不是一个收敛的估计值(即迭代估计过程没有收敛),此时可以重新定义误差精度或迭代的最大次数,具体步骤为:

① 在方程窗口中点击 Estimate 按钮;

② 在弹出的方程说明对话框中点击 Options;

③ 在迭代程序(Iterative,Procedures)对话栏中重新输入最大迭代次数(max iterations)或收敛精度(convergence);

④ 点击 OK 返回方程说明对话框,再点击 OK 重新估计模型。

【案例 5.7】
中国城乡居民储蓄存款模型自相关性调整

(1)迭代估计法。根据案例 5.6 的检验结果,模型存在一、二阶自相关性,但二阶偏自相关系数的显著水平大于 0.05。首先假设残差结构为 $u_t=\rho_1 u_{t-1}+\rho_2 u_{t-2}+V_t$,在 LS 命令中加上 AR(1) 和 AR(2),使用迭代估计法估计模型。键入命令

    LS   LNY   C   LNX   AR(1)   AR(2)

估计结果见表 5.11:

表 5.11 迭代估计法估计结果

Dependent Variable: LNY

Method: Least Squares

Date: 06/15/04 Time: 11:05

Sample(adjusted): 1980 2001

Included observations: 22 after adjusting endpoints

Convergence achieved after 9 iterations

Variable	Coefficient	Std. Error	t-Statistic	Prob.
C	-6.553976	1.149538	-5.701399	0.0000
LNX	2.687104	0.194749	13.79781	0.0000
AR(1)	1.201400	0.207073	5.801826	0.0000
AR(2)	-0.466570	0.233245	-2.000346	0.0608
R-squared	0.998079	Mean dependent var	8.875196	
Adjusted R-squared	0.997759	S. D. dependent var	1.720377	
S. E. of regression	0.081449	Akaike info criterion	-2.014706	
Sum squared resid	0.119412	Schwarz criterion	-1.816335	
Log likelihood	26.16177	F-statistic	3116.990	
Durbin-Watson stat	1.554956	Prob(F-statistic)	0.000000	
Inverted AR Roots	.60+.33i	.60 −.33i		

输出结果表明,估计过程经过 9 次迭代后收敛(此时收敛精度取成 0.000 1,最大迭代次数为 100 次);ρ_1,ρ_2 的回归系数的估计值分别为 1.201 4 和 -0.466 6,并且 t 检验显著,说明原模型确实存在一阶、二阶自相关性。调整后模型的 $D.W=$ 1.555 0,$n=22$,$k=1$,取显著性水平 $\alpha=0.05$ 时,查表得 $d_L=1.239$,$d_U=1.429$,而 $d_U<D.W=1.555\ 0<4-d_U$,说明模型已不存在一阶自相关性;再进行偏相关系数检验和 BG 检验,也表明不存在高阶自相关,因此,模型也消除了自相关的影响,中国城乡居民储蓄存款模型应该为:

$$LN\hat{Y}_t = -6.554\ 0 + 2.687\ 1LNX_t$$

$$SE \quad (1.149\ 5) \quad (0.194\ 7)$$

$$R^2 = 0.998\ 1 \quad D.W = 1.555\ 0$$

将估计结果与 OLS 估计相比,OLS 估计的常数项偏低,弹性系数偏高,而系数估计值的标准误差明显偏低。

为了强调采用广义差分变换处理自相关性问题,可以将有关估计结果用下述形式标注在模型的右端:

$$[AR(1) = 1.201\ 4, \quad AR(2) = -0.466\ 7]$$
$$t: \quad (5.801\ 8) \qquad\qquad (-2.000\ 3)$$

(2) 广义差分变换法。为了便于理解迭代估计法的估计过程,再利用广义差分变换直接估计模型。取 $\rho_1 = 1.201\ 4$, $\rho_2 = -0.466\ 7$。作广义差分变换(首先生成 Y, X 的对数变量):

GENR　　LNY=LOG(Y)

GENR　　LNX= LOG(X)

GENR　　NY=LNY-1.201 4 * LNY(-1)+ 0.466 7 * LNY(-2)

GENR　　NX=LNX-1.201 4 * LNX(-1)+ 0.466 7 * LNX(-2)

再利用 OLS 法估计变换后的模型:

LS　　NY　　C　　NX

估计结果为:

$$N\hat{Y}_t = -1.738\ 0 + 2.687\ 0NX_t$$
$$SE \quad (0.162\ 0) \quad (0.104\ 2)$$
$$R^2 = 0.970\ 8 \qquad D.W = 1.554\ 9$$
$$\hat{\beta}_0 = -1.738\ 0/(1 - 1.201\ 4 + 0.466\ 7) = -6.550\ 3$$

所以使用广义差分变换直接估计出的模型为:

$$LN\hat{Y}_t = -6.550\ 3 + 2.687\ 0LNX_t$$
$$SE \qquad\qquad (0.104\ 2)$$

这两种方法的估计结果是相近的,其差距是由计算误差引起的。

(四)达宾两步法

(1) 将模型的差分形式:

$$Y_t - \rho Y_{t-1} = \beta_0(1 - \rho) + \beta_1(X_t - \rho X_{t-1}) + V_t \tag{5.79}$$

写成

$$Y_t = \alpha_0 + \rho Y_{t-1} + \alpha_1 X_t + \alpha_2 X_{t-1} + V_t \tag{5.80}$$

式中
$$\alpha_0 = \beta_0(1-\rho)$$
$$\alpha_1 = \beta_1$$
$$\alpha_2 = -\beta_1\rho$$

ρ 在式中为 Y_{t-1} 的参数,由于 $E(V_t, V_s) = 0(t \neq s)$,故可直接对上式应用 OLS,求出 ρ 的估计值 $\hat{\rho}$。

(2) 用 $\hat{\rho}$ 对原模型进行差分变换,得变换序列:

$$Y_t^* = Y_t - \hat{\rho}Y_{t-1}$$
$$X_t^* = X_t - \hat{\rho}X_{t-1} \qquad (t = 1, 2, \cdots, n)$$

对原模型差分变换,可得:

$$Y_t^* = \alpha_0 + \beta_1 X_t^* + V_t \tag{5.81}$$

应用 OLS 求得 $\hat{\alpha}_0$ 和 $\hat{\beta}_1$，则 $\hat{\beta}_0 = \hat{\alpha}_0 / (1 - \hat{\rho})$

（3）高阶自相关的达宾两步法。达宾两步法的一个重要特点是能将该方法推广到较高阶自相关序列。设随机误差项有如下二阶自回归型式：

原模型：　$Y_t = \beta_0 + \beta_1 X_t + u_t \tag{5.82}$

$$u_t = \rho_1 u_{t-1} + \rho_2 u_{t-2} + V_t$$

V_t 满足：

$$E(V_t) = 0$$
$$E(V_t^2) = \sigma_V^2$$
$$\text{Cov}(V_t, V_s) = 0 \quad (t \neq s) \ \text{且} \ |\rho_1| < 1, \ |\rho_2| < 1$$

第一步，将(5.82)式滞后一期：

$$Y_{t-1} = \beta_0 + \beta_1 X_{t-1} + u_{t-1} \tag{5.83}$$

将(5.83)式两边乘以 ρ_1：

$$\rho_1 Y_{t-1} = \rho_1 \beta_0 + \rho_1 \beta_1 X_{t-1} + \rho_1 u_{t-1} \tag{5.84}$$

将(5.82)式滞后两期：

$$Y_{t-2} = \beta_0 + \beta_1 X_{t-2} + u_{t-2} \tag{5.85}$$

将(5.85)式两边乘以 ρ_2：

$$\rho_2 Y_{t-2} = \rho_2 \beta_0 + \rho_2 \beta_1 X_{t-2} + \rho_2 u_{t-2} \tag{5.86}$$

然后，(5.82)－(5.84)－(5.86)式得：

$$Y_t - \rho_1 Y_{t-1} - \rho_2 Y_{t-2} = \beta_0 (1 - \rho_1 - \rho_2) + \beta_1 (X_t - \rho_1 X_{t-1} - \rho_2 X_{t-2}) +$$
$$(u_t - \rho_1 u_{t-1} - \rho_2 u_{t-2}) \tag{5.87}$$

则得：

$$Y_t = \beta_0 (1 - \rho_1 - \rho_2) + \rho_1 Y_{t-1} + \rho_2 Y_{t-2} + \beta_1 X_t - \beta_1 \rho_1 X_{t-1} - \beta_1 \rho_2 X_{t-2} + V_t \tag{5.88}$$

其中，　　　　　　　　　$V_t = u_t - \rho_1 u_{t-1} - \rho_2 u_{t-2}$

用 OLS 求(5.87)式中的 ρ_1 和 ρ_2 的估计值 $\hat{\rho}_1$ 和 $\hat{\rho}_2$。

第二步，将 $\hat{\rho}_1$ 和 $\hat{\rho}_2$ 代入(5.87)式，并令

$$Y_t^* = Y_t - \hat{\rho}_1 Y_{t-1} - \hat{\rho}_2 Y_{t-2}$$
$$\beta_0^* = \beta_0 (1 - \hat{\rho}_1 - \hat{\rho}_2)$$
$$X_t^* = X_t - \hat{\rho}_1 X_{t-1} - \hat{\rho}_2 X_{t-2}$$

于是，(5.87)式可表示为

$$Y_t^* = \beta_0^* + \beta_1 X_t^* + V_t \tag{5.89}$$

对(5.89)式用 OLS 可直接估计 $\hat{\beta}_0^*$ 及 $\hat{\beta}_1$，从而得到 $\hat{\beta}_0 = \dfrac{\hat{\beta}_0^*}{1 - \hat{\rho}_1 - \hat{\rho}_2}$

思考与练习

1. 什么是多重共线性？产生多重共线性的原因是什么？

2. 简述检验多重共线性的方法。

3. 多重共线性对模型的主要影响是什么？

4. (1)用下表中假设的观测值，试证明多重共线性使 X_1 的系数不稳定，并使其标准误差增大。

n	1	2	3	4	5	6	7	8
Y_i	9	5	8	6	8	5	9	6
X_1	9	4	8	7	8	4	9	7
X_2	4.5	2	4	3.5	4	2	4.5	3.5

(2)这是不是多重共线性的一般结果？中间结果：

$$\sum Y_i = 56 \qquad \sum X_{1i} = 56 \qquad \sum X_{2i} = 32$$

$$\sum Y_i X_{1i} = 414 \qquad \sum X_{1i}^2 = 420 \qquad \sum X_{2i}^2 = 156$$

$$\sum Y_i X_{2i} = 246 \qquad \sum X_{1i} X_{2i} = 248 \qquad \sum Y_i^2 = 412$$

5. 考察下述一组假设数据。

Y	X_1	X_2	Y	X_1	X_2
-10	1	1	2	7	13
-8	2	3	4	8	15
-6	3	5	6	9	17
-4	4	7	8	10	19
-2	5	9	10	11	21
0	6	11	2	7	13

如果你想用模型 $Y_i = \beta_0 + \beta_1 X_{1i} + \beta_2 X_{2i} + u_i$ 拟合上述数据，你能估计这三个未知参数吗？为什么？如果不能估计，能否修改模型，以便估计其中或所有的回归系数？

6. 假设在模型 $Y_i = \beta_0 + \beta_1 X_{1i} + \beta_2 X_{2i} + u_i$ 中，X_1 与 X_2 之间的相关系数 $r_{12} = 0$，如果有人建议进行如下的回归：

$$Y_i = \alpha_0 + \alpha_1 X_{1i} + u_{1i}$$

$$Y_i = \gamma_0 + \gamma_2 X_{2i} + u_{2i}$$

(1)是否会有 $\hat{\alpha}_1 = \hat{\beta}_1$ 和 $\hat{\gamma}_2 = \hat{\beta}_2$? 为什么?

(2)$\hat{\beta}_0$ 是否会等于 $\hat{\alpha}_0$ 或 $\hat{\gamma}_0$ 或者等于它们的某一线性组合?

(3)是否会有 $\mathrm{Var}(\hat{\beta}_1) = \mathrm{Var}(\hat{\alpha}_1)$ 和 $\mathrm{Var}(\hat{\beta}_2) = \mathrm{Var}(\hat{\gamma}_2)$?

7. 下表提供了中国粮食总产量以及主要影响因素的数据。其中 Y 为粮食总产出(万吨),X_1 为农业化肥施用量(万公斤),X_2 为粮食播种面积(千公顷),X_3 为受灾面积(公顷),X_4 为农业机械动力(万千瓦),X_5 为农业劳动力(万人)。

(1)估计模型 $Y_i = \beta_0 + \beta_1 X_{1i} + \beta_2 X_{2i} + \beta_3 X_{3i} + \beta_4 X_{4i} + \beta_5 X_{5i} + u_i$

(2)检验是否存在多重共线性。

(3)如果存在多重共线性,采用适当的方法进行修正。

(4)根据下表中有关数据,预测 1996 年粮食产量,并和实际产量进行对比分析。

	Y	X_1	X_2	X_3	X_4	X_5
1983	38 728.00	1 659.80	114 047.00	16 209.30	18 022.00	31 645.10
1984	40 731.00	1 739.80	112 884.00	15 264.00	19 497.00	31 685.00
1985	37 911.00	1 775.80	108 845.00	22 705.30	20 913.00	30 351.50
1986	39 151.00	1 930.60	110 933.00	23 656.00	22 950.00	30 467.00
1987	40 208.00	1 999.30	111 268.00	20 392.70	24 836.00	30 870.00
1988	39 408.00	2 141.50	110 123.00	23 944.70	26 575.00	31 455.70
1989	40 755.00	2 357.10	112 205.00	24 448.70	28 067.00	32 440.50
1990	44 624.00	2 590.30	113 466.00	17 819.30	28 708.00	33 330.40
1991	43 529.00	2 806.10	112 314.00	27 814.00	29 389.00	34 185.30
1992	44 266.00	2 930.20	110 560.00	25 894.70	30 308.00	34 037.00
1993	45 649.00	3 151.90	110 509.00	23 133.00	31 817.00	33 258.20
1994	44 510.00	3 317.90	109 544.00	31 383.00	33 802.00	32 690.30
1995	46 662.00	3 593.70	110 060.00	22 267.00	36 118.00	32 334.50

8. 研究 Cobb-Douglas 生产函数 $Y_t = b_0 L_{1t}^{b1} L_{2t}^{b2} K_t^{b3} e^{u}$。式中 Y_t 代表生产量;L_1 代表非熟练工人;L_2 代表熟练工人;K 代表资本投入;u 为随机项;e 为自然对数的底。假定该企业在所研究时期的总劳动力是 2 000 名工人,亦即对所有的 t 来说,$L_1 + L_2 = 2\,000$,试问,这一生产函数的参数能否估计? 为什么?

9. 在模型 $Y_i = \beta_0 + \beta_1 X_i + \beta_2 X_i^2 + \beta_3 X_i^3 + u_i$ 中,由于 X^2 和 X^3 是 X 的函数,该

模型中是否存在着多重共线性？为什么？

10. 某公司经理试图建立有利于管理的个人才能模型,他选取了 15 名新近提拔的职员,作一系列测试,决定他们的交易能力(X_1)、与他人联系的能力(X_2)及决策能力(X_3),每名职员的工作情况(Y)对这三个变量作回归,原始数据见下表。

Y	X_1	X_2	X_3	Y	X_1	X_2	X_3
80	50	72	18	68	40	71	20
75	51	74	19	67	55	80	30
84	42	79	22	92	48	83	33
62	42	71	17	82	45	80	20
92	59	85	25	74	45	75	18
75	45	73	17	80	61	75	20
69	39	73	19	62	59	70	15
63	48	75	16				

(1)建立回归模型,并进行回归分析。

(2)模型是否显著?

(3)计算每个解释变量系数的方差膨胀因子;并判断是否存在多重共线性。

11. 简述什么是异方差性? 为什么异方差性的出现总是与模型中某个解释变量的变化有关?

12. 检验和解决异方差性的基本思想是什么?

13. 什么是加权最小二乘法? 其基本思想是什么?

14. 下表是某国的年消费支出和可支配收入的资料。

	1989	1990	1991	1992	1993	1994	1995	1996	1997	1998	1999	2000
C_t	26.1	29.3	35.6	39.4	42.7	46.3	50.1	54.5	60.1	64.9	69.2	73.1
Y_t	38.3	43.5	53.5	60.8	66.4	71.2	77.2	86.1	94.6	102.4	109.9	115.5

(1) 试估计其储蓄函数 $S_t = f(Y)$。

(2) 试用 Spearman 等级相关系数检验异方差性。

(3) 根据样本资料,试估计异方差性的形式。

(4) 试用合适的变换了的模型,重新估计其储蓄函数。

15. 下表是某部门平均劳动生产率按人数分组资料。

人 数	平均劳动生产率 X（万元）	平均劳动生产率的标准差 Y（元）	人 数	平均劳动生产率 X（万元）	平均劳动生产率的标准差 Y（元）
1～4	9 355	2 487	100～249	9 418	4 493
5～9	8 584	2 642	250～499	9 795	4 910
10～19	7 962	305	500～999	10 281	5 893
20～49	8 275	2 706	1 000～2 499	11 750	5 550
50～99	8 389	3 119			

(1)试绘制标准差对平均劳动生产率的散点图。

(2)根据绘制的散点图,是否可以认为下述模型相当好地拟合了这些数据?

$$Y_i = \beta_0 + \beta_1 X_i + u_i$$

其中:Y 为标准差;X 为平均劳动生产率。

(3)若数据中存在异方差性,你能断言这种异方差性的性质吗?

(4)将标准差(Y)对平均劳动生产率(X)进行回归,并求出剩余 e_i。

(5)将 e_i 对 X 进行回归。如果这两者之间有显著关系,能得出什么结论?

(6)按照 Glejser 法将 $|e_i|$ 对 X_i 进行回归,然后将 $|e_i|$ 对 $\sqrt{X_i}$ 进行回归,并对所得结果加以评论。

(7)试求 $|e_i|$ 和 X_i 之间的等级相关系数。如果数据中存在异方差性,试对异方差性的性质加以评论。

16. 安东和莫迪利安尼收集到以下非自我雇佣房主收入与消费的数据(见下表),请回答以下问题:

收入水平($)	平均收入($)	平均消费($)
0～999	556	2 760
1 000～1 999	1 622	1 930
2 000～2 999	2 664	2 740
3 000～3 999	3 578	3 515
4 000～4 999	4 535	4 350
5 000～5 999	5 538	5 320
6 000～7 499	6 585	6 250
7 500～9 999	8 582	7 460
10 000 以上	14 033	11 500

(1)请根据以上数据求出平均消费对平均收入的线性回归方程。

(2)用 Park 检验证明(1)题得出的回归模型是否具有异方差性。

17. 什么是自相关? 举例说明自相关产生的原因。

18. 证明:若 $u_t = \rho u_{t-1} + V_t$, $V_t \sim (0, \sigma_V^2)$,则 $\mathrm{Cov}(u_t, u_{t-2}) = \rho^2 \sigma_V^2$

19. 对于线性回归模型 $Y_t = \beta_0 + \beta_1 X_t + u_t$,已知 u_t 为一阶自回归式

$u_t = \rho u_{t-1} + V_t$,试证明 $\hat{\rho} \approx \dfrac{\sum\limits_{t=2}^{n} e_t e_{t-1}}{\sum\limits_{t=2}^{n} e_{t-1}^2}$。

20. 试述 D-W 检验的程序及其局限性。

21. 设模型为

$$Y_t = \beta_0 + \beta_1 X_t + u_t$$

$$u_t = 0.6 u_{t-1} + V_t$$

观测的变量值见下表。求参数的广义最小二乘估计。

t	1	2	3	4	5	6
X_t	12	16	19	25	22	28
Y_t	6.5	8	10	12	10	15

22. 下表是某地区年消费(C)和可支配收入(Y_d)(单位:百万元)的资料。

年份	C	Y_d	年份	C	Y_d
1992	11.375	11.617	1998	20.074	21.512
1993	13.012	13.297	1999	21.439	23.124
1994	15.263	15.730	2000	22.333	24.724
1995	16.373	18.017	2001	24.205	26.175
1996	17.764	19.314	2002	25.307	27.219
1997	18.857	20.198	2003	27.020	28.915

应用 OLS 法,求得如下结果:$C = 8.526 + 0.56 Y_d$,$r^2 = 0.953$,试求其剩余并检验自相关。

23. 下表数据是某一模型($Y_t = b_0 + b_1 X_t + u_t$)的 OLS 剩余。试计算 D 统计量并检验是否存在自相关。

年份	剩余(e_t)	年份	剩余(e_t)	年份	剩余(e_t)
1981	1	1988	−5.5	1995	2.9
1982	−1.5	1989	−4.7	1996	−2.6
1983	−0.7	1990	−1.3	1997	−2.3
1984	−1.3	1991	−4.6	1998	0.9
1985	−4.6	1992	−4.3	1999	1.4
1986	−0.3	1993	1.9	2000	3.7
1987	−3.1	1994	1.9		

24. 考察某国的钢消费量和国民生产总值的季度资料,见下表(变量是用任意单位计量的)。估计的回归直线是:

$$\hat{Y}=-277.0093+1.4679X$$

$$(0.12)$$

$$R^2=0.886,\ F=141.69$$

(1)用 5% 的临界区域,确定是否存在显著的线性一阶自相关。

(2)你能否指出观测的自相关的经济原因?

(3)用 Durbin 两步法估计一阶自相关系数。

(4)试用估计量 ρ,对适当变换了的模型应用 OLS 法,以消除一阶自相关。

年份	季度	钢消费量(Y)	国内生产总值(X)	e_t	年份	季度	钢消费量(Y)	国内生产总值(X)	e_t
1998	1	385	443.6	10.84	2001	1	406	468.6	−4.86
	2	390	445.6	12.90		2	432	479.9	4.56
	3	398	444.5	22.52		3	431	475.0	10.75
	4	396	450.3	12.01		4	425	480.4	−3.81
1999	1	368	453.4	−20.55	2002	1	445	490.2	2.44
	2	365	453.2	−23.25		2	437	489.7	−4.83
	3	364	455.2	−27.18		3	427	487.3	−11.31
	4	374	448.2	−6.91		4	417	483.7	−16.02
2000	1	372	437.5	6.79	2003	1	430	482.6	−1.41
	2	371	439.5	2.86		2	453	497.8	−0.72
	3	387	450.7	2.42		3	470	501.5	10.85
	4	407	461.6	6.42		4	489	511.7	14.88

25. 根据第四章思考与练习第 7 题,检验你所建立的模型是否存在多重共线性、异方差及自相关,如果存在,你将采取何种方法解决?解决的效果和原来估计的结果有何差别?

第六章 滞后变量回归模型

第一节 滞后变量和分布滞后模型

一、滞后变量

前面我们所讨论的问题大多没有考虑时间因素,总认为本期的被解释变量变化仅仅依赖于本期解释变量的变化。但是实际情况是,解释变量与被解释变量之间的关系不可能在瞬间发生,通常有一个"时间滞后",也就是说解释变量需要通过一段时间才能完全作用于被解释变量。例如,消费需求量的大小,不仅取决于同期居民的收入水平,而且也受过去收入水平的影响;农产品的产量不仅受本年预期价格的影响,而且还受去年价格的影响。因此在设定回归模型的变量时,必须考虑变量的延迟作用,才能使理论模型接近于真实的经济过程。变量的延迟作用称为滞后,滞后产生的原因主要来自人们的心理因素、技术因素和制度因素。

一个变量如果可以取过去时期的数值,该变量就称为滞后变量,把滞后变量引入模型就形成滞后变量回归模型。

滞后变量回归模型的一般形式为

$$Y_t = \alpha + \beta_0 X_t + \beta_1 X_{t-1} + \beta_2 X_{t-2} + \cdots + \beta_s X_{t-s} + \gamma_1 Y_{t-1} + \gamma_2 Y_{t-2} + \cdots +$$
$$\gamma_q Y_{t-q} + u_t \tag{6.1}$$

按照滞后变量模型的解释变量不同,滞后变量回归模型可分为分布滞后模型和自回归模型。

二、分布滞后模型

分布滞后模型是指模型的解释变量中只包括解释变量本期值及滞后值,而不包含被解释变量的模型。

$$Y_t = \alpha + \beta_0 X_t + \beta_1 X_{t-1} + \beta_2 X_{t-2} + \cdots + \beta_s X_{t-s} + u_t \tag{6.2}$$

或

$$Y_t = \alpha + \beta_0 X_t + \beta_1 X_{t-1} + \cdots + u_t \tag{6.3}$$

上面两式中,(6.2)式称为有限分布滞后模型,(6.3)式称为无限分布滞后模型。其中 X_t 的回归系数 β_0 为短期系数,它反映解释变量对被解释量 Y 本期线性作用的大小;解释变量各期滞后值的回归系数 $\beta_1, \beta_2, \beta_3, \cdots, \beta_s$ 为延迟系数,它表示 X 在各滞后期的延迟作用。如果所有回归系数的和存在,记作 β,

则

$$\beta = \sum_{s=0}^{k} \beta_s = \beta_0 + \beta_1 + \cdots + \beta_k$$

或

$$\beta = \sum_{s=0}^{\infty} \beta_s = \beta_0 + \beta_1 + \cdots \tag{6.4}$$

称 β 为长期系数或总分布滞后系数。其数值表示解释变量 X 变动一个单位,对被解释变量 Y 累积各期所产生的总的影响。

三、分布滞后模型的估计

分布滞后模型如果满足古典线性回归模型的基本假定,原则上可以估计其参数,但实际上存在以下困难:

(1)滞后期长度难以确定。因为没有先验准则或信息可以确定解释变量的滞后期长度 K,从而不好确定所要估计的参数。

(2)自由度问题。由于含有变量的滞后值,使得可以利用的观察值减少,如果有 N 个样本观察值,滞后长度为 K,则实际样本容量为 $N-K$,当 N 较少,K 较大时,将会出现自由度不足。由于自由度的过分损失,致使估计误差增大,统计显著性检验失效。

(3)多重共线性问题。由于同一变量的逐期滞后值之间通常是高度相关的,很可能出现多重共线性问题。

尽管存在以上问题,人们还是针对某些特殊经济现象,提出一些有限分布滞后模型的参数估计的解决办法。

(一)序贯回归法

这种方法类似逐步回归法,实施方法是将解释变量 X 的本期值 X_t 及各期滞后值 $X_{t-1}, X_{t-2}, \cdots$,作为解释变量,按滞后期由近到远,序贯进入滞后模型,进行回归,并作检验。当滞后变量的回归系数变得在统计上不显著,或者至少有一个变量的系数估计值符号发生变化,由正变负或由负变正,序贯回归过程就终止。经过分析比较,从中确定"最佳"方程作为模型的估计。

序贯回归法虽然可以解决滞后期的长度,但不能解决自由度减少和多重共线性问题。

(二)经验权数法

经验权数法就是从经验出发为滞后变量指定权数,即指定 $\beta_0, \beta_1, \cdots, \beta_s$ 的值为权数,使滞后变量按权数线性组合,构成新的变量 W,其方法有以下几种形式:

1. 递减滞后形式

在这种形式中,假定权数是递减的,即 X 的较近期的值对 Y 的影响大于较远期的值。假设滞后期数 $S=4$,指定递减权数为 $\frac{1}{2}, \frac{1}{4}, \frac{1}{6}, \frac{1}{8}, \frac{1}{10}$,则令

$$W_{1t} = \frac{1}{2}X_t + \frac{1}{4}X_{t-1} + \frac{1}{6}X_{t-2} + \frac{1}{8}X_{t-3} + \frac{1}{10}X_{t-4} \qquad (6.5)$$

2. 矩形滞后形式

在这种形式中,假定权数都是相等的,即假定 X 的每个过去值对 Y 的影响相同。例如指定权数都为 $\frac{1}{3}$,则令

$$W_{2t} = \frac{1}{3}X_t + \frac{1}{3}X_{t-1} + \frac{1}{3}X_{t-2} + \frac{1}{3}X_{t-3} + \frac{1}{3}X_{t-4} \qquad (6.6)$$

3. "倒 V 型"滞后形式

在这种形式中,假定权数开始递增,然后递减,形成"Λ"形,即倒 V 型。例如指定权数为 $\frac{1}{10}, \frac{1}{6}, \frac{1}{4}, \frac{1}{2}, \frac{1}{7}, \frac{1}{12}$,则令

$$W_{3t} = \frac{1}{10}X_t + \frac{1}{6}X_{t-1} + \frac{1}{4}X_{t-2} + \frac{1}{2}X_{t-3} + \frac{1}{7}X_{t-4} + \frac{1}{12}X_{t-5} \qquad (6.7)$$

在实际应用中,我们可以根据研究对象,提出最合适的滞后结构类型。例如在消费函数中,递减函数对于收入的过去水平来说,比较合理。在投资函数中,滞后的 X 项是过去的资本占用量,取"倒 V 型"较为合理。

一般说来,用经验权数法处理滞后变量是一种非常武断的方法。研究者不仅指定了滞后变量的一般形式(递减、矩形、倒 V 形),而且还指定了权数的实际数值(W)。当判定了不同 W_i 的项之后,研究者就用包含每个 W_i 的函数依次作为单一解释变量进行试验。

例如:设给定外生滞后变量模型为

$$Y_t = \alpha_0 + \beta_0 X_t + \beta_1 X_{t-1} + \beta_2 X_{t-2} + \beta_3 X_{t-3} + \beta_4 X_{t-4} \qquad (6.8)$$

指定权数递减:$\frac{1}{2}, \frac{1}{4}, \frac{1}{6}, \frac{1}{8}, \frac{1}{10}$,则令

$$W_{1t} = \frac{1}{2}X_t + \frac{1}{4}X_{t-1} + \frac{1}{6}X_{t-2} + \frac{1}{8}X_{t-3} + \frac{1}{10}X_{t-4}$$

则上述滞后变量模型就变为带有经验权数的模型

$$Y_t^{(1)} = \alpha_0 + \alpha_1 W_{1t} + u_t \qquad (6.9)$$

然后对此模型应用 OLS。同样也可选择其他权数作(6.8)式对应的经验权数模型

$$Y_t^{(i)} = \alpha_0 + \alpha_1 W_{it} + u_t$$

并对其应用 OLS。最后对这些经验权数模型,经过回归分析,并根据显著性检验、可决系数 R^2 及 D – W 检验等,从中选择最优的形式,以其回归方程作为所求模型的估计式。

上述方法虽然简单,但滞后权数的确定有随意性,所以,除非已有足够的信息或者能够进行大量的试验,否则,经验权数法的可靠性难以保证。

(三)阿尔蒙(Almon)法

1. 阿尔蒙法的估计步骤

阿尔蒙曾提出采用以下方法估计滞后外生变量的参数。这个滞后模型是有限的,并且只包含外生滞后变量。

$$Y_t = \alpha + \beta_0 X_t + \beta_1 X_{t-1} + \cdots + \beta_s X_{t-s} + u_t \tag{6.10}$$

对(6.10)式应用 OLS,如果不是直接地估计所有 β 项(总数为 $s+1$),我们可以间接地求得所有 β 项如下:

假定滞后模型中的 β 项可用某个函数 $\beta \approx f(Z)$ 近似地表示,如果对这个函数不作任何先验的假定,则函数 $f(Z)$ 是未知的,通常假定函数 $f(Z)$ 是可以用 Z 的 γ 次多项式近似地表示:

$$f(Z) \approx \alpha_0 + \alpha_1 Z + \alpha_2 Z^2 + \cdots + \alpha_\gamma Z^\gamma \tag{6.11}$$

如果我们知道了 α 项和多项式的次数 γ,利用 $f(Z)$ 就能求得 β 项的近似值。阿尔蒙提出的估计 $f(Z)$ 方法非常复杂,这里介绍一个比较简单的方法。

第一步,对参数 β 项作阿尔蒙多项式变换,即用一个多项式表示 β 项。

$$\beta_Z = \alpha_0 + \alpha_1 Z + \alpha_2 Z^2 + \cdots + \alpha_\gamma Z^\gamma \tag{6.12}$$

其中 $\gamma < s$,一般取 $\gamma = 3$ 或 $\gamma = 4$,并给(6.12)式赋以离散的整数值,即 $Z=0, Z=1, \cdots, Z=s$,得

$$
\begin{aligned}
Z = 0 \quad & \beta_0 = \alpha_0 \\
Z = 1 \quad & \beta_1 = \alpha_0 + \alpha_1 + \alpha_2 + \cdots + \alpha_\gamma \\
Z = 2 \quad & \beta_2 = \alpha_0 + 2\alpha_1 + 2^2\alpha_2 + \cdots + 2^\gamma\alpha_\gamma \\
& \vdots \qquad\qquad \vdots \\
Z = s \quad & \beta_s = \alpha_0 + s\alpha_1 + s^2\alpha_2 + \cdots + s^\gamma\alpha_\gamma
\end{aligned} \tag{6.13}
$$

(6.13)式表示外生滞后变量模型(6.12)式的参数 β 项为 α 项的线性函数,称作"β 方程组"。如果知道了 α 项,则很容易求得 β 项。

第二步:把(6.13)式代入(6.10)式得

$$Y_t = \alpha + \alpha_0 X_t + (\alpha_0 + \alpha_1 + \alpha_2 + \cdots + \alpha_\gamma) X_{t-1} + (\alpha_0 + 2\alpha_1 + 2^2\alpha_2 + \cdots +$$

$$2^\gamma\alpha_\gamma) X_{t-2} + \cdots + (\alpha_0 + s\alpha_1 + s^2\alpha_2 + \cdots + s^\gamma\alpha_\gamma) X_{t-s} + u_t$$

整理得

$$
\begin{aligned}
Y_t =\ & \alpha + \alpha_0(X_t + X_{t-1} + X_{t-2} + \cdots + X_{t-s}) + \\
& \alpha_1(X_{t-1} + 2X_{t-2} + 3X_{t-3} + \cdots + sX_{t-s}) + \\
& \alpha_2(X_{t-1} + 2^2X_{t-2} + 3^2X_{t-3} + \cdots + s^2X_{t-s}) + \\
& \cdots + \\
& \alpha_\gamma(X_{t-1} + 2^\gamma X_{t-2} + 3^\gamma X_{t-3} + \cdots + s^\gamma X_{t-s}) + u_t \\
=\ & \alpha + \alpha_0 W_{0t} + \alpha_1 W_{1t} + \alpha_2 W_{2t} + \cdots + \alpha_\gamma W_{\gamma t} + u_t \qquad (6.14)
\end{aligned}
$$

其中：

$$
\begin{aligned}
W_{0t} &= X_t + X_{t-1} + X_{t-2} + \cdots + X_{t-s} \\
W_{1t} &= X_{t-1} + 2X_{t-2} + 3X_{t-3} + \cdots + sX_{t-s} \\
W_{2t} &= X_{t-1} + 2^2X_{t-2} + 3^2X_{t-3} + \cdots + s^2X_{t-s} \\
&\vdots \\
W_{\gamma t} &= X_{t-1} + 2^\gamma X_{t-2} + 3^\gamma X_{t-3} + \cdots + s^\gamma X_{t-s}
\end{aligned}
$$

第三步：对(6.14)式应用 OLS 求得 $\hat{\alpha}, \hat{\alpha}_0, \hat{\alpha}_1, \hat{\alpha}_2, \cdots, \hat{\alpha}_\gamma$

第四步：将 $\hat{\alpha}_0, \hat{\alpha}_1, \hat{\alpha}_2, \cdots, \hat{\alpha}_\gamma$ 代入(6.13)式求得 $\hat{\beta}_0, \hat{\beta}_1, \hat{\beta}_2, \cdots, \hat{\beta}_s$

上述方法也可以推广到多个解释变量的情形，这里就不一一介绍了。

2. 阿尔蒙法滞后期的确定

阿尔蒙法虽然克服了分布滞后模型的多重共线性的影响，适用于多种形式的分布滞后模型，但仍有两个问题需要解决：一是滞后期的长度，二是阿尔蒙多项式的次数。

(1) 滞后期长度问题。滞后期长度可通过一些统计检验准则加以确定，常用的统计检验有：

① 相关系数。利用被解释变量 Y 与解释变量 X 各期滞后值之间的相关系数，可以大致判断滞后期长度。

② 修正的可决系数 $\bar{R}^2$。其检验思想是：在模型中逐期添加滞后变量、扩大滞后期的长度，直到模型的拟合优度不再明显提高时为止；或者先取一个较长的滞后期，再逐期剔除滞后变量、缩短滞后期长度，直到模型的拟合优度明显下降时为止。但在比较不同滞后期长度模型的拟合优度时，为了消除模型中(滞后)变量个数不同的影响，应该使用修正的可决系数 $\bar{R}^2$，因为增添解释能力不强的解释变量反而会使 $\bar{R}^2$ 的值降低。

③ 施瓦兹准则 SC (Schwarz Criterion)。施瓦兹准则的检验思想也是通过比较不同分布滞后模型的拟合优度来确定合适的滞后期长度。其计算公式为

$$
SC = \ln\left(\frac{RSS}{n}\right) + \frac{m}{n}\ln(n) \qquad (6.15)
$$

其中 RSS 是残差平方和, n 为样本容量, m 为模型中的参数个数。

检验过程是:在模型中逐期添加滞后变量,直到 SC 值不再降低时为止,即选择使 SC 值达到最小的滞后期 k。在模型处理额外添加不太重要的解释变量时, SC 比 $\bar{R}^2$ 更加严格。利用 Eviews 软件可以直接得到上述各项检验结果。

(2)多项式次数问题。多项式次数可以依据经济理论和实际经验加以确定。例如滞后结构为递减型和常数型时选择一次多项式;倒 V 型时选择二次多项式;有两个转向点时选择三次多项式;等等。如果主观判断不易确定时,可以先初步确定一个 γ 次多项式:

$$\beta_z = \alpha_0 + \alpha_1 Z + \cdots + \alpha_\gamma Z^\gamma \tag{6.16}$$

相应的变换模型为

$$Y_t = \alpha + \alpha_0 W_{0t} + \alpha_1 W_{1t} + \cdots + \alpha_\gamma W_{\gamma t} + u_t \tag{6.17}$$

估计模型后,如果 α_γ 的 t 检验不显著,则降低多项式次数,反之则增加多项式次数。但值得注意的是,如果 γ 值取得过大,一方面不能有效地减少模型中的解释变量个数,另一方面 $W_{\gamma t}$ 之间也可能会出现多重共线性,使得 α_i 的估计和 t 检验不可靠。所以一般取 $\gamma=1,2,3,4$。

3. 阿尔蒙估计的 Eviews 软件实现

在 Eviews 软件的 LS 命令中使用 PDL 项,系统将自动使用阿尔蒙方法估计分布滞后模型。其命令格式为:

　　　LS　　Y　　C　　PDL(X, k, γ, d)

其中,k 为滞后期长度, γ 为多项式次数,d 是对分布滞后特征进行控制的参数。

可供选择的参数值有:

1——强制在分布的近期(即 β_0)趋近于 0;

2——强制在分布的远期(即 β_k)趋近于 0;

3——强制在分布的两端(即 β_0 和 β_k)趋近于 0;

0——对参数分布不作任何限制。

在 LS 命令中使用 PDL 项,应注意以下几点:

①在解释变量 X 之后必须指定 k 和 γ 的值,d 为可选项,不指定时取默认值 0;

②如果模型中有多个具有滞后效应的解释变量,则分别用几个 PDL 项表示,例如:

　　LS　　Y　　C　　PDL(X1, 4 , 2)　　PDL(X2, 3, 2, 2)

③在估计分布滞后模型之前,最好使用相关分析命令 CROSS,初步判断滞后期的长度 k,命令格式为:

　　　CROSS　　Y　X

输入滞后期 s 之后,系统将输出 Y_t 与 $X_t, X_{t-1}, \cdots, X_{t-s}$ 的各期相关系数。也可以在 PDL 中逐步加大 k 的值,再利用 $\bar{R}^2$ 和 SC 判断较为合适的滞后期长度 k。

具体过程可通过后面的实验课进行。

第二节　自回归模型

自回归模型是指解释变量中仅含有解释变量当期值和被解释变量的若干滞后值,一般有以下几种型式。

一、库伊克(Koyck)模型

库伊克模型是 L.M.Koyck 于 1954 年提出在无限分布滞后模型基础上,经过库伊克变换形成的一种自回归模型。

设无限滞后模型为

$$Y_t = \alpha + \beta_0 X_t + \beta_1 X_{t-1} + \beta_2 X_{t-2} + \cdots + u_t \tag{6.18}$$

假定滞后解释变量 X_{t-j} 对因变量 Y_t 的影响是随滞后期 j 的增加而减少直至消失,那么模型呈递减滞后结构,假定 β_j 是按几何级数递减且各个 β 的符号相同。

$$\beta_k = \beta_0 \lambda^k \quad (k = 0, 1, \cdots) \tag{6.19}$$

其中 β_0 为非零常数,$0 < \lambda < 1$,λ 数值大小决定了随滞后期的增加其影响递减的速度,λ 的值越接近 0,递减速度愈快,因此称 λ 为分布滞后的下降率,$1-\lambda$ 称为调整率。这种滞后形式,反映了许多经济关系,如消费与收入,固定资产与投资,供给与价格等,它们的共同特点是距离现期越远,其影响越小,对不同的 λ 值,有不同的递减速度(如图 6.1)。

显然,长期分布滞后乘数为:

$$\beta = \sum_{k=0}^{\infty} \beta_k = \beta_0 \left(\frac{1}{1-\lambda} \right) \tag{6.20}$$

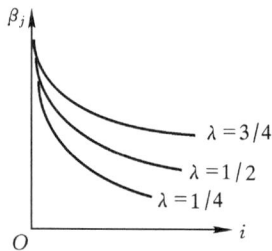

图 6.1　不同 λ 值 β_j 的递减速度

若将(6.19)式代入(6.18)式:

$$Y_t = \alpha + \beta_0 X_t + \beta_0 \lambda X_{t-1} + \beta_0 \lambda^2 X_{t-2} + \cdots + u_t \tag{6.21}$$

对(6.21)式滞后一期:

$$Y_{t-1} = \alpha + \beta_0 X_{t-1} + \beta_0 \lambda X_{t-2} + \beta_0 \lambda^2 X_{t-3} + \cdots + u_{t-1} \tag{6.22}$$

(6.22)式两边同乘 λ 得

$$\lambda Y_{t-1} = \lambda \alpha + \beta_0 \lambda X_{t-1} + \beta_0 \lambda^2 X_{t-2} + \beta_0 \lambda^3 X_{t-3} + \cdots + \lambda u_{t-1} \tag{6.23}$$

(6.21)式减去(6.23)式

$$Y_t - \lambda Y_{t-1} = (1-\lambda)\alpha + \beta_0 X_t + (u_t - \lambda u_{t-1}) \tag{6.24}$$

移项得：

$$Y_t = (1-\lambda)\alpha + \beta_0 X_t + \lambda Y_{t-1} + V_t \tag{6.25}$$

其中：

$$V_t = u_t - \lambda u_{t-1}$$

(6.25)式即是所谓的库伊克模型，上述变换过程叫库伊克变换。(6.25)式也可以写成

$$Y_t = \alpha^* + \beta_0^* X_t + \beta_1^* Y_{t-1} + u_t^* \tag{6.26}$$

其中：

$$\alpha^* = (1-\lambda)\alpha \qquad \beta_0^* = \beta_0$$

$$\beta_1^* = \lambda \qquad u_t^* = V_t$$

对(6.26)式进行估计后得到估计值：$\hat{\alpha}^*$，$\hat{\beta}_0^*$，$\hat{\beta}_1^*$，于是有

$$\hat{\lambda} = \hat{\beta}_1^*, \quad \hat{\beta}_0 = \hat{\beta}_0^*, \quad \hat{\alpha} = \hat{\alpha}^*/(1-\hat{\beta}_1^*)$$

库伊克模型的优点是：①将无限分布滞后模型变成了只有一个 X_t 和 Y_{t-1} 的自回归模型，解决了原来模型中多重共线性及自由度不足的问题。②估计参数只有 α, β 和 λ，简化估计过程。

但库伊克模型也有不足之处：①由于纯粹由代数运算而得，使原模型的经济含义变得模糊不清。②Y_{t-1} 出现在解释变量中，由于 Y_{t-1} 是一个随机变量，Y_{t-1} 与 u_t^* 是否相关需要加以研究，又因为 $V_t = u_t - \lambda u_{t-1}$，故 V_t 的统计性质有赖于 u_t 的统计性质。在以后的讨论中可知，当(6.18)式中的 u_t 序列无关，且与 X_t 不相关时，经过库伊克变换后(6.25)式中的 V_t 却是自相关的。且与 Y_{t-1} 相关，这就违背了基本假定，使参数估计产生一定困难。

二、适应性期望模型

在建立模型时，我们通常总是假设当期的被解释变量 Y_t 取决于当期的解释变量 X_t，这种假设在很多情况下不完全符合社会经济行为。例如在通货膨胀时期商品的需求量 Y_t 取决于人们的期望价格，这里的期望指人们对价格的预料，而现有价格只能作为预期价格的判定信息。又如居民消费水平同样不是完全取决于本期的实际收入，还需取决于预期的收入或者长远的收入水平。于是我们可以假设如下适应性期望模型：

$$Y_t = \beta_0 + \beta_1 X_t^* + u_t \tag{6.27}$$

其中，Y_t 为某种商品的需求量；X_t^* 为预期的或期望的该商品的价格；u_t 为随机误差项。

(6.27)式假设需求量是期望价格的函数，显然 X_t^* 是不能观测的，为此需要建立一种形成期望的准则，以代替模型中的期望变量 X_t^*，为此，假设

$$X_t^* - X_{t-1}^* = \gamma(X_t - X_{t-1}^*)$$

或

$$X_t^* = X_{t-1}^* + \gamma(X_t - X_{t-1}^*) \tag{6.28}$$

式中 γ 是期望系数,$0 < \gamma \leqslant 1$。

(6.28)式称为适应性期望假设。它表示本期期望值的变化 $X_t^* - X_{t-1}^*$ 只是本期实际值 X_t 与前期期望值 X_{t-1}^* 之差的一部分 $\gamma(X_t - X_{t-1}^*)$,或者说本期期望值 X_t^* 是在前期期望值的基础上由本期的实际观测值 X_t 与前期期望值的不吻合程度加以修正。上述问题意味着,每个时期价格的期望值在其前期期望价格的基础上,通过本期的实际价格与前期期望价格之差的部分加以修正。这实际上就是所谓的适应过程。(6.28)式就称为自适应预期假设,曾被凯根(Cagan)和弗里德曼(Friedman)推广而得以普及。把(6.28)式改写成以下等价形式:

$$X_t^* = \gamma X_t + (1-\gamma)X_{t-1}^* \tag{6.29}$$

(6.29)式表示了本期期望值是本期实际值和前期期望值的加权平均数。权数分别为 γ 和 $1-\gamma$。$\gamma=0$,则 $X_t^* = X_{t-1}^*$,说明本期期望值和前期期望值相等,没有进行修正。$\gamma=1$,则 $X_t^* = X_t$,说明本期期望值符合本期实际值,没有产生预测误差。一般情况下,$0 < r < 1$。

将(6.29)式代入(6.27)式:

$$Y_t = \beta_0 + \beta_1[\gamma X_t + (1-\gamma)X_{t-1}^*] + u_t$$

整理得:

$$Y_t = \beta_0 + \beta_1\gamma X_t + \beta_1(1-\gamma)X_{t-1}^* + u_t \tag{6.30}$$

再将(6.27)式滞后一期,两边同乘以 $(1-\gamma)$ 得

$$(1-\gamma)Y_{t-1} = (1-\gamma)\beta_0 + (1-\gamma)\beta_1 X_{t-1}^* + (1-\gamma)u_{t-1} \tag{6.31}$$

(6.30)式与(6.31)式相减得

$$Y_t - (1-\gamma)Y_{t-1} = \gamma\beta_0 + \gamma\beta_1 X_t + [u_t - (1-\gamma)u_{t-1}]$$

整理:

$$Y_t = \gamma\beta_0 + \gamma\beta_1 X_t + (1-\gamma)Y_{t-1} + V_t \tag{6.32}$$

其中:$V_t = u_t - (1-\gamma)u_{t-1}$。

(6.32)式称为适应性期望模型。

适应性期望模型(6.32)式与库伊克模型(6.25)式的出发点有所不同,但它们有相同的变量形式,适应性期望模型通过对外生变量期望值 X_t^* 的适应性期望假设,达到间接度量的目的,并代入(6.27)式,使得适应性期望模型比库伊克模型有更加明确的经济含义和理论依据。

三、局部调整模型

一个商店的经理通常会遇到这样的问题:一方面要保证商店供货不中断,另一

方面又不致使库存成本过高,希望有一个理想的库存量。所谓理想的库存量并非一成不变,而是需要不断地进行调整,实际上商品的库存量可以是实际销售量的函数。又如企业家预定资本存量有一个期望值 Y_t^*,它适合稳定的生产过程,不会发生生产不足或生产过剩,因此这个预定的资本存量 Y_t^* 取决于该企业的产品产量 X_t,假设为

$$Y_t^* = \beta_0 + \beta_1 X_t + u_t \tag{6.33}$$

由于技术的约束,财政管理和经济政策等方面的限制,以及要达到最佳的资本存量,其调整过程需要时间,因此最佳的资本存量往往不易完全实现,一般只可以得到部分的调整,并且这个预定的最佳值 Y_t^* 也是不能直接观察的。为此,人们假定 t 时期实现的资本存量的变化 $Y_t - Y_{t-1}$ 仅仅是该时期预定变化 $Y_t^* - Y_{t-1}$ 的一部分 $\delta(Y_t^* - Y_{t-1})$,即有

$$Y_t - Y_{t-1} = \delta(Y_t^* - Y_{t-1}) \tag{6.34}$$

其中 δ 为调整系数,且 $0 \leqslant \delta \leqslant 1$。调整系数表示调整的速度,$\delta$ 越接近于 1,表明调整到最佳资本存量的速度越快。如果 $\delta = 0.9$,表明实际变动为期望变动的 90%;若 $\delta = 1$,则 $Y_t = Y_t^*$,表明实际变动实现了期望变动;若 $\delta = 0$,则 $Y_t = Y_{t-1}$,说明资本存量与上期一样,没有变动。一般情况下,$0 < \delta < 1$,表示调整在进行,但又不能完全满足期望,只能部分(或局部)调整。(6.34)式还可以写成

$$Y_t = \delta Y_t^* + (1-\delta) Y_{t-1} \tag{6.35}$$

表明 t 时期的实际资本存量是 t 时期期望资本存量和前一期的实际资本存量的加权平均,权数分别为 δ 和 $(1-\delta)$,将(6.33)式代入(6.35)式得

$$\begin{aligned} Y_t &= \delta(\beta_0 + \beta_1 X_t + u_t) + (1-\delta) Y_{t-1} \\ &= \delta\beta_0 + \delta\beta_1 X_t + (1-\delta) Y_{t-1} + \delta u_t \end{aligned} \tag{6.36}$$

这就是所谓的局部调整模型。(6.36)式也可以写成:

$$Y_t = \beta_0^* + \beta_1^* X_t + \beta_2^* Y_{t-1} + u_t^* \tag{6.37}$$

其中:$\beta_0^* = \delta\beta_0$,$\beta_1^* = \delta\beta_1$,$\beta_2^* = 1 - \delta$,$u_t^* = \delta u_t$。这里待估的参数是 δ, β_0, β_1。由(6.37)式求出 $\hat{\beta}_0^*$,$\hat{\beta}_1^*$,$\hat{\beta}_2^*$ 后,再求 δ, β_0, β_1 的估计值。

$$\hat{\delta} = 1 - \hat{\beta}_2^* \qquad \hat{\beta}_0 = \frac{\hat{\beta}_0^*}{\hat{\delta}} = \frac{\hat{\beta}_0^*}{1 - \hat{\beta}_2^*} \qquad \hat{\beta}_1 = \frac{\hat{\beta}_1^*}{\hat{\delta}} = \frac{\hat{\beta}_1^*}{1 - \hat{\beta}_2^*}$$

局部调整模型与库伊克模型、适应性期望模型一样,都是自回归模型,区别在于:局部调整模型随机误差项比较简单。此外,局部调整模型与适应性期望模型的导出思想也有所不同,前者是对因变量的局部调整而得,后者是由解释变量的自适应过程而得。

第三节　自回归模型的检验和估计

一、自回归模型估计存在的问题

对于上述三种模型：

库伊克模型：　　　　$Y_t = (1-\lambda)\alpha + \beta_0 X_t + \lambda Y_{t-1} + (u_t - \lambda u_{t-1})$

适应性期望模型：　$Y_t = \gamma\beta_0 + \gamma\beta_1 X_t + (1-\gamma)Y_{t-1} + [u_t - (1-\gamma)u_{t-1}]$

局部调整模型：　　$Y_t = \delta\beta_0 + \delta\beta_1 X_t + (1-\delta)Y_{t-1} + \delta u_t$

它们可统一写成如下形式：

$$Y_t = \alpha_0 + \alpha_1 X_t + \alpha_2 Y_{t-1} + V_t \tag{6.38}$$

其中库伊克模型、适应性期望模型随机误差项具有完全相同的形式,如果假定原模型的随机误差项 u_t 满足：$E(u_t)=0$，$\mathrm{Var}(u_t)=\sigma^2$，$\mathrm{Cov}(u_t,\ u_{t-s})=0\ (s\neq0)$，且 u_t 与解释变量不相关,但是 V_t 不完全具有这些性质,若对上述模型应用 OLS,可能会产生估计偏误或错误推断。

(1)在原随机误差项 u_t 的假定条件下,对于局部调整模型来说,$V_t = \delta u_t$ 显然是无自相关的,且与变量 X_t,Y_{t-1} 也不相关,其中 Y_{t-1} 虽然与 V_{t-1} 及其以前的误差项有关,但它与本期的 V_t 却是无关的,因此对局部调整模型运用 OLS 估计,在大样本情况下是渐近无偏的。

(2)对于库伊克模型和适应性期望模型,随机误差项 $V_t = u_t - \lambda u_{t-1}$ 或 $V_t = u_t - (1-\gamma)u_{t-1}$ 不仅存在自相关,而且与 Y_{t-1} 也相关。事实上,

$$\begin{aligned}
\mathrm{Cov}(V_t, V_{t-1}) &= E(u_t - \lambda u_{t-1})(u_{t-1} - \lambda u_{t-2}) \\
&= E(u_t u_{t-1}) - \lambda E(u_{t-1}^2) - \lambda E(u_t u_{t-2}) + \lambda^2 E(u_{t-1} u_{t-2}) \\
&= -\lambda E(u_{t-1}^2) = -\lambda\sigma^2 \neq 0
\end{aligned}$$

$$\begin{aligned}
\mathrm{Cov}(Y_{t-1}, V_t) &= \mathrm{Cov}[Y_{t-1}, (u_t - \lambda u_{t-1})] \\
&= \mathrm{Cov}(Y_{t-1}, u_t) - \lambda\mathrm{Cov}(Y_{t-1}, u_{t-1})
\end{aligned}$$

而　　　　　　　　$\mathrm{Cov}(Y_{t-1}, u_t)=0$，$\mathrm{Cov}(Y_{t-1},\ u_{t-1})\neq0$

所以，　　　　　　$\mathrm{Cov}(Y_{t-1}, V_t)\neq0$

当解释变量与随机误差项相关时,OLS 估计不仅有偏,而且不一致。在此情况下,OLS 估计是失效的,需要设法消除 Y_{t-1} 与 V_t 的相关性,并认真检验 V_t 是否存在自相关。

二、自回归模型检验——达宾 h 检验

由于自回归模型的解释变量包括随机变量 Y_{t-1},这时如果用 D - W 检验自相关性,计算的 d 值一般都接近于 2。使 d 统计值进入无自相关的检验区间,容易使

我们把存在自相关性的自回归模型错误地判断为无自相关性模型。

达宾(Durbin)提出了检验一阶自相关的 h 统计量检验法,这种检验适用于大样本。h 统计量定义为:

$$h = \hat{\rho} \sqrt{\frac{N}{1 - N[\mathrm{Var}(\hat{\alpha_2})]}}$$

$$= (1 - \frac{1}{2}d) \sqrt{\frac{N}{1 - N[\mathrm{Var}(\hat{\alpha_2})]}} \quad (6.39)$$

其中:$\hat{\alpha_2}$ 是(6.38)式中滞后变量 Y_{t-1} 的系数 α_2 的估计值;N 是样本容量;$\hat{\rho}$ 是一阶自相关系数 ρ 的估计值;d 是 d 统计量。

达宾已证明:在 $\rho=0$ 的假定下,h 服从标准正态分布,即 $h \sim N(0,1)$,因此可由标准正态分布查得 h 统计量的统计显著性,以确定 V_t 是否存在一阶自相关。

对于给定的显著性水平 α,可以查正态分布表,确定临界值 h_α,然后计算 h 值。当 $h > h_\alpha$,否定 $\rho=0$ 假设,认为模型存在显著自相关;当 $h < h_\alpha$,接受 $\rho=0$ 假设,认为模型不存在显著自相关。

应该注意 h 统计量有以下特点:

(1)计算 h 时,只考虑滞后被解释变量 Y_{t-1} 系数 α_2 的方差,与模型中包含多少个变量 X 或多少个 Y 的滞后值无关。

(2)如果 $N[\mathrm{Var}(\hat{\alpha_2})] > 1$,则不能用 h 检验,但这种情况很少发生。

(3)h 统计量不适用于小样本。

三、自回归模型的估计

(一)局部调整模型的估计

在局部调整模型中,由于不存在自相关,可以直接使用 OLS 法估计模型。

(二)库伊克模型和适应性期望模型的估计

由于这两个模型不仅存在一阶自相关,而且 Y_{t-1} 与 V_t 也相关,一般应先采用工具变量法消除解释变量与随机误差项的相关问题,然后再用广义差分法消除自相关的影响。

工具变量法就是要找到一个与随机误差项 V_t 不相关而又与 Y_{t-1} 高度相关的变量来代替产生不一致性的滞后变量 Y_{t-1},这个变量称为工具变量。可以证明工具变量的估计量是一致估计。实际工作中常用 $\hat{Y}_{t-1}$ 作工具变量代替 Y_{t-1}。

对库伊克和适应性期望模型,首先将 Y 对 X 的滞后值进行回归

$$\hat{Y}_t = \hat{\alpha}_0 + \hat{\alpha}_1 X_{t-1} + \cdots + \hat{\alpha}_s X_{t-s}$$

其中 s 是预先指定的或者选取若干个 s 值,取 $s=2,3,4$ 等逐个回归,通过对系数估计值的显著性检验,从中选取一个满意的 s 值,一般说来,为避免产生多重共线性,

只需选取 $s=2$ 或 3 就可以得到满意的拟合结果。然后用 $\hat{Y}_t$ 的滞后值 $\hat{Y}_{t-1}$ 作为工具变量,代替 Y_{t-1} 进入自回归模型:

$$Y_t = \beta_0 + \beta_1 X_t + \beta_2 \hat{Y}_{t-1} + V_t \tag{6.40}$$

$\hat{Y}_t$ 作为 X 滞后值的回归值,与 V_t 不相关。当然 $\hat{Y}_{t-1}$ 也与 V_t 无关,对(6.40)式运用 OLS 可得一致估计。

(三)利用 Eviews 软件估计

利用 Eviews 软件估计自回归模型的操作步骤为:

(1)利用 CROSS 命令确定分布滞后模型的滞后期长度 s:

　　CROSS　Y　X

(2)利用 OLS 法估计分布滞后模型(设滞后期长度为3):

　　LS　Y　C　X(0 TO −3)

(3)计算 $Z_t = \hat{Y}_t = Y_t - e_t$

　　GENR　Z=Y−RESID

(4)将 $Z_t = \hat{Y}_{t-1}$ 替代自回归模型中的 Y_{t-1},并用广义差分法(设存在一阶自相关性)估计模型:LS　Y　C　X　Z(−1)　AR(1)

上述命令过程也可以统一写成:

　　TSLS　Y　C　X　Y(−1)　TSLS　AR(1) @ C X(0 TO −3)

实际操作可在实验课堂练习。

思考与练习

1. 什么是滞后变量和滞后变量模型?写出滞后变量模型的一般形式。

2. 什么是分布滞后模型和自回归模型,两者有何区别?

3. 库伊克模型、适应性期望模型与局部调整模型有哪些共性和不同之处?模型估计存在哪些困难?如何解决?

4. 考虑下述回归模型

$$Y_t^* = \alpha + \beta X_t^* + u_t$$

式中:$Y_t - Y_{t-1} = \delta(Y_t^* - Y_{t-1})$;$X_t^* = \gamma X_{t-1} + (1-\gamma) X_{t-1}^*$

试对以上模型进行适当变换,使模型中的变量 X^*,Y^* 成为可观测变量。

5. 能否直接用 D-W 统计量检验自回归模型的自相关问题?为什么?如果不能,应如何检验?

6. 某地区国有企业基本建设新增固定资产 Y 和全地区工业增加值 X(均按当年价格计算)的统计资料见下表。

某地区国有企业有关资料

年份	Y	X	年份	Y	X
1990	7.93	51.61	1997	12.58	102.94
1991	8.01	61.50	1998	12.47	105.65
1992	6.64	60.73	1999	10.88	104.80
1993	16.00	64.64	2000	17.77	113.30
1994	8.81	66.67	2001	14.72	127.36
1995	10.38	73.78	2002	13.76	142.44
1996	27.33	92.45	2003	14.42	173.75

(1)设定模型 $Y_t^* = \alpha + \beta X_t + e_t$,作局部调整假设,估计参数,并解释模型的经济意义。

(2)设定模型 $Y_t = \alpha + \beta X_t^* + e_t$,作适应性期望假设,估计参数,并解释模型的经济意义。

7. 对于模型 $Y_t = \alpha + \beta_0 X_t + \beta_1 X_{t-1} + \beta_2 X_{t-2} + \beta_3 X_{t-3} + \beta_4 X_{t-4} + u_t$,研究者利用阿尔蒙估计法,取 $\gamma = 3$,根据样本数据求出近似多项式系数的估计量为

$$\hat{\alpha} = 200 \qquad \hat{\alpha}_0 = 100 \qquad \hat{\alpha}_1 = 1.5 \qquad \hat{\alpha}_2 = 1 \qquad \hat{\alpha}_3 = -3$$

试计算原模型的系数估计值。

第七章　虚拟变量模型

第一节　虚拟解释变量模型

一、虚拟变量概念

在计量经济学中,常见的有些品质变量(也称属性变量或类型变量)如职业、性别、文化程度、地区等,由于各种原因不能计量,但是在建立计量经济模型时它们又是必不可少的因素,因此我们引入"虚拟变量"这个概念。虚拟变量就是把表现为某种属性的变量虚拟为可以用数值表示的变量。这种数值通常取"0"或"1",习惯用 D_i 表示。例如:

$$D_i = \begin{cases} 1 & 男 \\ 0 & 女 \end{cases}$$

$$D_i = \begin{cases} 1 & 大学以上学历 \\ 0 & 大学以下学历 \end{cases}$$

$$D_i = \begin{cases} 1 & 正常时期 \\ 0 & 异常时期 \end{cases}$$

利用虚拟变量,可以描述和度量用文字所表示的定性变量的影响,也可以测量变量在不同时期的影响,还可以用来处理异常数据的影响。

引入虚拟变量的模型称为虚拟变量模型。

二、虚拟变量的设置规则

在模型中设置虚拟变量的一般规则是:如果一个因素有 m 个水平属性,则模型中只能引入 $m-1$ 个虚拟变量。例如,居民家庭可以分成城镇和农村两类,所以只能设置 $2-1=1$ 个虚拟变量,对于居民住房消费模型可以写成以下形式:

$$C_i = \beta_0 + \beta_1 Y_i + \beta_2 D_i + u_i \tag{7.1}$$

其中:C 为住房消费;Y 为收入;$D_i = \begin{cases} 1 & 城镇居民 \\ 0 & 农村居民 \end{cases}$

而不能设置成如下的模型:

$$C_i = \alpha_0 + \beta_0 Y_i + \beta_1 D_{1i} + \beta_2 D_{2i} + u_i \tag{7.2}$$

其中：$D_{1i} = \begin{cases} 1 & \text{城镇居民} \\ 0 & \text{其他} \end{cases}$ 　　　$D_{2i} = \begin{cases} 1 & \text{农村居民} \\ 0 & \text{其他} \end{cases}$

因为模型(7.2)式对于任何被调查的居民家庭，都有 $D_{1i} + D_{2i} = 1$，说明模型中存在着完全的多重共线性，这时参数将无法估计，这就是所谓的"虚拟陷阱"。

三、解释变量中虚拟变量的引入

(一)以加法方式引入虚拟变量 D

当各类型模型的斜率相同、截距不相同时，可考虑以加法形式引入虚拟变量 D。例如，香烟的需求量除了受收入因素影响外，还与地区有关。当香烟关于收入的边际消费倾向相同时，其消费模型可写为

$$C_i = \beta_0 + \beta_1 D_i + \beta_2 Y_i + u_i \tag{7.3}$$

其中：C 为香烟消费量；Y 为居民的收入；$D_i = \begin{cases} 1 & \text{城市} \\ 0 & \text{农村} \end{cases}$

(7.3)式就是虚拟变量模型。当这一模型满足普通最小二乘法的假定条件时，可应用 OLS 估计消费函数：

$$\hat{C}_i = \hat{\beta}_0 + \hat{\beta}_1 D_i + \hat{\beta}_2 Y_i \tag{7.4}$$

由此可得：

农村居民消费函数：　$\hat{C}_i = \hat{\beta}_0 + \hat{\beta}_2 Y_i$ （7.5）

城市居民消费函数：　$\hat{C}_i = (\hat{\beta}_0 + \hat{\beta}_1) + \hat{\beta}_2 Y_i$ （7.6）

如果绘出这两个函数的图形，就可以明显地看出，这两个函数具有相同的斜率，不同的截距（见图7.1）。

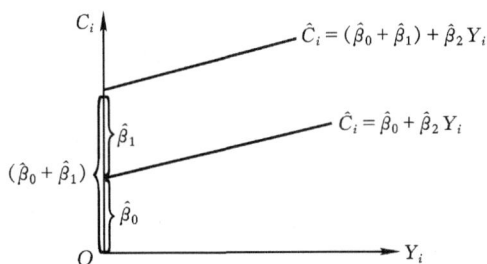

图 7.1　二类模型截距不同、斜率相同

如果香烟的需求量除收入、地区两个因素外，还受性别差异的影响，在香烟关于收入的边际消费倾向相同的条件下，其消费模型为：

$$C_i = \beta_0 + \beta_1 D_{1i} + \beta_2 D_{2i} + \beta_3 Y_i + u_i \tag{7.7}$$

式中，$D_{1i} = \begin{cases} 1 & 城市 \\ 0 & 农村 \end{cases}$　　$D_{2i} = \begin{cases} 1 & 男 \\ 0 & 女 \end{cases}$

C 为香烟消费；Y 为居民收入。

　　如果(7.7)式满足 OLS 的基本假定条件，可估计出各类型居民香烟消费函数分别为：

　　　　农村女性居民：　$\hat{C}_i = \hat{\beta}_0 + \hat{\beta}_3 Y_i$ 　　　　　　　　　　　　　　(7.8)

　　　　城市女性居民：　$\hat{C}_i = (\hat{\beta}_0 + \hat{\beta}_1) + \hat{\beta}_3 Y_i$ 　　　　　　　　　　(7.9)

　　　　农村男性居民：　$\hat{C}_i = (\hat{\beta}_0 + \hat{\beta}_2) + \hat{\beta}_3 Y_i$ 　　　　　　　　　　(7.10)

　　　　城市男性居民：　$\hat{C}_i = (\hat{\beta}_0 + \hat{\beta}_1 + \hat{\beta}_2) + \hat{\beta}_3 Y_i$ 　　　　　　(7.11)

可以看出，上述四个类型的消费函数截距不同，斜率相同，用图形表示见图 7.2。

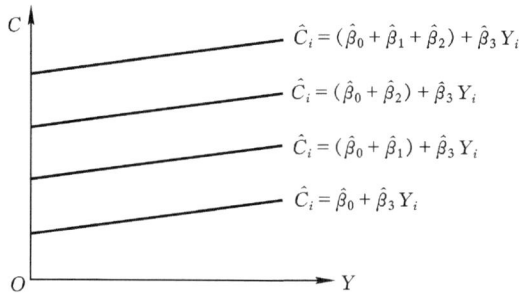

图 7.2　四类模型截距不同、斜率相同

(二)以乘法方式引入虚拟变量 D

　　当各类型模型中截距相同而斜率不相同时，可考虑通过乘法方式在模型中引入虚拟变量 D。

　　例如，文化用品消费量在城市和农村的边际消费倾向是不相同的，其消费模型可写成

$$C_i = \beta_0 + \beta_1 Y_i + \beta_2 D_i Y_i + u_i \tag{7.12}$$

式中，C 为文化用品消费量；Y 为居民收入；$D_i = \begin{cases} 1 & 城市 \\ 0 & 农村 \end{cases}$

　　如果(7.12)式满足 OLS 的基本假定条件，可估计出各类型文化用品消费函数分别为：

　　　　农村居民：$\hat{C}_i = \hat{\beta}_0 + \hat{\beta}_1 Y_i$ 　　　　　　　　　　　　　　　(7.13)

城市居民：$\hat{C}_i = \hat{\beta}_0 + (\hat{\beta}_1 + \hat{\beta}_2)Y_i$ (7.14)

可以看出，上述两个函数的截距相同，斜率不同，用图形表示见图 7.3。

(三)同时以加法和乘法方式引入虚拟变量 D

当各类型模型中截距和斜率都不相同时，可考虑以加法和乘法方式同时引入虚拟变量 D。例如，文化用品消费量在城市和农村的边际消费倾向不同，而且基本消费量也不相同，其消费模型可写成

$$C_i = \beta_0 + \beta_1 D_i + \beta_2 Y_i + \beta_3 D_i Y_i + u_i \qquad (7.15)$$

当(7.15)式满足 OLS 的基本假定条件后，可估计出各类型文化用品消费函数分别为：

农村：$\hat{C}_i = \hat{\beta}_0 + \hat{\beta}_2 Y_i$ (7.16)

城市：$\hat{C}_i = (\hat{\beta}_0 + \hat{\beta}_1) + (\hat{\beta}_2 + \hat{\beta}_3)Y_i$ (7.17)

可以看出，上述两个函数的截距和斜率都不相同，用图形表示见图 7.4。

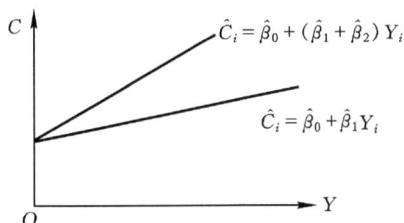

图 7.3 两类模型截距相同、斜率不同   图 7.4 两类模型截距不同、斜率不同

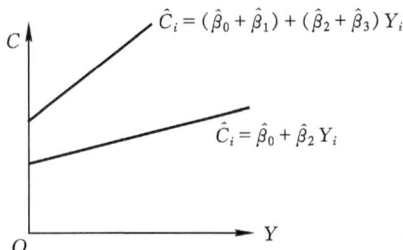

四、虚拟变量的特殊应用

(一)虚拟变量在生产函数中的应用

为了反映甲、乙两种不同的工艺过程对生产的影响，可以引入虚拟变量 D。对生产函数进行改进得到新的生产函数为

$$\ln Q = \ln A + \alpha \ln L + \beta \ln K + \gamma D_i + u_i \qquad (7.18)$$

式中：Q 为产量；K 为资金投入；L 为劳动力投入；

$$D_i = \begin{cases} 1 & \text{表示由甲工艺过程生产} \\ 0 & \text{表示由乙工艺过程生产} \end{cases}$$

通过对模型中 γ 进行显著性检验，如果 γ 在统计上显著，就可以说明该工艺过程对生产有影响。

(二)虚拟变量在分段回归中的应用

当现象在某一时期(或超过某一数量界限)有一明显转折点时，可利用虚拟变

量建立分段回归模型。例如,进口消费品数量 Y_t,主要取决于国民总收入 X,但 1980 年前后我国进口消费品数量明显不同,设 $t^* = 1980$ 年为转折期,1980 年国民总收入为 X_t^*,其他年份国民总收入为 X_t。则进口消费品模型为

$$Y_t = \beta_0 + \beta_1 X_t + \beta_2 (X_t - X_t^*) D_i + u_i,\ \text{虚拟变量}\ D_i = \begin{cases} 1 & t \geq t^* \\ 0 & t < t^* \end{cases}$$

$$(7.19)$$

若(7.19)式满足 OLS 法基本假定条件,估计后

$$\hat{Y} = \hat{\beta}_0 + \hat{\beta}_1 X_t + \hat{\beta}_2 (X_t - X_t^*) D_i$$

这时,只要检验 $\hat{\beta}_2$ 的统计显著性,就可以判断在临界水平 X_t^* 处是否存在着"突变"。如果 $\hat{\beta}_2$ 在统计上是显著的,则 1980 年以前,即 $t < t^*$,$D = 0$,进口消费品模型的函数形式为

$$\hat{Y}_t = \hat{\beta}_0 + \hat{\beta}_1 X_t \tag{7.20}$$

1980 年以后,即 $t \geq t^*$,$D = 1$,进口消费品模型的函数形式为

$$\hat{Y}_t = (\hat{\beta}_0 - \hat{\beta}_2 X_t^*) + (\hat{\beta}_1 + \hat{\beta}_2) X_t \tag{7.21}$$

可以看出,1980 年以后函数的斜率明显大于 1980 年以前,其图形见图 7.5。

上例中 X 只有一个转折点,但在某些情况下,解释变量存在多个转折点。

例如,职工收入与职工年龄有关。一般而言,年龄大的职工收入高于年龄小的职工。但是,在不同年龄段收入与年龄的关系是不同的。为了方便,我们仅考虑三个年龄段:18 岁以下、18 岁至 22 岁、22 岁以上。显然,18 岁和 22 岁都是转折点。事

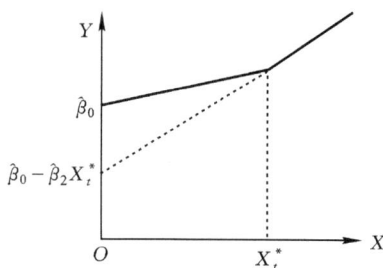

图 7.5 分段回归

实上,18 岁和 22 岁分别为多数人的高中及大学毕业年龄。因此,不同年龄段实际上也代表不同文化程度。

设 Y_i 为收入,X_i 为年龄,$X_1^* = 18$,$X_2^* = 22$,也可以建立以下回归模型:

$$Y_i = \beta_0 + \beta_1 X_i + \beta_2 D_1 (X_i - X_1^*) + \beta_3 D_2 (X_i - X_2^*) + u_t$$

其中,D_1 和 D_2 都是虚拟变量,而且有

$$D_1 = \begin{cases} 1 & X_1^* \leq X < X_2^* \\ 0 & \text{其他} \end{cases} \qquad D_2 = \begin{cases} 1 & X \geq X_2^* \\ 0 & \text{其他} \end{cases}$$

假定 $E(u_i) = 0$,我们有

$$X_i < 18, \qquad D_1 = D_2 = 0, \qquad E(Y_i) = \beta_0 + \beta_1 X_i$$

$$18 \leqslant X_i < 22, D_1 = 1, D_2 = 0, \quad E(Y_i) = \beta_0 - \beta_2 X_1^* + (\beta_1 + \beta_2) X_i$$

$$X_i > 22, \qquad D_1 = 0, D_2 = 1, \quad E(Y_i) = \beta_0 - \beta_3 X_2^* + (\beta_1 + \beta_3) X_i$$

这里，β_1 为 18 岁年龄段以下的斜率，$(\beta_1 + \beta_2)$ 和 $(\beta_1 + \beta_3)$ 分别为 18 岁到 22 岁以上年龄段的斜率。

（三）虚拟变量在季节调整模型中的应用

有些经济现象常受季节变动的影响。例如，盛夏之时人们对肉食品的需求量减少，相反对冷饮的需求量增大；而当到了元旦、春节时人们对肉食品的需求量增加，而对冷饮需求量减少。所以，季节变动对某些商品的需求量影响很大。为了把季节变动的影响反映到模型中去，我们可以引进三个虚拟变量（设第一季度为基础类型），其模型为

$$Y_i = \beta_0 + \beta_1 X_{1i} + \beta_2 X_{2i} + \cdots + \beta_k X_{ki} + \alpha_1 D_{1i} + \alpha_2 D_{2i} + \alpha_3 D_{3i} + u_i \tag{7.22}$$

这里 $X_1, X_2, X_3, \cdots, X_k$ 为影响该商品需求量 Y_i 的因素

$$D_{1i} = \begin{cases} 1 & \text{第二季度} \\ 0 & \text{其他季度} \end{cases} \quad D_{2i} = \begin{cases} 1 & \text{第三季度} \\ 0 & \text{其他季度} \end{cases}$$

$$D_{3i} = \begin{cases} 1 & \text{第四季度} \\ 0 & \text{其他季度} \end{cases}$$

必须注意，我们在这里不能引进第四个虚拟变量（即 D_{4i}），不然的话，就会掉入"虚拟陷阱"。模型中系数 $\beta_0, \alpha_1, \alpha_2, \alpha_3$ 分别反映了一、二、三、四季度对该商品的平均影响程度，根据这些系数的统计检验就可以判断季度因素对该商品的需求量是否存在着显著影响。

（四）虚拟变量在模型结构稳定性检验中的应用

模型结构的稳定性是指两个不同时期（或不同空间）研究同一性质的问题时所建立的同一形式的回归模型的参数之间无显著差异，如果存在着差异，则认为模型结构不稳定。

在现实经济生活中，往往由于某些重要因素，解释变量和被解释变量之间可能会发生结构变化。例如：1973 年、1979 年以及 1990—1991 年的海湾战争期间，由 OPEC 石油卡特尔组织发起的石油禁运，引起的经济衰退使石油输出国真实国民收入减少。我国由于经济体制的变化，改革开放前后国民经济总量指标之间的关系都发生很大变化。研究我国发达地区和不发达地区投资对经济增长的影响，也会因地区不同而产生结构差异等等。

这里介绍以下两种检验模型结构稳定性的方法。

1. **虚拟变量检验法**

为了检验两个模型的结构稳定性问题，可引入虚拟变量进行检验。设根据两

个样本估计的回归模型分别为：

样本 1：$Y_i = \alpha_1 + \beta_1 X_i + e_{1i}$

样本 2：$Y_i = \alpha_2 + \beta_2 X_i + e_{2i}$

设置虚拟变量：$D_i = \begin{cases} 0 & \text{样本 1} \\ 1 & \text{样本 2} \end{cases}$

将样本 1 和样本 2 的数据合并,估计以下模型：

$$Y_i = \alpha_1 + \beta_1 X_i + (\alpha_2 - \alpha_1)D_i + (\beta_2 - \beta_1)D_i X_i + e_i$$

然后利用 t 检验判断 D_i 和 $D_i X_i$ 的系数的显著性,可以得到以下四种检验结果：

(1) 两个系数均等于零,即 $\alpha_2 = \alpha_1, \beta_2 = \beta_1$,说明两个回归模型之间没有显著差异,称之为"重合回归"(coincident regression),模型结构是稳定的,见图 7.6(a)。

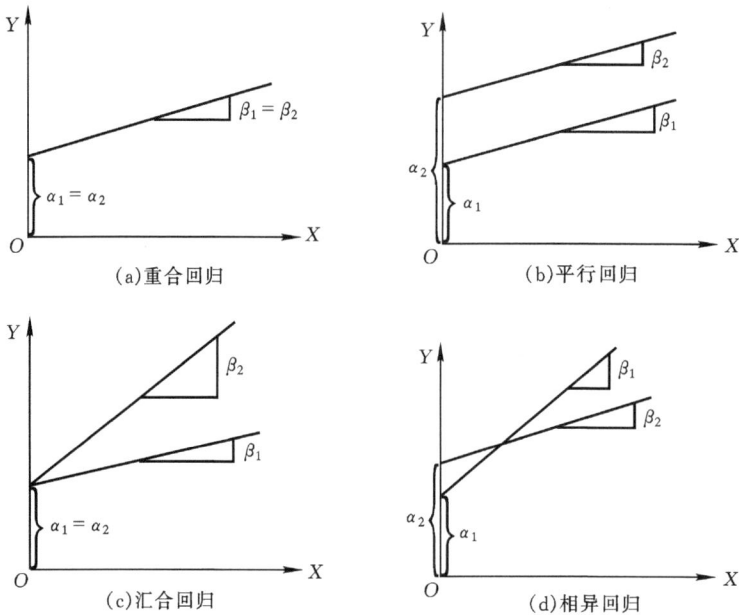

图 7.6　四种不同检验结果

(2) D_i 的系数不等于零,$D_i X_i$ 的系数等于零,即 $\alpha_2 \neq \alpha_1, \beta_2 = \beta_1$,说明两个回归模型之间的斜率相同,结构差异仅仅表现在截距上,称之为平行回归(parallel regression),见图 7.6(b)。

(3) D_i 的系数等于零,$D_i X_i$ 的系数不等于零,即 $\alpha_2 = \alpha_1, \beta_2 \neq \beta_1$,说明两个回归模型之间的截距相同,结构差异仅仅表现在斜率上,称之为汇合回归(concurrent regression),见图 7.6(c)。

(4) D_i 和 D_iX_i 的系数均不等于零,即 $\alpha_2\neq\alpha_1,\beta_2\neq\beta_1$,说明两个回归模型完全不同,存在着结构差异,称之为相异回归(dissimilar regression),见图 7.6(d)。

2. 邹检验法(Chow test)

为了检验关于两个模型结构不同的假设是正确的,我们从两个回归方程的结构是相同的原假设开始,然后看看能否拒绝这个假设。这个检验称为邹检验(Chow test),是美国计量经济学家邹志庄教授于 1960 年提出的一种检验方法。

设有两个样本回归模型:

$$样本 1:Y_i=\beta_1+\beta_2X_{2i}+\cdots+\beta_kX_{ki}+e_{1i} \tag{7.23}$$

$$样本 2:Y_j=\alpha_1+\alpha_2X_{2j}+\cdots+\alpha_kX_{kj}+e_{2j} \tag{7.24}$$

设样本 1 的容量为 N,样本 2 的容量为 M,(7.24)式的系数可以与(7.23)式的系数不一样。假设我们用 OLS 对这两个方程分别进行估计,可得到各自的误差平方和 RSS_1 和 RSS_2,由于对模型的系数没有任何限制条件,可以将这两个误差平方和相加求和表示无条件平方和,即 $RSS_{UR}=RSS_1+RSS_2$,其自由度为 $(N-K)+(M-K)=N+M-2K$。

假设原假设为真,即 $\alpha_1=\beta_1,\alpha_2=\beta_2,\cdots,\alpha_k=\beta_k$,以及 $\mathrm{Var}(e_{1i})=\mathrm{Var}(e_{2i})$,则回归模型(7.23)式、(7.24)式可以合并为用一个方程表示:

$$Y_i=\gamma_1+\gamma_2X_{2i}+\cdots+\gamma_kX_{ki}+e_{3i} \tag{7.25}$$

(7.25)式的样本容量为 $(N+M)$,然后用 OLS 估计(7.25)式,并计算有条件误差平方和 RSS_R。如果原假设成立,则它所带来的条件限制将不会影响模型的解释能力。RSS_R 也不会超过 RSS_{UR} 太多,这样我们对这两个误差平方和的差是否显著进行 F 检验。

$$F=\frac{(RSS_R-RSS_{UR})/K}{RSS_{UR}/(N+M-2K)} \tag{7.26}$$

如果 F 统计量在一定置信水平下大于自由度为 K 和 $(N+M-2K)$ 的 F 分布的临界值,则拒绝原假设,认为这两个模型的结构存在着差异。

【案例 7.1】 下面通过实例说明以上检验过程。假如改革开放前(1950—1977 年)我国居民储蓄(Y)与收入(X)的回归模型估计结果为:

$$\hat{Y}_t=-0.266+0.047X_t$$

$$SE:(0.305\ 3)\quad(0.026\ 6)$$

$$t:(-0.871\ 9)\quad(1.766\ 9)$$

$$R^2=0.309\ 2\qquad RSS_1=0.139\ 6\qquad df=26$$

改革开放后(1978—2000 年)居民储蓄 (Y) 与收入 (X) 的回归模型估计结果为:

$$\hat{Y}_t=-1.750\ 2+0.150\ 4X_t$$

$$SE:(0.357\ 6)\quad(0.017\ 5)$$

t：$(-4.894\ 3)$　$(8.594\ 3)$

$R^2=0.913\ 1$　　$RSS_2=0.193\ 1$　　$df=21$

合并两个模型数据(1950—2000 年)，居民储蓄(Y)与收入(X)的回归模型估计为：

$$\hat{Y}_t=-1.082\ 1+0.117\ 8X_t$$

SE：$(0.145\ 1)$　　$(0.008\ 8)$

t：$(-7.457\ 6)$　　$(13.386\ 4)$

$R^2=0.918\ 5$　　$RSS_R=0.572\ 2$　　$df=47$

计算 F 统计量：

$$RSS_{UR}=RSS_1+RSS_2=0.139\ 6+0.193\ 1=0.332\ 7$$

$$F=\frac{(RSS_R-RSS_{UR})/K}{RSS_{UR}/(N+M-2K)}=\frac{(0.572\ 2-0.332\ 7)\div 2}{0.332\ 7\div 47}=16.916\ 9$$

取显著性水平为 5%，查表 $F_{0.05}(2.47)=3.20$，由于 $16.916\ 9>3.20$，所以我们拒绝原假设，认为改革开放前和改革开放后居民储蓄关于收入的回归模型存在着结构差异。

必须指出，应用邹检验法时要注意以下几点：

(1)用邹检验法检验模型的结构是否发生变化时，要求随机项为同方差，必须先检验是否存在异方差。

(2)邹检验一般要求 N 和 M 足够大，以便对各个回归方程进行回归。

(3)对多个时期的回归模型进行邹检验时，要注意 RSS_{UR} 是各个回归模型的误差平方和的累加，自由度也要相应改变。

第二节　虚拟被解释变量模型

前面我们所讨论的虚拟变量都是解释变量。在这一节我们将讨论虚拟变量是被解释变量，并讨论以此建立的虚拟被解释变量模型的估计问题。虚拟被解释变量在日常经济活动中常表现在人们的决策行为上，即对某一问题人们要作出"是"或"否"的回答，如是否购买家用汽车，是否购买人寿保险，某一商品在市场上是否畅销等。对此问题，我们也可以利用虚拟被解释变量模型进行决策。常用的模型有线性概率模型和非线性概率模型(包括 Logit 模型和 Probit 模型)。

一、线性概率模型

(一)线性概率模型的形式

设人们是否购买家用小汽车模型为

$$Y_i=\beta_0+\beta_1X_i+u_i \tag{7.27}$$

式中，$Y_i = \begin{cases} 1 & \text{购买家用小汽车} \\ 0 & \text{不购买家用小汽车} \end{cases}$；$X$ 为家庭收入。

现在来看当 X_i 给定时 Y_i 的条件期望是什么意思。

$$E(Y_i \mid X_i) = \beta_0 + \beta_1 X_i \tag{7.28}$$

若以 P_i 代表 $Y_i = 1$ 的概率，则 $(1 - P_i)$ 便代表 $Y_i = 0$ 的概率，于是 Y_i 的数学期望

$$E(Y_i \mid X_i) = 1 \times P_i + 0 \times (1 - P_i) = P_i \tag{7.29}$$

由此可见，模型(7.27)式中被解释变量的条件期望可解释为第 i 个家庭已经购买家用小汽车的概率。因为概率 P_i 的数值必介于 0 和 1 之间，所以概率解释要求 $E(Y_i \mid X_i)$ 满足限制条件：$0 \leqslant E(Y_i \mid X_i) \leqslant 1$，也就是说，$Y_i$ 的条件期望值只能在 0 和 1 之间。由于 Y_i 的条件期望具有概率含义，所以，线性模型(7.27)式称为线性概率模型。

(二)线性概率模型的估计

线性概率模型在形式上同普通线性回归模型很相似，但由于 Y_i 是虚拟变量，这就出现了不同于普通回归模型的新问题。

1. 随机扰动项 u_i 不服从正态分布

因为

$$u_i = Y_i - \beta_0 - \beta_1 X_i \tag{7.30}$$

很明显

$$u_i = \begin{cases} 1 - \beta_0 - \beta_1 X_i & \text{当 } Y_i = 1 \\ -\beta_0 - \beta_1 X_i & \text{当 } Y_i = 0 \end{cases} \tag{7.31}$$

这就是说，对于一定的 X_i 值，Y_i 只能取两个值，u_i 也只能有两个可能值出现，所以 u_i 服从的是二项分布。即

$$Y_i \sim \begin{pmatrix} 1 & 0 \\ P_i & 1 - P_i \end{pmatrix} \qquad u_i \sim \begin{bmatrix} 1 - \beta_0 - \beta_1 X_i & -\beta_0 - \beta_1 X_i \\ P_i & 1 - P_i \end{bmatrix} \tag{7.32}$$

虽然 u_i 不服从正态分布，但对参数的估计不会产生影响，因为 OLS 估计的无偏性、有效性与 u_i 的概率分布无关。但进行 t 检验、F 检验等统计推断时，却要求误差项服从正态分布。只有在大样本情况下，根据中心极限定理可知，二项分布趋近于正态分布，所以，仍然可以在正态分布假定下进行统计推断。

2. 随机误差项 u_i 具有异方差性

$$\begin{aligned} \text{Var}(u_i) &= E(u_i^2) = \sum u_i^2 P_i \\ &= (1 - \beta_0 - \beta_1 X_i)^2 P_i + (-\beta_0 - \beta_1 X_i)^2 (1 - P_i) \\ &= (1 - P_i)^2 P_i + (-P_i)^2 (1 - P_i) = P_i (1 - P_i) \\ &= (\beta_0 + \beta_1 X_1)(1 - \beta_0 - \beta_1 X_i) \neq \text{常数} \end{aligned} \tag{7.33}$$

(7.33)式表明随机扰动项 u_i 的方差随着 X_i 的变化而变化,因此具有异方差性,这时就不能用 OLS 估计模型中的参数。

3. 线性概率模型的 WLS 估计

为了消除异方差性的影响,应采用 WLS 来估计线性概率模型中的参数。其权数 W_i 就取 $\mathrm{Var}(u_i)$,然后对原模型(7.27)两边各项同除以 $\mathrm{Var}(u_i)$ 的平方根,得到

$$\frac{Y_i}{\sqrt{\mathrm{Var}(u_i)}} = \frac{\beta_0}{\sqrt{\mathrm{Var}(u_i)}} + \beta_1 \frac{X_i}{\sqrt{\mathrm{Var}(u_i)}} + \frac{u_i}{\sqrt{\mathrm{Var}(u_i)}} \qquad (7.34)$$

变换后的(7.34)式的随机项不再是异方差,而是同方差,因此可用 OLS 估计(7.34)式中的参数。

但是由于 $\mathrm{Var}(u_i) = P_i(1-P_i)$,$P_i$ 是未知的,而 $P_i = E(Y_i | X_i) = \beta_0 + \beta_1 X_i$,所以可以先利用 OLS 估计(7.27)式,求出 $E(Y_i | X_i)$ 的估计值 $\hat{Y}_i$,用 $\hat{Y}_i$ 代替 P_i,这样,就可以求得 u_i 的方差。

$$\mathrm{Var}(u_i) = \hat{Y}_i(1 - \hat{Y}_i) \qquad (7.35)$$

利用 Eviews 软件可以完成上述估计过程:

(1)利用 OLS 估计原模型(7.27)式: LS Y C X

(2)计算 Y 的估计值: GENR EY = Y−RESID

(3)计算权数 WT: GENR WT = 1/〔EY * (1−EY)〕

(4)利用 WLS 估计模型: LS (W = WT) Y C X

4. 条件 $0 \leqslant E(Y_i | X_i) \leqslant 1$ 不一定成立

因为线性概率模型中 $E(Y_i | X_i)$ 度量的是事件"$Y_i = 1$"发生的概率,所以从理论上讲,$E(Y_i | X_i)$ 的值应介于 0 和 1 之间,但是从实际估计结果看,$E(Y_i | X_i)$ 的估计值 $\hat{Y}_i$ 并不一定在 0 和 1 之间,就是说 $\hat{Y}_i$ 的值可以大于 1,或者为负数。在这种情况下,作以下处理:当 $\hat{Y}_i > 1$ 时,应认为它等于 1;当 $\hat{Y}_i < 0$ 时,就认为它等于 0。

二、非线性概率模型

(一)Logit 模型

线性概率模型虽然计算简单,但不能自然符合概率值介于 0 和 1 之间的要求,当 $\hat{Y}_i < 0$ 或 $\hat{Y}_i > 1$ 时,人为地视为它们等同于 $\hat{Y}_i = 0$ 或 $\hat{Y}_i = 1$,这在理论上是不严密的,在实践中也会造成大概率事件就等同于必然事件,小概率事件就等同于不可能事件的认识偏颇。要消除这一缺陷,就应放弃线性模型,而选用对任意解释变量都能保证条件期望 $E(Y_i | X_i)$ 介于 0 与 1 之间的非线性概率模型。这里介绍一种常用的非线性概率模型——逻辑(logistic)模型。

逻辑模型也称逻辑斯蒂模型,最早被用来描述生物的生长规律(逻辑成长律),现已广泛地用来描述耐用消费品的销售规律。它的具体形式为

$$P_i = E(Y_i \mid X_i) = \frac{1}{1 + \mathrm{e}^{-(\beta_0 + \beta_1 X_i)}} \tag{7.36}$$

这一函数的图像是一条 S 形曲线,如图 7.7 所示。

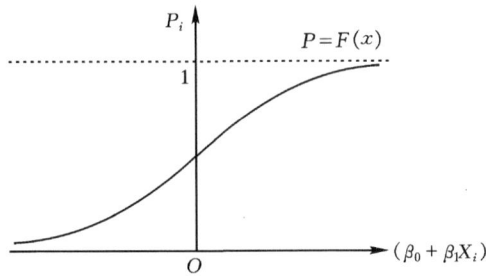

图 7.7　逻辑曲线

从图中曲线可以明显看出,由(7.36)式得出的条件概率其数值总在 0 和 1 之间,而且以渐近方式趋于 0 和 1。这样模型不仅解决了条件概率有可能大于 1 或小于 0 的矛盾,而且避免了小概率事件的概率估计值等于 0、大概率事件的概率估计值等于 1 的缺点。

关于逻辑模型的估计问题,由于

$$\frac{P_i}{1 - P_i} = \frac{1/[1 + \mathrm{e}^{-(\beta_0 + \beta_1 X_i)}]}{\mathrm{e}^{-(\beta_0 + \beta_1 X_i)}/[1 + \mathrm{e}^{-(\beta_0 + \beta_1 X_i)}]} = \mathrm{e}^{\beta_0 + \beta_1 X_i}$$

所以

$$\ln \frac{P_i}{1 - P_i} = \beta_0 + \beta_1 X_i \tag{7.37}$$

式中,$P_i/(1 - P_i)$ 称为机会差异比,即所研究事件"发生"与"不发生"的概率之比。

模型(7.37)式将逻辑模型转化为线性模型,但当 $P_i = 0$ 或 $P_i = 1$ 时,$P_i/(1 - P_i)$ 的对数无意义,所以不能直接用 OLS 估计模型,一般采用极大似然法或分组数据估计(7.37)式,也可以利用 Eviews 软件,在方程描述窗口直接选择 Logit 选项估计模型。

【案例 7.2】　以逻辑模型描述消费者在既定收入水平下购买家用小汽车的决策行为。假如利用 Eviews 估计出模型的参数 $\hat{\beta}_0, \hat{\beta}_1$,于是

$$\ln\left(\frac{P_i}{1 - P_i}\right) = \hat{\beta}_0 + \hat{\beta}_1 X_i$$

如果根据某消费者的收入水平 X_i,计算出 $\hat{\beta}_0 + \hat{\beta}_1 X_i = 1.76$

即　　　　　　　$\ln(\dfrac{P_i}{1-P_i}) = \hat{\beta}_0 + \hat{\beta}_1 X_i = 1.76$　　或　　$\dfrac{1-P_i}{P_i} = \dfrac{1}{P_i} - 1 = \mathrm{e}^{-1.76}$

所以，　　　　　$P_i = \dfrac{1}{1+\mathrm{e}^{-1.76}} = \dfrac{1}{1.17} = 0.85$　　或　　85%

即该消费者在既定的收入水平下购买家用小汽车的概率为 85%。

(二)Probit 模型

如前所述，当我们用逻辑分布函数去拟合 S 曲线时，得到了 Logit 模型。而当我们用正态分布函数去拟合 S 曲线时，所得到的模型就是著名的 Probit 模型。Probit 模型的具体形式为：

$$P_i = F(\beta_0 + \beta_1 X_i) = \frac{1}{\sqrt{2\pi}} \int_{-\infty}^{\beta_0 + \beta_1 X_i} \mathrm{e}^{-t^2/2} \mathrm{d}t \tag{7.38}$$

将其转化成线性模型：

$$F^{-1}(P_i) = \beta_0 + \beta_1 X_i \tag{7.39}$$

Eviews 软件中，可以在方程描述窗口直接选择 Probit 选项估计模型，具体操作可在实验课进行练习。

第三节　变参数模型

前面几章讨论的回归问题都是在模型中的参数不变的前提下进行的，但是通过本章的讨论，可以看出引入了虚拟变量后，回归模型中的参数不再是固定不变的，而是可以变化的，但是模型中参数的变化又不是连续的，而是离散的。下面我们介绍的变参数模型就是虚拟变量模型的推广，它认为回归模型的截距或斜率会随着样本观察值的改变而改变。变参数模型可以分为截距变动模型和截距、斜率同时变动模型。

一、截距变动模型

设线性回归方程为

$$Y_t = \beta_{1t} + \beta_2 X_{2t} + \cdots + \beta_k X_{kt} + u_t \qquad t = 1, 2, \cdots, T \tag{7.40}$$

式中，X 为解释变量，Y 为被解释变量。

观察到截距项 β_{1t} 和前边的虚拟变量模型的截距项有所不同，下边多了一个下标 t。这就是说，虽然回归模型斜率在整个样本时期保持不变，但是截距项 β_{1t} 是随着时间的变化而变化的。如果 β_{1t} 的变化是非随机的，而且这种变化完全由外生变量决定，那么式(7.40)就是一个非随机变参数模型。为了讨论方便，把 β_{1t} 定义为下面的式子：

$$\beta_{1t} = \alpha_0 + \alpha_1 Z_t \tag{7.41}$$

式中，α_0 和 σ_1 为要求的参数，也可以称为"超参数"，Z_t 是用来解释 β_{1t} 变动情况的外生变量。将式（7.41）代入式（7.40）中，整理得到

$$Y_t = \alpha_0 + \alpha_1 Z_t + \beta_2 X_{2t} + \cdots + \beta_k X_{kt} + u_t \tag{7.42}$$

可用最小二乘法对式（7.42）中的超参数和其他参数一并进行估计。如果 Z_t 为虚拟变量，那么式（7.42）就是一个虚拟变量模型，而且是一个截距项变动斜率不变的模型。因此，虚拟变量模型是变参数模型的一种特殊形式。

二、截距和斜率同时变动模型

如果模型中的斜率和截距同时变动，只需在式（7.42）的基础上进行改进，将 β_2 换为 β_{2t}，且假定 β_{2t} 有如下关系式：

$$\beta_{2t} = b_0 + b_1 W_t \tag{7.43}$$

将式（7.43）代入式（7.42）则有

$$Y_t = \alpha_0 + \alpha_1 Z_t + b_0 X_{2t} + b_1 W_t X_{2t} + \beta_3 X_{3t} + \cdots + \beta_k X_{kt} + u_t \tag{7.44}$$

以上模型只假定 β_{1t} 和 β_{2t} 存在系统变化，实际上还有很多参数都可能存在这种变化，甚至可能存在 β_{1t} 和 β_{2t} 等系数有可能不是线性的，也就是说超参数本身可能不为常数。这种情况只是在理论上提出来的，实际操作会因太复杂而没有更多的应用。

用最小二乘法估计得到式（7.44）中的参数估计值后，就可以对参数是否存在系统变化进行统计检验。如果 α_1 和 b_1 在统计上不显著，就可以把 β_1 和 β_2 看作常数；否则，认为 β_1 和 β_2 存在系统变化。显然，如果错误地把 β_1 和 β_2 当做常数，就等于错误地解释了经济变量之间的联系。此外，由于相当于省略了重要的解释变量 Z_t 和 W_t，还可能会产生自相关等问题。

【案例7.3】　众所周知，我国居民的消费行为在经济体制改革前后存在着巨大差异。但是在这期间居民的消费行为是否也在不断变化？

我国的经济体制改革走的是一条渐进的道路，与居民消费有关的诸多因素随着改革开放的不断推进而在逐步改变。这些变化对居民消费的影响主要有三个方面：第一，观念的变化。与改革开放初期相比，我国居民的观念已经发生了深刻的变化。人们的市场意识、风险意识、对通货膨胀的心理承受能力等均大大增强，对"铁"饭碗的依赖思想已明显减弱。第二，消费者的经济决策权逐步扩大，消费品市场供给日益丰富；劳动力市场的建立使人们有越来越多的择业机会；居民金融资产的迅速积累，使消费者可以在一定时间范围内提前或延期消费。第三，不确定因素增多。随着市场因素的增多，经济生活的不确定因素也在增加。例如，职工的实际收入已不再是完全"刚性"，个人的实际收入可能因为通货膨胀、企业经济效益下降

而减少。不确定因素的增加,迫使消费者在安排生活消费时更多顾及长远利益,消费行为渐趋理性。

综上所述,似乎没有理由认为居民消费行为在 1979 年以后是固定不变的。但是这种变动是否显著? 变动趋势是怎样的? 这一切还需要用变参数模型加以验证。

假如我国城镇居民家庭收入的变参数模型为

$$Y_t = \beta_{1t} + \beta_{2t}X_t + u_t \qquad t = 1980,1981,\cdots,1993 \qquad (7.45)$$

式中,X 和 Y 分别代表城镇居民家庭某年人均实际收入和人均实际支出(以 1980 年的价格水平为 100,从收入和支出中分别扣除价格上涨因素的影响)。t 为年份,u_t 为随机误差项。

注意到模型的截距 β_{1t} 和边际消费倾向 β_{2t} 是随着时间的推移而不断变化的,也就是说消费与收入的关系是逐年变化的。引起 β_{1t} 和 β_{2t} 变化的因素中许多是不可观测或难以度量的,所以无法把这些因素作为解释变量直接引入模型。然而,与居民消费有关的诸多因素是随着时间推进而逐渐改变的,因此,可以用时间序号 T 来代表这些因素。

假定 β_{1t} 和 β_{2t} 的变化可以由下面的关系式来表示:

$$\beta_{1t} = \alpha_0 + \alpha_1 T + \alpha_2 T^2 \qquad (7.46)$$

$$\beta_{2t} = b_0 + b_1 T + b_2 T^2 \qquad (7.47)$$

$$T = 0,1,2,\cdots,13$$

将式(7.46)和式(7.47)代入式(7.45),得到

$$Y_t = \alpha_0 + \alpha_1 T + \alpha_2 T^2 + b_0 X_t + b_1 TX_t + b_2 T^2 X_t + u_t \qquad (7.48)$$

用最小二乘法估计式(7.48)的参数,得到参数估计值后,可以对 α_1,α_2 和 b_1,b_2 进行统计检验。如果 α_1,α_2 和 b_1,b_2 部分或全部显著地不为零,则表明在经济改革期间消费模型参数存在系统的变化;反之,就认为消费模型在改革期间是稳定的。经试算发现 $\alpha_0,\alpha_1,\alpha_2$ 和 b_1 在统计上都不显著,所以把模型确定为

$$Y_t = b_0 X_t + b_2 T^2 X_t + u_t \qquad (7.49)$$

或者

$$Y_t = \beta_{2t} X_t + u_t, \qquad \beta_{2t} = b_0 + b_2 T^2 \qquad (7.50)$$

现根据 1980—1993 年有关统计资料,用最小二乘法估计式(7.49),得到结果如下:

$$\hat{Y}_t = 0.975 X_t - 0.000\,4 T^2 X_t \qquad (7.51)$$

$$T = (102.00) \qquad (-3.95)$$

$$R^2 = 0.999\,6 \qquad D.W = 1.99$$

式(7.51)中,参数估计值下面括号中的数字是 t 统计量。由 R^2 和 $D.W$ 值可知,模型对消费支出 Y_t 变化的模拟程度很好,而且不存在自相关问题。

估计和检验结果表明:

（1）b_2 在统计量上是高度显著的,从而证明我国城镇居民的消费行为在改革开放期间是不断变化的。

（2）由 $\hat{b}_2 = -0.000\,4$ 可知,我国城镇居民的消费边际倾向呈下降趋势,这一结果与改革开放以来居民金融资产迅速增加的事实相吻合。

（3）边际消费倾向的变动曲线为

$$\hat{\beta}_{2t} = 0.975 - 0.000\,4T^2 \tag{7.52}$$

根据这一曲线可以计算各年的边际消费倾向,1982 年对应的 T 值为 2,由(7.52)式可以计算出,1982 年的边际消费倾向为 0.973 8,比 1981 年下降 0.001 2;而 1992 年对应的 T 值为 12,边际消费倾向为 0.917 8,比较而言,比 1991 年下降了 0.009 2。可以看出,在改革的头几年边际消费倾向呈下降的速度很慢,随后下降的速度逐渐加快。

（4）如果忽略居民消费行为的变化,将模型设定为

$$Y_t = \beta_0 + \beta_1 X_t + u_t \tag{7.53}$$

则估计结果为

$$\hat{Y}_t = 63.379\,8 + 0.846\,3X_t \tag{7.54}$$

$$t : (28.09) \qquad (3.34)$$

$$R^2 = 0.999\,5 \qquad D.W = 1.43$$

显然,虽然模型的拟合优度很高,但是由于边际消费倾向是固定不变的,模型(7.54)错误地描述了消费和收入的关系。而且,如果将其用于预测,随着时间的推移误差会越来越大。此外,$D.W$ 值也明显没有前面的结果好。

（资料来源:贺铿主编《计量经济学》.1999 年版.中国统计出版社,第 112 页）

思考与练习

1. 什么是虚拟变量? 它在模型中有何作用?

2. 模型中设置虚拟变量的规则是什么?

3. 文化用品消费受收入和文化程度影响,如果文化程度分为研究生、大学和大学以下三种类型,试设计文化用品消费模型。

4. 引入虚拟变量的方式有哪几种? 各适用什么情况?

5. 引入虚拟被解释变量的背景是什么? 含有虚拟被解释变量模型的估计方法有哪些?

6. 为研究大城市一些定性变量对电影业票价的影响,某研究者得到 2003 年某大城市的下述估计的回归模型:

$$\hat{Y} = 4.13 + 5.77D_1 + 8.12D_2 - 7.68D_3 - 1.13D_4 + 27.09D_5 + 31.46\lg X_1 + 0.81X_2$$

$$R^2 : 0.961 \quad (2.04) \quad (2.67) \quad (2.51) \quad (1.78) \quad (3.58) \quad (13.58) \quad (13.778) \quad (0.17)$$

其中：D_1 为影院位置：1 为城市，0 为城市中心；

  D_2 为影院年龄：1 为建成后或大修后 10 年内，否则为 0；

  D_3 为影院类型：1 为露天，0 为室内；

  D_4 为停车场：1 为有，0 为无；

  D_5 为上映时间：1 为首轮放映，否则为零；

  X_1 为平均每场放映空位率；

  X_2 为平均影片租金分摊到每张影票的价格；

  $\hat{Y}$ 为成人晚间入场票价。

括号内数字为对应参数估计值的标准误差。

(1)评论这些估计结果。

(2)怎样说明引入变量 X_1 的合理性？

(3)怎样对 D_4 的系数取负值作出解释？

7. 下表是某地区 1998—2003 年工业企业的利润和销售额资料，假定利润不仅与销售额有关，而且和季度因素有关。要求：

(1)如果认为季度影响使利润平均值发生变异，应如何引入虚拟变量？

(2)如果认为季度影响利润关于销售额的变化率发生变异，应当如何引入虚拟变量？

(3)如果认为上述两种情况都存在，又应当如何引入虚拟变量？

(4)对上述三种情况分别估计利润模型，并进行对比分析。

年份	季节	利润 Y（百万元）	销售额 X（百万元）	年份	季节	利润 Y（百万元）	销售额 X（百万元）
1998	1	10 503	114 862	2001	1	12 539	148 862
	2	12 092	123 968		2	14 849	158 913
	3	10 834	121 454		3	13 203	155 727
	4	12 201	131 917		4	14 947	168 409
1999	1	12 245	129 911	2002	1	14 151	162 781
	2	14 001	140 976		2	15 949	176 057
	3	12 213	137 828		3	14 024	172 419
	4	12 820	145 465		4	14 315	183 327
2000	1	11 349	136 989	2003	1	12 381	170 415
	2	12 615	145 126		2	13 991	181 313
	3	11 014	141 536		3	12 174	176 712
	4	12 730	151 776		4	10 985	180 370

8. 线性概率模型有何特点？如何估计？

9. 非线性概率模型与线性概率模型相比，有何特点？如何估计？

10. 现有 Logit 模型：$\ln(\dfrac{\hat{P}_i}{1-p_i}) = -9.456 + 0.363\ 8X_i - 1.107\ D_i$

式中：X_i 为年收入（千元）；$D = \begin{cases} 1 & \text{雇用保姆} \\ 0 & \text{不雇用保姆} \end{cases}$

且知

	外出用餐	在家用餐
取值	1	0
概率	p	$1-p$

现假定某家庭的年收入为 44 千元且雇用了保姆，请问该家庭外出用餐的概率。

11. 已知下述模型：$Y_t = \alpha_0 + \alpha_1 X_{1t} + \alpha_2 X_{2t} + u_t$，如果参数 α_1, α_2 都是随时间变化而线性变化的，应如何对以上模型进行变化？

第八章 联立方程模型

前面章节,我们研究的是单一方程模型,即仅用一个方程来描述经济现象之间的相互依存关系。如前所述,许多经济问题都可以通过单一方程模型来加以研究,但是由于经济现象的错综复杂性,现象之间的相互依存关系,仅靠单一方程模型去表现还不完善,而需要通过联立方程组加以描述和计量。在本章中,我们将讨论联立方程模型,研究如何用一个方程组来研究经济变量之间的相互依存关系。

第一节 联立方程模型的实质及形式

一、联立方程模型的实质

在单一方程模型的变量中,只有一个被解释变量 Y 和一个或几个解释变量 X,研究的主要内容是根据解释变量 X 的固定值来估计或预测 Y 的条件均值,这是一种单向因果关系,即 X 为因,Y 为果。但是更多的经济现象中变量之间的关系却表现为双向因果关系,即不但解释变量 X 的变化会引起被解释变量 Y 的变化,同时,被解释变量 Y 的变化反过来又会影响某些解释变量 X 的变化。联立方程就是反映这种双向因果关系,由两个或两个以上的相互关联的单一方程组成的系统,系统中每一个单一方程包含着一个或多个内生变量。

例如,我们要估计商品的需求量,根据经济理论可知,商品的需求量 Q 取决于该商品的价格 P、消费者的收入 M 等因素,因此,可建立需求模型:

$$Q = \beta_0 + \beta_1 P + \beta_2 M + u \tag{8.1}$$

但与此同时,市场上的价格又受到该商品需求量的影响,此外还受替代品价格 P_0 的影响。因此,上述方程并不是一个完整的模型,至少还应有一个关于 P 和 Q, P_0 之间关系的方程,如:

$$P = \alpha_0 + \alpha_1 Q + \alpha_2 P_0 + u \tag{8.2}$$

这样,在 Q 和 P 之间就存在着双向因果关系。经济现象之间的相互依存性决定了我们不仅要用单一方程模型,而且还要用联立方程模型来研究它们之间的关系。描述上述关系的联立方程模型就可以表示为如下的形式:

$$\begin{cases} Q_t = \beta_0 + \beta_1 P_t + \beta_2 M_t + u_{1t} \\ P_t = \alpha_0 + \alpha_1 Q_t + \alpha_2 P_0 + u_{2t} \end{cases} \tag{8.3}$$

二、联立方程模型产生的后果

当用联立方程模型来描述经济变量之间的相互关系时,模型中的一些变量具有这样的特性,即在一个方程中为解释变量,在另一个方程中却是被解释变量。如果将单一方程联立后,就会带来计量经济学方面的问题,主要表现为以下几个方面。

(一)解释变量和随机扰动项不再相互独立,而是产生了相关性

例如,简化的凯恩斯收入决定模型为

消费模型　　　$C_t = \beta_0 + \beta_1 Y_t + u_t$　　　$(0 < \beta_1 < 1)$　　　　　　　(8.4)

收入恒等式　　$Y_t = C_t + I_t$　　　$(I_t = S_t)$　　　　　　　　　　　　(8.5)

其中:C 为消费支出;Y 为收入;I 为投资(假设是外生变量);S 为储蓄;u 为随机扰动项;参数 β_1 为边际消费倾向。

对于消费模型(8.4)式,应有

$$E(u_t) = 0$$

$$\text{Cov}(u_t, u_{t+j}) = 0 \ (j \neq 0)$$

$$\text{Cov}(Y_t, u_t) = 0$$

为了估计消费模型(8.4)式,可以将(8.4)式代入(8.5)式得

$$Y_t = \frac{\beta_0}{1 - \beta_1} + \frac{1}{1 - \beta_1} I_t + \frac{1}{1 - \beta_1} u_t \tag{8.6}$$

(8.6)式两边取均值,由于 I 为前定变量,所以

$$E(Y_t) = \frac{\beta_0}{1 - \beta_1} + \frac{1}{1 - \beta_1} I_t \tag{8.7}$$

将(8.6)式与(8.7)式相减得

$$Y_t - E(Y_t) = \frac{1}{1 - \beta_1} u_t \tag{8.8}$$

$$\text{Cov}(Y_t, u_t) = E[Y_t - E(Y_t)][u_t - E(u_t)]$$

$$= E\left[(\frac{1}{1 - \beta_1} u_t) u_t \right]$$

$$= \frac{1}{1 - \beta_1} E(u_t^2)$$

$$= \frac{\sigma^2}{1 - \beta_1} \neq 0 \tag{8.9}$$

(8.9)式表明 $\text{Cov}(Y_t, u_t) \neq 0$,违背了古典线性回归模型中解释变量与随机扰动项相互独立的假定。

(二)参数估计式将是有偏的

(8.4)式中 β_1 的 OLS 估计式可用离差形式表述如下:

$$\hat{\beta}_1 = \frac{\sum c_t y_t}{\sum y_t^2} = \frac{\sum C_t y_t}{\sum y_t^2} \tag{8.10}$$

引入消费模型,有:

$$\hat{\beta}_1 = \frac{\sum (\beta_0 + \beta_1 Y_t + u_t) y_t}{\sum y_t^2} = \beta_1 + \frac{\sum u_t y_t}{\sum y_t^2} \tag{8.11}$$

其中利用了 $\sum y_t = 0$ 和 $\sum Y_t y_t / \sum y_t^2 = 1$。对(8.11)式两边取期望:

$$E(\hat{\beta}_1) = \beta_1 + E\left(\frac{\sum u_t y_t}{\sum y_t^2}\right) \tag{8.12}$$

因为 $E(\sum u_t y_t / \sum y_t^2) \neq 0$,所以 $E(\hat{\beta}) \neq \beta_1$,即 $\hat{\beta}$ 是 β_1 的有偏估计量。

(三)参数估计量不具有一致性

所谓一致性是指参数估计量的概率极限值等于其真值(总体值)。因此,为了证明(8.11)式中的 $\hat{\beta}_1$ 是不一致的,我们必须证明 $\hat{\beta}_1$ 的概率极限不等于其真值 β_1。证明如下:

$$P\lim_{n \to \infty}(\hat{\beta}_1) = P\lim_{n \to \infty}(\beta_1) + P\lim_{n \to \infty}\frac{\sum u_t y_t}{\sum y_t^2}$$

$$= P\lim_{n \to \infty}(\beta_1) + P\lim_{n \to \infty}\frac{\frac{1}{n}\sum u_t y_t}{\frac{1}{n}\sum y_t^2}$$

$$= \beta_1 + \frac{P\lim_{n \to \infty}\frac{1}{n}\sum u_t y_t}{P\lim_{n \to \infty}\frac{1}{n}\sum y_t^2} \tag{8.13}$$

这里注意常数的概率极限等于其自身,$P\lim_{n \to \infty}(A/B) = P\lim_{n \to \infty}(A)/P\lim_{n \to \infty}(B)$,这点与数学期望算子不同。

同时还应注意到 $\frac{\sum u_t y_t}{n}$,$\frac{\sum y_t^2}{n}$ 分别是 Y 与 u 的样本协方差和 Y 的样本方差,其概率极限分别收敛于各自的总体协方差和方差。根据式(8.9)有 $P\lim_{n \to \infty}\frac{\sum u_t y_t}{n} =$

$\text{Cov}(Y_t, u_t) = \frac{\sigma^2}{1-\beta_1}$,且 $p\lim_{n \to \infty}\frac{\sum y_t^2}{n} = \sigma_Y^2$,这样式(8.13)可记为:

$$P\lim_{n \to \infty}(\hat{\beta}_1) = \beta_1 + \frac{1}{1-\beta_1} \cdot \frac{\sigma^2}{\sigma_Y^2} \tag{8.14}$$

(8.14)式表明 $P\lim_{n\to\infty}(\hat{\beta_1}) \neq \beta_1$ 且 $P\lim_{n\to\infty}(\hat{\beta_1}) > \beta_1$，即 $\hat{\beta_1}$ 是 β_1 的过估计。换言之，$\hat{\beta_1}$ 是有偏估计量，偏差与样本容量无关。

计量经济学把在联立方程模型中这种估计量的有偏性和不一致性称为联立方程偏倚，这种偏倚产生的原因是联立方程组中解释变量与 u 之间存在着相关性。

三、联立方程模型的形式

按照变量之间联系的表现形式不同，联立方程模型的形式可分为结构型、简化型、递归型。

(一)结构型模型

根据经济理论，直接描述经济变量现实经济结构关系的模型，称为结构型模型。结构型模型每一个方程可以用来描述经济总体现象的某一构成部分，也可以用来描述经济主体(企业、个人、政府)的某一经济行为。例如：

$$C_t = \beta_0 + \beta_1 Y_t + u_1 \tag{8.15}$$

$$I_t = \alpha_0 + \alpha_1 Y_t + \alpha_2 Y_{t-1} + u_2 \tag{8.16}$$

$$Y_t = C_t + I_t + G_t \tag{8.17}$$

其中：C 为消费支出；I 为投资；Y 为国民收入；G 为政府支出；t 为时间；u_1, u_2 为随机扰动项。方程(8.15)式为消费函数，(8.16)式为投资函数，(8.17)式为定义方程。

该模型包含三个内生变量，即 C_t, I_t, Y_t；包含两个前定变量，即政府支出 G 和滞后收入 Y_{t-1}。在结构型模型中，一般把内生变量表述为其他内生变量、前定变量和扰动项的函数。模型中的参数称为结构参数，它反映了每个解释变量对被解释变量的直接影响。

在一般的计量经济研究中，对模型中的参数和变量习惯上采用以下符号来表示：

(1)一般内生变量用 Y 表示，前定变量用 X 表示。

(2)若结构参数属于内生变量时，用 β 表示；若属于前定变量时，则用 γ 表示。

(3)每个参数均有两个下标，第一个下标表示在第几个方程，第二个下标表示属于第几个变量，例如 β_{23} 即指模型中第二个方程中第三个内生变量 Y_3 的(结构)参数。

(4)有时为了使问题的讨论简单化，在结构模型中将截距项略去，若需要保留截距项时，再引进一个恒取值为 1 的 X 作为一个外生变量。

结构型模型的标准形式如下：

$$
\left.\begin{array}{l}
\beta_{11}Y_{1t} + \beta_{12}Y_{2t} + \beta_{13}Y_{3t} + \cdots + \beta_{1M}Y_{Mt} + \gamma_{11}X_{1t} + \gamma_{12}X_{2t} + \cdots + \gamma_{1k}X_{kt} = u_{1t} \\
\beta_{21}Y_{1t} + \beta_{22}Y_{2t} + \beta_{23}Y_{3t} + \cdots + \beta_{2M}Y_{Mt} + \gamma_{21}X_{1t} + \gamma_{22}X_{2t} + \cdots + \gamma_{2k}X_{kt} = u_{2t} \\
\beta_{31}Y_{1t} + \beta_{32}Y_{2t} + \beta_{33}Y_{3t} + \cdots + \beta_{3M}Y_{Mt} + \gamma_{31}X_{1t} + \gamma_{32}X_{2t} + \cdots + \gamma_{3k}X_{kt} = u_{3t} \\
\quad\quad\quad\vdots\quad\quad\quad\quad\quad\quad\quad\quad\vdots\quad\quad\quad\quad\quad\quad\quad\quad\vdots \\
\beta_{M1}Y_{1t} + \beta_{M2}Y_{2t} + \cdots + \beta_{MM-1}Y_{M-1,t} + \beta_{MM}Y_{Mt} + \gamma_{M1}X_{1t} + \gamma_{M2}X_{2t} + \cdots + \gamma_{Mk}X_{kt} = u_{Mt}
\end{array}\right\}
$$

$$(8.18)$$

其中，$Y_1, Y_2, \cdots, Y_M$ 为 M 个内生变量；$X_1, X_2, \cdots, X_k$ 为 k 个前定变量（其中 X_1 为 1 时表明存在截距项）；$u_1, u_2, \cdots, u_M$ 为 M 个随机扰动项；β_{ij} 为内生变量的参数（$i = 1, 2, \cdots, M$；$j = 1, 2, \cdots, M-1$）；γ_{ij} 为前定变量的参数（$i = 1, 2, \cdots, M$；$j = 1, 2, \cdots, k$）；β_{ij} 和 γ_{ij} 统称为结构参数。

如果结构型模型中方程个数与内生变量个数相同，则称结构型模型为完备模型。结构型模型描述了经济变量间的直接经济联系，可用于分析各解释变量对被解释变量的直接影响。但是结构型模型中各方程的解释变量包含了内生变量，产生联立方程偏倚，使结构型模型系数的直接估计发生困难。因此，可以说结构型模型有经济分析意义，缺少计量经济学意义。

（二）简化型模型

结构型模型的每一个方程虽然可以描述现实的经济结构，其参数可以反映每个解释变量对被解释变量的直接影响，但是结构型模型无法直观反映各个经济变量之间的间接影响。例如，上述的收入模型中，消费 C 对收入 Y 有影响，而收入 Y 又是投资 I 的一个决定因素，因此消费 C 对投资 I 就有着间接影响，但结构型模型中的结构参数都不直接度量 C 对 I 的间接影响。而且在结构模型中，某些内生变量并未表示成前定变量的函数形式，这样，在知道前定变量的值之后，无法根据结构型模型直接估计内生变量的值。因此，有必要将结构型模型变为另一种形式——简化型模型。

简化型模型是将结构型模型加以变换，将模型中每个内生变量只表示成前定变量和随机扰动项函数的模型，这种模型比较直观、简明，因此称为简化型模型。

例如，前述的(8.15)式、(8.16)式、(8.17)式模型，经过适当变换后，其简化型如下：

$$
\left.\begin{array}{l}
C_t = \dfrac{\alpha_1\beta_1}{1-\alpha_1-\beta_1}Y_{t-1} + \dfrac{\beta_1}{1-\alpha_1-\beta_1}G_t + \dfrac{u_1+\beta_1 u_2-\alpha_1 u_1}{1-\alpha_1-\beta_1} \\[3mm]
I_t = \dfrac{\alpha_2(1-\beta_1)}{1-\alpha_1-\beta_1}Y_{t-1} + \dfrac{\alpha_1}{1-\alpha_1-\beta_1}G_t + \dfrac{u_2+\alpha_1 u_1-\beta_1 u_2}{1-\alpha_1-\beta_1} \\[3mm]
Y_t = \dfrac{\alpha_2}{1-\alpha_1-\beta_1}Y_{t-1} + \dfrac{1}{1-\alpha_1-\beta_1}G_t + \dfrac{u_1+u_2}{1-\alpha_1-\beta_1}
\end{array}\right\}
$$

$$(8.19)$$

如果用 π 表示简化型模型的参数,上述简化型模型可直接把内生变量表示为各前定变量的函数:

$$\left.\begin{array}{l} G_t = \pi_{11}Y_{t-1} + \pi_{12}G_t + V_1 \\ I_t = \pi_{21}Y_{t-1} + \pi_{22}G_t + V_2 \\ Y_t = \pi_{31}Y_{t-1} + \pi_{32}G_t + V_3 \end{array}\right\} \qquad (8.20)$$

显然,由于两个简化型是一致的,π 与结构参数之间一定具有以下关系:

$$\left.\begin{array}{ll} \pi_{11} = \dfrac{\alpha_1\beta_1}{1-\alpha_1-\beta_1} & \pi_{12} = \dfrac{\beta_1}{1-\alpha_1-\beta_1} \\[3mm] \pi_{21} = \dfrac{\alpha_2(1-\beta_1)}{1-\alpha_1-\beta_1} & \pi_{22} = \dfrac{\alpha_1}{1-\alpha_1-\beta_1} \\[3mm] \pi_{31} = \dfrac{\alpha_2}{1-\alpha_1-\beta_1} & \pi_{32} = \dfrac{1}{1-\alpha_1-\beta_1} \end{array}\right\} \qquad (8.21)$$

由简化型模型可以看出前定变量对内生变量的总影响。也就是说,简化型系数不但表示了前定变量对内生变量的直接影响,而且包含了前定变量通过其他内生变量对该内生变量的间接影响。同时,由于每个方程中的解释变量全是前定变量,简化型模型也避免了联立方程偏倚。

(三)递归模型

递归模型是结构型模型的一种特殊形式:第一个方程的右边包含前定变量,第二个方程的右边包含前定变量和第一个内生变量,依此类推……可得到如下形式的模型:

$$\left.\begin{array}{l} Y_1 = \gamma_{11}X_1 + \gamma_{12}X_2 + \cdots + \gamma_{1K}X_k + u_{1t} \\ Y_2 = \beta_{21}Y_1 + \gamma_{21}X_1 + \gamma_{22}X_2 + \cdots + \gamma_{2k}X_k + u_{2t} \\ Y_3 = \beta_{31}Y_1 + \beta_{32}Y_2 + \gamma_{31}X_1 + \gamma_{32}X_2 + \cdots + \gamma_{3k}X_k + u_{3t} \\ \vdots \end{array}\right\} \qquad (8.22)$$

这就是递归模型。

递归模型的显著特点是:可以直接运用 OLS 法,依次估计一个方程,逐步得到全部参数估计值,而且不会产生联立偏倚。

第二节　联立方程模型的识别

所谓识别,简言之,就是指是否能从简化型模型参数估计值中,得出结构模型参数的估计值。这是因为:在简化型模型中,每一个方程的左端是内生变量,右端是前定变量和随机扰动项,前定变量的值可以根据模型以外的信息事先确定,所以这些前定变量为非随机变量,它和扰动项是独立的。这样,一般来说可以用 OLS

法直接估计简化型方程组的参数 π,然后再根据简化型参数和结构型参数之间的关系,间接估计结构型参数。

但是,能否由简化型参数求解结构参数,还有个模型的识别问题。如果结构型参数能够用简化型参数得出,我们就说这个特定的方程是可识别的;如果不能用简化型参数得出,我们就说该方程是不可识别的或不足识别的。

可识别的方程又分为"恰好识别"和"过度识别"两种情况。如果方程中的结构型参数可通过(估计的)简化型参数得出唯一的值,就称为恰好识别。如果结构型方程的某些参数能够得出一个以上的数值,就称为过度识别。

识别问题之所以产生,是由于在研究经济问题时,对应于同一组数据(即样本信息),可得到几组结构型参数,进而可以建立几个结构模型,这就难以辨别我们正在研究的究竟是哪个特定的模型,这显然与根据经济理论分析所建立的经济模型的唯一性相矛盾。下面我们以供给——需求模型为例加以说明。

一、不足识别

假设某种商品的市场供给——需求模型为:

$$Q_t^d = \alpha_0 + \alpha_1 P_t + u_{1t} \quad (需求模型) \tag{8.23}$$

$$Q_t^s = \beta_0 + \beta_1 P_t + u_{2t} \quad (供给模型) \tag{8.24}$$

$$Q_t^d = Q_t^s$$

其中,Q_t^d 为商品的需求量;Q_t^s 为商品的供给量;P 为价格。

对此方程,经过代数变换可得其简化型方程如下:

$$P_t = \pi_{11} + V_t \tag{8.25}$$

$$Q_t = \pi_{21} + \omega_t \tag{8.26}$$

其中:

$$\left. \begin{array}{ll} \pi_{11} = \dfrac{\beta_0 - \alpha_0}{\alpha_1 - \beta_1} & \pi_{21} = \dfrac{\alpha_1 \beta_0 - \alpha_1 \beta_1}{\alpha_1 - \beta_1} \\[3mm] V_t = \dfrac{u_{2t} - u_{1t}}{\alpha_1 - \beta_1} & \omega_t = \dfrac{\alpha_1 u_{2t} - \beta_1 u_{1t}}{\alpha_1 - \beta_1} \end{array} \right\} \tag{8.27}$$

对于简化型模型(8.25)式和(8.26)式,我们可以从以下三个方面说明它们都是不足识别的。

(1)根据线性代数可知,这两个方程得不到确定的解。即使我们利用经济计量方法估计出简化型参数 π_{11},π_{21} 但此时只有两个方程,即(8.25)式和(8.26)式,而需要估计的结构参数却有四个,即(8.27)式,所以无法求解。

(2)我们分别以 λ 和 $(1-\lambda)$ 乘以(8.23)式和(8.24)式(其中 λ 为 0 和 1 之间的任意常数),再根据均衡条件将这两个变换后的方程相加,得到一个"混合"方程:

$$Q_t = \gamma_0 + \gamma_1 P_t + \omega_t \tag{8.28}$$

其中：$\gamma_0 = \lambda\alpha_0 + (1-\lambda)\beta_0$ $\gamma_1 = \lambda\alpha_1 + (1-\lambda)\beta_1$ $\omega_t = \lambda u_{1t} + (1-\lambda)u_{2t}$

这个"混合"方程和(8.23)式、(8.24)式一样，都是 Q 关于 P 的回归方程。因此，即使我们通过一组实际观测的样本数据去估计，也很难区分出所估计的模型究竟该对应于哪个方程，从而也无法肯定由此所估计出的模型就是我们所需要的。可见，此模型是不可识别的。

(3)我们可以通过图示的方法来直观地说明此模型能否识别的内在经济含义，如图 8.1 所示。

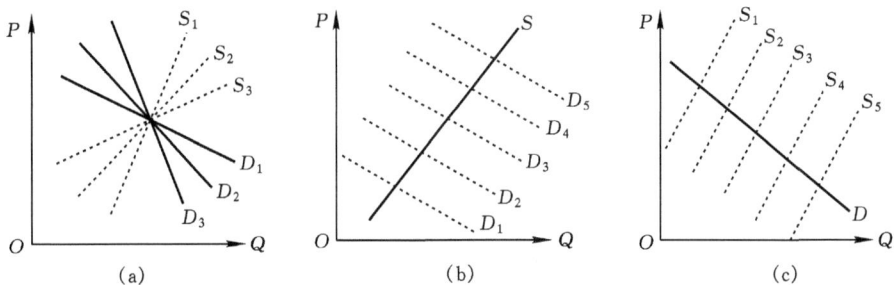

图 8.1 模型识别的经济含义

假定我们只拥有一组关于 P, Q 的数据，设图 8.1(a)中的点为这些样本中的一个点，那么根据模型(8.23)式、(8.24)式及均衡条件可知，该点应既是供给曲线上的点，又是需求曲线上的点，即是这两条曲线的交点。但是如图中所示，我们可以做出任意多条直线满足这些条件，也就是说，在不增加其他"信息"的情况下，我们难以分辨出哪两条直线（即供给直线和需求直线）是我们所关心的直线，此时模型是不足识别的。

但是图 8.1(b)、图 8.1(c)表明，在增加"附加信息"的情况下，可以确定出供给曲线。例如，若我们又知道：在整个所考虑的时期内，由于收入、爱好等因素的影响，需求曲线将呈现一定的变化，但供给曲线却基本上保持不变，那么在此"附加信息"之下，根据样本数据，我们将得到一条确定的供给曲线，如图 8.1(b)所示。同样地，若已知供给曲线由于一些除价格外的其他因素的影响而呈现一定的变化，但需求曲线在所考虑的时期内无多大变化，那么我们也可以根据样本信息得到一条确定的需求曲线，如图 8.1(c)所示。

上述讨论给我们这样的启发：可以通过增加其他信息的方法来改变模型的"不足识别性"。

二、恰好识别(适度识别)

我们不能识别上述需求模型或供给模型的原因,就在于相同的变量 P 和 Q 以相同的函数形式出现在两个方程中,它们有相同的统计形式,而且没有额外的信息。但是,消费者的收入对商品的需求有一定的影响,因此,我们可将消费者行为的"附加信息"——"收入"——这个变量引入模型,使原模型变为如下形式:

$$Q_t = \alpha_0 + \alpha_1 P_t + \alpha_2 Y_t + u_{1t} \qquad (需求模型) \qquad (8.29)$$

$$Q_t = \beta_0 + \beta_1 P_t + u_{2t} \qquad (供给模型) \qquad (8.30)$$

其中,Y 表示收入,其余符号含意同前,将此模型化为简化型:

$$P_t = \pi_{11} + \pi_{12} Y_t + V_t \qquad (8.31)$$

$$Q_t = \pi_{21} + \pi_{22} Y_t + \omega_t \qquad (8.32)$$

其中:

$$\left.\begin{array}{llll} \pi_{11} = \dfrac{\beta_0 - \alpha_0}{\alpha_1 - \beta_1} & \pi_{12} = \dfrac{\alpha_2}{\alpha_1 - \beta_1} & \pi_{21} = \dfrac{\alpha_1 \beta_0 - \alpha_0 \beta_1}{\alpha_1 - \beta_1} \\[3mm] \pi_{22} = \dfrac{-\alpha_2 \beta_1}{\alpha_1 - \beta_1} & V_t = \dfrac{u_{2t} - u_{1t}}{\alpha_1 - \beta_1} & \omega_t = \dfrac{\alpha_1 u_{2t} - \beta_1 u_{1t}}{\alpha_1 - \beta_1} \end{array}\right\} \qquad (8.33)$$

从简化型模型(8.33)式可以看出,模型中有 5 个待定的结构参数 $\alpha_0, \alpha_1, \alpha_2$,$\beta_0, \beta_1$,而方程只有四个,因此(8.33)式仍是不可识别的。但是,容易证明,此时供给模型的参数却是能够识别的。因为:

$$\beta_0 = \pi_{21} - \beta_1 \pi_{11} \qquad \beta_1 = \frac{\pi_{22}}{\pi_{12}}$$

在估计出模型的简化型参数后,则可求得供给模型的结构参数。这说明在需求模型中增加"收入"这个附加信息后,使得原模型中不可识别的供给模型成为可识别的。

在需求模型中增加一个附加信息后,为什么使供给模型能够识别呢? 这是由于需求模型中增加了"收入"这个变量,为我们提供了有关这个模型变异性的附加信息,如图 8.1(b)所示,此时,需求曲线虽然发生位移,但供给曲线仍保持不变,而其交点仍在原来的供给曲线上,使我们得以描绘(识别)出供给曲线的轨迹,所以,供给模型可以被唯一确定,即是可识别的。

此时,供给模型虽然可以被识别,但需求模型仍不可识别。为了使需求模型也可以识别,我们采用同样的方法,给供给模型也引进一个附加信息——该商品前一期的价格 P_{t-1},显然 P_{t-1} 也是一个前定变量,则此时的供给需求模型为:

$$Q_t = \alpha_0 + \alpha_1 P_t + \alpha_2 Y_t + u_{1t} \qquad (需求模型) \qquad (8.34)$$

$$Q_t = \beta_0 + \beta_1 P_t + \beta_2 P_{t-1} + u_{2t} \qquad (供给模型) \qquad (8.35)$$

将其转化成简化型

$$P_t = \pi_{11} + \pi_{12}Y_t + \pi_{13}P_{t-1} + V_t$$
$$Q_t = \pi_{21} + \pi_{22}Y_t + \pi_{23}P_{t-1} + \omega_t$$

其中：

$$\left. \begin{array}{lll} \pi_{11} = \dfrac{\beta_0 - \alpha_0}{\alpha_1 - \beta_1} & \pi_{12} = \dfrac{\alpha_2}{\alpha_1 - \beta_1} & \pi_{13} = \dfrac{\beta_2}{\alpha_1 - \beta_1} \\[3mm] \pi_{21} = \dfrac{\alpha_1\beta_0 - \alpha_0\beta_1}{\alpha_1 - \beta_1} & \pi_{22} = \dfrac{\alpha_2\beta_1}{\alpha_1 - \beta_1} & \pi_{23} = \dfrac{\alpha_1\beta_1}{\alpha_1 - \beta_1} \\[3mm] V_t = \dfrac{u_{2t} - u_{1t}}{\alpha_1 - \beta_1} & \omega_t = \dfrac{\alpha_1 u_{2t} - \beta_1 u_{1t}}{\alpha_1 - \beta_1} \end{array} \right\} \qquad (8.36)$$

根据(8.36)式可知,此时有六个互不相容的方程,而待估计的结构参数也恰好有 6 个,所以,在根据样本信息估计出简化型参数后,便可由(8.36)式唯一地推导出结构参数的(估计)值,这样,结构模型(8.29)式、(8.35)式便是恰好识别的了。

三、过度识别

从上面的讨论可知,在模型中引入附加信息后,可以使模型由不足识别变为恰好识别,但是,若引入模型中的附加信息"过多"却会带来新的问题——过度识别,即结构参数的值虽然可由简化型参数求得,但取值却不是唯一的。

例如,在需求模型(8.29)式中,我们再引入一个附加变量——消费者所拥有的财产 R,则(8.29)式、(8.35)式可变成如下模型:

$$Q_t = \alpha_0 + \alpha_1 P_t + \alpha_2 Y_t + \alpha_3 R_t + u_{1t} \qquad (需求模型) \qquad (8.37)$$
$$Q_t = \beta_0 + \beta_1 P_t + \beta_2 P_{t-1} + u_{2t} \qquad (供给模型) \qquad (8.38)$$

其简化型模型如下:

$$P_t = \pi_{11} + \pi_{12}Y_t + \pi_{13}R_t + \pi_{14}P_{t-1} + V_t \qquad (8.39)$$
$$Q_t = \pi_{21} + \pi_{22}Y_t + \pi_{23}R_t + \pi_{24}P_{t-1} + \omega_t \qquad (8.40)$$

其中

$$\pi_{11} = \frac{\alpha_0 - \beta_0}{\alpha_1 - \beta_1} \quad \pi_{12} = \frac{-\alpha_2}{\alpha_1 - \beta_1} \quad \pi_{13} = \frac{-\alpha_3}{\alpha_1 - \beta_1} \quad \pi_{14} = \frac{\beta_2}{\alpha_1 - \beta_1}$$
$$\pi_{21} = \frac{\alpha_1\beta_0 - \alpha_0\beta_1}{\alpha_1 - \beta_1} \quad \pi_{22} = \frac{-\alpha_2\beta_1}{\alpha_1 - \beta_1} \quad \pi_{23} = \frac{-\alpha_3\beta_1}{\alpha_1 - \beta_1} \quad \pi_{24} = \frac{\alpha_1\beta_1}{\alpha_1 - \beta_1}$$

$$(8.41)$$

$$V_t = \frac{u_{2t} - u_{1t}}{\alpha_1 - \beta_1} \qquad \omega_t = \frac{\alpha_1 u_{2t} - \beta_1 u_{1t}}{\alpha_1 - \beta_1} \qquad (8.42)$$

上述供需模型包括七个结构参数,但有八个方程来确定这些参数,显然,所得到的结构参数的值将不是唯一的。事实上,由(8.41)式可得

$$\beta_1 = \frac{\pi_{23}}{\pi_{13}} \quad 或 \quad \beta_1 = \frac{\pi_{22}}{\pi_{12}}$$

即供给模型中的价格系数有两个估计值,而且无法确定这两个值是否完全相同。同样地,由于别的参数的取值均与 β_1 有关,所以估计 β_1 时所产生的非单值性又传播给其他估计量,从而使别的参数取值也不是唯一的。

产生上述问题主要是因为识别供给曲线的信息太多,或者说对供给模型施加的约束过多。本来在模型(8.29)式和(8.35)式中,只要供给模型中排除收入变量以后,就足以识别了,但在模型(8.37)式和(8.35)式中供给模型不仅排除了收入这个变量,而且还排除了财产这个变量,这就给供给模型施加了"过多"的约束,使得它不能唯一确定。

四、识别的规则

前面,我们已经详细地论述了有关识别的各种情况,在论述中判别一个联立方程某个方程是不足识别、恰好识别或过度识别,主要借助于简化型方程,如果模型中每个方程都是可识别的,则整个模型就是可识别的。为了比较简便地确定联立方程模型能否识别,我们给出确定联立模型识别的一般规则。为此,我们先介绍一些符号:

M 为模型中内生变量的个数;m 为模型中某个特定方程中内生变量的个数;K 为模型中前定变量的个数;k 为模型中某个特定方程中前定变量的个数。

(一)识别的阶条件

一个必要的(但不是充分的)识别条件,就是阶条件。阶条件可以这样表述:在有 M 个方程的联立方程模型中,为了使一个方程得以识别,则该方程中至少必须排除该模型中的 $M-1$ 个变量(内生变量和前定变量)。如果它恰好排除了 $M-1$ 个变量,则该方程就是恰好识别的,如果它排除了 $M-1$ 个以上的变量,则该方程就是过度识别。

或者表述为:在一个有 M 个方程的联立方程模型中,为了使一个特定的方程得以识别,则从该方程中排除的前定变量的个数不得少于包含在该方程中的内生变量的个数减 1,即 $K-k \geqslant m-1$

如果 $K-k=m-1$,为恰好识别;

如果 $K-k>m-1$,为过度识别。

现在举例说明阶条件。

【例8.1】 在以下需求和供给模型中:

$$Q_t = \alpha_0 + \alpha_1 P_t + \alpha_2 Y_t + u_{1t} \quad \text{(需求模型)} \tag{8.43}$$

$$Q_t = \beta_0 + \beta_1 P_t + u_{1t} \quad \text{(供给模型)} \tag{8.44}$$

在这个模型中,Q_t 和 P_t 是内生变量,Y 是外生变量,在供给模型中,因为它恰好排除 $M-1=1$ 个变量 Y_t,所以是恰好识别的;在需求模型中,由于没有排除一个变量,所以是不足识别的。

【例 8.2】　在以下需求模型和供给模型中:

$$Q_t = \alpha_0 + \alpha_1 P_t + \alpha_2 Y_t + \alpha_3 R_t + u_{1t} \quad (需求模型) \tag{8.45}$$

$$Q_t = \beta_0 + \beta_1 P_t + \beta_2 P_{t-1} + u_{2t} \quad (供给模型) \tag{8.46}$$

在这个模型中,P_t, Q_t 都是内生变量,Y_t, R_t, P_{t-1} 则是前定变量。由于需求模型恰好排除了一个变量 P_{t-1},所以是恰好识别,但供给模型排除了两个变量 Y_t 和 R_t,因此是过度识别,在这种情况下,β_1 有两种估计结果。

(二)识别的秩条件

上述识别的阶条件只是一个必要条件,但不是充分条件;也就是说,即使满足阶条件,某个方程也可能是不可识别的。在例 8.1 中,供给方程按照阶条件来说是可识别的,因为它排除了出现在需求模型中的收入这个变量 Y_t。但只有当需求模型中的 Y_t 的系数 α_2 不为零,即当收入这个变量不仅可能,而且实际上列入了需求模型时,上述供给方程才能识别。否则,就是不可识别的。

更一般地说,即使某个方程满足阶条件,$K - k \geq m - 1$,它也可能是不可识别的。这就需要有必要而充分的识别条件——秩条件。

识别的秩条件可以表述为:在一个含有 M 个内生变量而由 M 个方程组成的模型中,某一个方程可以识别的充要条件,是当且仅当不包含在该方程中的其他变量(内生变量和前定变量)的结构参数至少能组成一个非零的 $(M-1)$ 阶行列式。

下面我们以收入模型为例,具体说明如何利用识别的秩条件判别方程的可识性,该模型为:

$$C_t = \alpha_0 + \alpha_1 Y_t - \alpha_2 T_t + u_t \quad (消费模型) \tag{8.47}$$

$$I_t = \beta_0 + \beta_1 Y_{t-1} + V_t \quad (投资模型) \tag{8.48}$$

$$T_t = \gamma_0 + \gamma_1 Y_t + \omega_t \quad (税收模型) \tag{8.49}$$

$$Y_t = C_t + I_t + G_t \quad (定义模型) \tag{8.50}$$

其中,C 为消费;Y 为国民收入;I 为投资(储蓄);T 为税收;G 为政府支出;Y_{t-1} 为收入滞后;C, Y, I, T 为内生变量;G, Y_{t-1} 为前定变量。

现在来判别投资模型的可识性,分以下步骤进行:

(1)将模型中所有参数列在同一表中,即列成结构参数表(见表 8.1),其中每一个方程中被斥变量(即不包含的变量)的系数为零。为了便于识别,将上述模型写成如下形式:

$$C_t - \alpha_0 - \alpha_1 Y_t + \alpha_2 T_t = u_t$$
$$I_t - \beta_0 - \beta_1 Y_{t-1} = V_t$$
$$T_t - \gamma_0 - \gamma_1 Y_t = \omega_t$$
$$Y_t - C_t - I_t - G_t = 0$$

表 8.1　结构参数表

C	Y	T	I	G	Y_{t-1}
1	$-\alpha_1$	α_2	0	0	0
0	0	0	1	0	$-\beta_1$
0	$-\gamma_1$	1	0	0	0
-1	1	0	-1	-1	0

(2)在结构参数表中划去要识别的那个方程,这里即划去第二行系数。

(3)在结构参数表中再划去要识别的那个方程(投资模型)中非零系数所在的列,此时即划去第四、第六列。

(4)表中所剩下来的参数即为不包含在待识别方程(投资模型)中的其他变量的结构参数(见表 8.2)。

表 8.2　被斥变量的参数表

C	Y	T	G
1	$-\alpha_1$	α_2	0
0	$-\gamma_1$	1	0
-1	1	0	-1

再根据这个"剩下的"结构参数表,观察是否存在非零的$(M-1)$阶(即 3 阶)行列式。在本例中,则有一个 3 阶行列式。

$$\Delta = \begin{vmatrix} 1 & \alpha_2 & 0 \\ 0 & 1 & 0 \\ -1 & 0 & -1 \end{vmatrix} = -1 \neq 0$$

所以投资模型为可识别的。

(5)若方程经过验证是可识别的,再利用识别的阶条件判断其是恰好识别还是过度识别。

①若 $K-k=m-1$,则为恰好识别;

②若 $K-k>m-1$,则为过度识别。

由于投资模型中$(K-k=2-1=1)>(m-1=1-1=0)$,所以投资模型为过度识别。类似地,其他方程也可以按以上步骤进行识别。

五、实际应用中的经验方法

在实际计量工作中,由于联立方程模型中的方程多达上百个,甚至上千个,要一个一个进行识别就不是很容易的事,因而在建立模型的过程中就要设法保证模型的可识别性。这样,在建立联立方程模型时就要遵循如下原则:

"在建立某个结构方程时,要使该方程包含前面每一个方程中都不包含的至少一个变量(内生或前定变量);同时使前面每一个方程中都包含至少一个该方程所未包含的变量,并且互不相同。"

该原则的前一句话是保证该方程的引入不破坏前面已有方程的可识别性。只要新引入方程包含前面每一个方程中都不包含的至少一个变量,那么它与前面方程的任意线性组合都不能构成与前面方程相同的统计形式,原来可以识别的方程仍然是可以识别的。

该原则的后一句话是保证该新引入方程本身是可以识别的。只要前面每个方程都包含至少一个该方程所未包含的变量,并且互不相同。那么所有方程的任意线性组合都不能构成与该方程相同的统计形式。所谓统计形式,就是指方程中变量与变量之间的函数关系式。

在实际建模时,将每个方程所包含的变量记录在如表 8.3 所示的表达式中,将是有帮助的。例如,在建立第 4 个方程时,必须包含变量 1,2,3,4,5,6 之外的至少一个变量;同时需要检查方程 1、方程 2、方程 3 是否都存在至少一个方程 4 所未包含的变量,且互不相同,这里可以认为方程 1 中的变量 1、方程 2 中的变量 5、方程 3 中的变量 6 满足要求。于是,所建立的方程 4 是可以识别的。

表 8.3　变量记录表

	变量 1	变量 2	变量 3	变量 4	变量 5	变量 6	…
方程 1	×	×		×			
方程 2		×	×	×	×		
方程 3	×		×	×		×	
方程 4		×	×				×
…							

第三节　联立方程模型的估计

对于具体的联立方程模型,在验证了其可识别性后,就可以对模型中的参数进行估计。对于结构方程参数的估计,有两种方法:一种是单一方程法(也称有限信息法);另一种是方程组法(也称完全信息法)。这里仅讨论常用的单一方程法中的 OLS,ILS 和 TSLS。

一、递归模型的估计:OLS 法

在第一节中,我们曾指出,由于联立方程模型中经济变量之间的联立依存性,模型中一些方程的解释变量和该方程中的随机扰动项呈现一定的相关性。这样,若直接利用 OLS 法来估计这些方程中的结构参数,会使参数的结构式产生有偏性和非一致性,因而对于联立方程模型来说,一般不适宜采用 OLS 法来估计参数。

但是,对于特殊的联立方程模型——递归模型,却可以直接采用 OLS 法来估计模型中的参数。下面以递归模型(8.51)式为例:

$$\left.\begin{aligned}
Y_1 &= \gamma_{11} X_1 + \gamma_{12} X_2 + u_1 \\
Y_2 &= \beta_{21} Y_1 + \gamma_{21} X_1 + \gamma_{22} X_2 + \gamma_{23} X_3 + u_2 \\
Y_3 &= \beta_{31} Y_1 + \beta_{32} Y_2 + \gamma_{31} X_1 + \gamma_{34} X_4 + u_3 \\
Y_4 &= \beta_{41} Y_1 + \beta_{42} Y_2 + \beta_{43} Y_3 + \gamma_{44} X_4 + \gamma_{45} X_5 + u_4
\end{aligned}\right\} \quad (8.51)$$

其中,Y 为内生变量,X 为前定变量,u_i 是独立的。

在模型的第一个方程中,由于方程的右端仅含有前定变量和随机扰动项,而假定前定变量与随机扰动项 u_1 是不相关的,所以满足古典线性回归模型的假定,因而可以用 OLS 法来估计该方程中的参数。

在第二个方程中,方程的右端除含有前定变量外,还含有一个内生变量 Y_1,但 Y_1 与随机扰动项 u_2 也是不相关的,这是因为在第一个方程中,随机变量 Y_1 的统计性质是由随机扰动项 u_1 决定的,而 u_1 和 u_2 是不相关的,所以 Y_1 与 u_2 也是不相关的,这样该方程也满足古典线性回归模型的假定,所以,第二个方程也可以用 OLS 法来估计参数。

同理,OLS 法也适用于第三个方程,因为 Y_1,Y_2 也是与 u_3 不相关的。

这样,递归方程组中的每一个方程,都可以分别应用 OLS 法。

由于递归方程在形式上呈现为联立方程组模型,但却不存在联立方程组的计量经济学问题,即不存在内生变量间的相互依存性而导致的联立偏倚问题,内生变量间仅存在单向的因果关系,故也被称为因果模型。另外若将递归方程的内生变量系数以矩阵形式表述,则将是下三角系数矩阵,所以递归模型又称为三角模型。

二、恰好识别模型的估计:间接最小二乘法(ILS)

(一)间接最小二乘法(indirect least squares)

对于一个恰好(适度)识别的结构方程,根据简化型参数的最小二乘估计量求

得结构参数估计量的方法,叫做间接 ILS 法,该方法包括以下三个步骤:

(1)将结构型模型变化成简化型。前面讨论过,简化型方程是从结构型方程得出来的,其表现形式就是在每个方程中的被解释变量都是内生变量,它们都是前定变量和随机扰动项的唯一函数。

(2)对各个简化型方程分别应用 OLS 法。因为每个简化型方程中的解释变量都是与随机扰动项不相关的前定变量,所以可以应用 OLS 法。

(3)根据简化型参数的估计量求出原结构参数的估计量。因为如果一个方程是恰好识别的,则结构参数和简化型参数之间存在着一一对应的关系,所以可以从简化型参数的估计量推导出结构参数的唯一估计量。

下面我们以供需模型为例来说明 ILS 的应用,假定某一商品的市场机制是由下述联立方程组描述的:

$$Q_t = \alpha_0 + \alpha_1 P_t + \alpha_2 Y_t + u_{1t} \tag{8.52}$$
$$Q_t = \beta_0 + \beta_1 P_t + \beta_2 W_t + u_{2t} \tag{8.53}$$

其中 Q 为某农产品的供应量(或需求量),Y 为收入,P 为价格,W 为天气条件指数(如降雨量等),Q,P 为内生变量,Y,W 为前定变量。

根据识别条件,可以证明该模型恰好识别,因而可以用 ILS 法来估计参数。

(1) 将结构型模型化成简化型:

$$Q_t = \pi_{11} + \pi_{12} Y_t + \pi_{13} W_t + V_{1t} \tag{8.54}$$
$$P_t = \pi_{21} + \pi_{22} Y_t + \pi_{23} W_t + V_{2t} \tag{8.55}$$

其中

$$\left.\begin{array}{lll} \pi_{11} = \dfrac{\alpha_0 \beta_1 + \alpha_1 \beta_0}{\beta_1 - \alpha_1} & \pi_{12} = \dfrac{\alpha_2 \beta_1}{\beta_1 - \alpha_1} & \pi_{13} = \dfrac{-\alpha_1 \beta_1}{\beta_1 - \alpha_1} \\[3mm] \pi_{21} = \dfrac{\alpha_0 - \beta_0}{\beta_1 - \alpha_1} & \pi_{22} = \dfrac{\alpha_2}{\beta_1 - \alpha_1} & \pi_{23} = \dfrac{-\beta_2}{\beta_1 - \alpha_1} \\[3mm] V_{1t} = \dfrac{\beta_1 u_{1t} - \alpha_1 u_{2t}}{\beta_1 - \alpha_1} & V_{2t} = \dfrac{u_{1t} - u_{2t}}{\beta_1 - \alpha_1} \end{array}\right\} \tag{8.56}$$

(2)假如样本数据如表 8.4,运用样本资料,对简化型方程应用 OLS 法,求出 π 的估计值,得到:

$$\hat{Q}_t = -109\ 704.4 + 77.56 Y_t + 330.71 W_t \qquad R^2 = 0.875$$
$$\hat{P}_t = 5\ 491.09 - 1.54 Y_t - 16.38 W_t \qquad R^2 = 0.676$$

(3)将估计的简化型参数 π_i 代入(8.56)式,求得结构参数的估计值:

$$\hat{\alpha}_0 = 1\ 181.829 \qquad \hat{\alpha}_1 = -20.193\ 8 \qquad \hat{\alpha}_2 = 46.446\ 8$$
$$\hat{\beta}_0 = 166\ 733.7 \qquad \hat{\beta}_1 = -50.343 \qquad \hat{\beta}_2 = -493.752\ 6$$

表 8.4 某地区农业生产有关资料

时间	Q	P	Y	W	时间	Q	P	Y	W
1989	12 917	2 260	1 089	100	1997	52 739	1 180	1 558	105
1990	17 920	2 150	1 169	110	1998	55 009	1 390	1 587	105
1991	18 475	1 970	1 281	110	1999	50 100	1 340	1 625	98
1992	28 180	1 620	1 335	112	2000	67 559	1 350	1 693	105
1993	26 330	1 380	1 388	105	2001	61 986	1 360	1 774	95
1994	31 029	1 200	1 452	107	2002	55 986	1 250	1 826	88
1995	41 430	1 310	1 516	110	2003	60 311	1 210	1 899	95
1996	48 124	1 080	1 536	100					

(二)间接最小二乘估计量的性质

1. 间接最小二乘法的假定

间接最小二乘法是从简化型参数估计入手,通过参数关系体系导出结构型参数估计量,因此间接最小二乘法有以下假定:

(1)被估计的结构方程应是恰好识别的。由前可知,当被估计的结构方程是过度识别时,那么其相应的简化型参数受到某些约束条件的限制,不能唯一地表示与结构型参数间的对应关系,因而不宜用 ILS 求过度识别结构方程参数。同理,当被估计的结构方程是不可识别的,也不能用 ILS 求结构型参数的估计量。因此,只有结构型方程为恰好识别时,才可用 ILS 求得结构型参数的估计量。

(2)每个简化型方程的随机扰动项都应满足 OLS 的线性古典假定。

(3)前定变量间不存在高度多重共线性。

2. ILS 估计量的性质

只要满足上述假定(2)和(3),就能保证简化型参数的 OLS 估计量是无偏的和一致的。但是通过参数关系体系所得的结构型参数的 ILS 估计量却是有偏的一致估计量。

为了证明简单起见,假如有以下供给-需求模型:

需求模型 $\quad Q_t^d = \alpha_0 + \alpha_1 P_t + \alpha_2 X_t + u_{1t}$ (8.57)

供给模型 $\quad Q_t^s = \beta_0 + \beta_1 P_t + u_{2t}$ (8.58)

其中:Q 为产量;P 为价格;X 为收入;且 $Q_t^d = Q_t^s = Q$。

假定 X 为前定变量。显然,供给模型是恰好识别的,而需求模型是不可识别的,因此,整个供给-需求模型是不可识别的。

对应于供给-需求的结构型方程,其简化型方程如下:

$$P_t = \pi_{11} + \pi_{12} X_t + V_{1t} \qquad (8.59)$$

$$Q_t = \pi_{21} + \pi_{22} X_t + V_{2t} \qquad (8.60)$$

相应的参数关系体系为:

$$\beta_1 = \frac{\pi_{22}}{\pi_{12}} \qquad \beta_0 = \pi_{21} - \beta_1 \pi_{11}$$

运用最小二乘法得以下简化式参数的估计量

$$\hat{\pi}_{11} = \overline{P} - \hat{\pi}_{12} \overline{X} \qquad \hat{\pi}_{12} = \frac{\sum p_t x_t}{\sum x_t^2}$$

$$\hat{\pi}_{21} = \overline{Q} - \hat{\pi}_{22} \overline{X} \qquad \hat{\pi}_{22} = \frac{\sum q_t x_t}{\sum x_t^2}$$

将简化型参数的 OLS 估计量代入参数关系体系,则有:

$$\hat{\beta}_1 = \frac{\sum q_t x_t}{\sum p_t x_t} \qquad \hat{\beta}_0 = \hat{\pi}_{21} - \hat{\beta}_1 \hat{\pi}_{11}$$

当供给-需求模型的简化型方程满足上述假定条件时,

$$E(\hat{\pi}_{ij}) = \pi_{ij} \qquad (i = 1,2; j = 1,2) \qquad \underset{n \to \infty}{P \lim} \hat{\pi}_{ij} = \pi_{ij}$$

即简化型参数的 OLS 估计量是无偏一致性估计量。

由参数关系体系有:

$$\hat{\beta}_1 = \frac{\hat{\pi}_{22}}{\hat{\pi}_{12}} \qquad \hat{\beta}_0 = \hat{\pi}_{21} - \hat{\beta}_1 \hat{\pi}_{11}$$

那么

$$E(\hat{\beta}_1) = E\left(\frac{\hat{\pi}_{22}}{\hat{\pi}_{12}}\right)$$

一般来说

$$E\left(\frac{\hat{\pi}_{22}}{\hat{\pi}_{12}}\right) \neq \frac{E(\hat{\pi}_{22})}{E(\hat{\pi}_{12})} = \frac{\pi_{22}}{\pi_{12}} = \beta_1$$

即

$$E(\hat{\beta}_1) \neq \beta_1$$

同理

$$E(\hat{\beta}_0) = E(\hat{\pi}_{21}) - E(\hat{\beta}_1 \hat{\pi}_{11})$$

$$= \pi_{21} - E\left(\frac{\hat{\pi}_{22} \hat{\pi}_{11}}{\hat{\pi}_{12}}\right) \neq \beta_0$$

表明结构型参数的 ILS 估计量是有偏的。现考证其一致性问题:

$$\underset{n \to \infty}{P \lim} \hat{\beta}_1 = \underset{n \to \infty}{P \lim} \left(\frac{\hat{\pi}_{22}}{\hat{\pi}_{12}}\right) = \frac{\underset{n \to \infty}{P \lim} \hat{\pi}_{22}}{\underset{n \to \infty}{P \lim} \hat{\pi}_{12}} = \frac{\pi_{22}}{\pi_{12}} = \beta_1$$

同理
$$P \lim_{n \to \infty} \hat{\beta}_0 = \beta_0$$

表明结构型参数的 ILS 估计量是一致的。

三、过度识别模型的估计：二段最小二乘法(TSLS)

(一)二段最小二乘法(two stage least squares)

实际应用中,联立方程模型中恰好识别的情形并不常见,一般的结构型模型大都为过度识别的。对于过度识别模型的简化型参数无法唯一地确定结构参数的值,所以不宜使用 ILS 估计,常用的方法是 TSLS,也就是连续两次使用 OLS 法。TSLS 是由 Theil 和 Baseman 分别于 1953 年和 1957 年各自独立提出的一种单一方程估计方法,目前得到了较为普遍的应用。

如同其他联立方程法一样,二段最小二乘法的目的在于尽可能地消除联立方程的偏倚。产生这种偏倚的原因,在于模型的解释变量组中存在内生变量。这样的内生变量有一个由模型的前定变量决定的系统分量和一个随机分量。后者使结构方程的随机项 u 与该结构方程中的内生变量相关。考察模型的简化型方程,可以看出每个内生变量是模型中所有前定变量(X)和随机因素(v)的函数。如第 i 个内生变量的简化型形式为：

$$Y_i = \underbrace{\pi_{i1} X_{1i} + \pi_{i2} X_{2i} + \cdots + \pi_{ik} X_{ki}} + v_i$$
$$[\text{精确分量}] \qquad\qquad [\text{随机分量}]$$

随机分量 v_i 是结构型参数和结构型模型随机项 u 的函数,是导致最小二乘估计量中出现联立方程偏倚的原因。如果已知 v_i,可以从 Y_i 中除掉随机因素,在结构方程中用它的精确分量去代替,就可以消除 Y_i 与随机项的相关性。可是 v_i 观测不到,因而 Y_i 的精确分量也是未知的。于是我们利用简化型模型估计出 Y_i 的精确分量,即求出 Y_i 的估计值 $\hat{Y}_i$,然后把这个估计值 $\hat{Y}_i$ 作为原始方程的一个解释变量去代替 Y_i,再用 OLS 估计结构参数。可见 TSLS 就是分两个阶段应用 OLS 法。其具体步骤为：

(1)对作为内生解释变量的第 i 个内生变量 Y_i 的简化型方程实施 OLS 法以估计简化型参数。如前所示,将第 i 个内生变量 Y_i 表述为结构型模型中所有前定变量的函数,并对其采用 OLS 估计得到简化型参数估计值,进而分别得到前定变量的线性组合 $\hat{Y}_i$ 和残差 e_i,根据 OLS 理论,$\hat{Y}_i$ 与残差 e_i 是不相关的。

(2)用 Y_i 的估计量 $\hat{Y}_i$ 替代作为内生解释变量的 Y_i,形成新的结构型方程,再采用 OLS 法得到结构型参数估计量。与原始结构型方程相比,新结构型方程的优点在于 $\hat{Y}_i$ 与随机扰动项 u_i 无关,故可直接运用 OLS 法估计结构型参数。

【案例 8.1】　现以某国经济统计资料为例(见表 8.5),说明 TSLS 法的应用。

联立方程模型的形式为:

$$C_t = \beta_0 + \beta_1 Y_t + \beta_2 C_{t-1} + u_{1t}$$
$$I_t = \alpha_0 + \alpha_1 Y_{t-1} + u_{2t}$$
$$Y_t = C_t + I_t + G_t$$

其中:C 为消费支出;I 为投资;Y 为国民收入;G 为政府支出;Y_{t-1}(滞后 GDP)、C_{t-1}(滞后消费)和 G 为外生变量。

根据识别条件,可知消费函数是过度识别的。为此,我们分两步来估计方程中的结构参数。

第一步,将所有前定变量对 Y_t 进行回归

$$Y_t = \pi_0 + \pi_1 G_t + \pi_2 Y_{t-1} + \pi_3 C_{t-1} + u_t$$

表 8.5　某国国民收入核算资料

年份	C_t	Y_t	I_t	G_t	Y_{t-1}	C_{t-1}
1980	13 844	20 431	2 285	3 890	20 051	13 205
1981	14 098	20 999	2 498	4 112	20 431	13 844
1982	14 493	21 777	2 632	4 103	20 999	14 098
1983	14 300	22 418	2 643	4 410	21 777	14 493
1984	14 219	22 308	2 654	4 845	22 418	14 300
1985	14 862	23 319	2 942	4 972	22 308	14 219
1986	15 472	24 180	3 192	4 952	23 319	14 862
1987	16 102	24 893	3 372	4 801	24 180	15 472
1988	16 236	25 310	3 526	4 761	24 893	16 102
1989	16 580	25 799	3 714	4 787	25 310	16 236
1990	17 008	25 886	3 737	4 572	25 799	16 580
1991	17 736	25 868	4 025	4 668	25 886	17 008
1992	18 416	28 134	4 418	4 770	25 868	17 736
1993	18 846	29 091	4 847	4 945	28 134	18 416
1994	19 258	29 450	4 829	5 100	29 091	18 846
1995	20 125	30 705	4 916	5 184	29 450	19 258
1996	20 819	32 372	5 717	5 272	30 705	20 125
1997	21 169	33 152	5 949	5 420	32 372	20 819
1998	21 617	33 764	6 102	5 561	33 152	21 169
1999	22 039	34 411	6 525	5 825	33 764	21 617
2000	22 562	35 429	6 791	5 851	34 411	22 039

根据样本资料,利用 OLS 法得估计的 Y_t 为

$$\hat{Y}_t = -4\,351.2 + 1.430G_t - 0.083Y_{t-1} + 1.555C_{t-1}$$

$$t: \quad (-3.58) \quad (3.17) \quad (-0.38) \quad (5.09)$$

$$R^2 = 0.995\,0 \qquad d = 2.19$$

第二步,用估计值 $\hat{Y}_t$ 代换消费方程右边的内生变量 Y_t,并对变换后的方程运用 OLS 法,以求出参数的估计值。

$$C_t = \beta_0 + \beta_1 \hat{Y}_t + \beta_2 C_{t-1} + u_t$$

根据样本资料,用 OLS 法估计的消费方程为

$$C_t = -64.46 - 0.071\hat{Y}_t + 1.142C_{t-1}$$

$$t: (-0.144) \quad (-0.374) \quad (3.637)$$

$$R^2 = 0.991\,9 \qquad d = 1.58$$

如果为了比较,用 OLS 法直接估计消费方程,其结果是

$$C_t = 226.29 + 0.162Y_t + 0.756C_{t-1}$$

$$t: (0.60) \quad (1.338) \quad (3.751)$$

$$R^2 = 0.993\,2 \qquad d = 1.34$$

可见,两种回归结果是不一样的。

(二)TSLS 的计算机实现

本例中计算机操作时用 CT 表示变量 C_t,YT 表示变量 Y_t,CT_1 表示变量 C_{t-1},YT_1 表示变量 Y_{t-1},GT 表示变量 G_t。

(1)仍以前述某国的联立方程为例,在 Eviews 软件中点击 Quick\Estimate Equation 之后,屏幕上将出现分为上下两格的对话框,此时在上格对话框中键入过度识别方程表达式:

    CT   C   YT   CT_1

在下格对话框中首先选择估计方法,本例选择 TSLS,此时屏幕弹出 Instrument list 框,在此框中键入联立方程组中的全部前定变量:

    C   GT   YT_1   CT_1

样本时间(Sample)选择 1980—2000 后,点击 OK,屏幕显示以下结果(见表 8.6)。

(2)或者在 Eviews 软件录入数据后,直接在命令行键入下列命令:

    TSLS CT C YT CT_1 @ C GT YT_1 CT_1 ↙

屏幕上同样会显示表 8.6 的上述结果。需要说明的是:我们这里主要讨论 TSLS 在 Eviews 软件中的实现,因而没有把注意力放在检验各变量平稳性、因果性以及是否产生伪回归现象上,有兴趣的读者可以按照相应的方法进行检验。

表 8.6　TSLS 估计结果

Dependent Variable：CT
Method：Two-Stage Least Squares
Sample：1980 2000
Included observations：21
Instrument list：C　GT　YT_1　CT_1

Variable	Coefficient	Std. Error	t − Statistic	Prob.
C	−64.45515	446.9212	−0.144220	0.8869
YT	−0.070876	0.189419	−0.374179	0.7126
CT_1	1.141738	0.313900	3.637269	0.0019

R − squared	0.991893	Mean dependent var	17609.57
Adjusted R − squared	0.990992	S. D. dependent var	2922.227
S. E. of regression	277.3483	Sum squared resid	1384597
F − statistic	1101.998	Durbin − Watson stat	1.578425
Prob(F − statistic)	0.000000		

为比较,对表 8.5 的资料用 OLS 法直接估计消费方程,可以看出其结果和表 8.6 的结果是不一样的:

表 8.7　OLS 估计结果

Dependent Variable：CT
Method：Least Squares
Sample：1980 2000
Included observations：21

Variable	Coefficient	Std. Error	t − Statistic	Prob.
C	226.2943	377.2993	0.599774	0.5561
YT	0.162371	0.121358	1.337946	0.1976
CT_1	0.756142	0.201608	3.750555	0.0015

R − squared	0.993273	Mean dependent var	17609.57
Adjusted R − squared	0.992526	S. D. dependent var	2922.227
S. E. of regression	252.6342	Akaike info criterion	14.03333
Sum squared resid	1148833.	Schwarz criterion	14.18254
Log likelihood	−144.3499	F − statistic	1328.962
Durbin − Watson stat	1.342758	Prob(F − statistic)	0.000000

(三)TSLS 的特性

TSLS 具有以下特性：

(1)使用方便。TSLS 在实际应用时可只考虑模型系统中的一个单方程而并不直接考虑模型系统中任何其他的方程。因此,对于结构型方程数目较多的联立方程组模型而言,TSLS 是一种比较经济的方法,并在实证分析中得以广泛应用。

(2)与 ILS 不同之处在于,过度识别条件下,TSLS 仅提供了每个参数的唯一估计值,而 ILS 则提供了多个估计值。

(3)易于应用。由于 TSLS 在估计过程中,仅要求提供模型前定变量的总数信息,而并没有要求提供模型中其他变量的其他信息,故比较易于应用。

(4)虽然 TSLS 是针对过度识别而提出的估计方法,但对于恰好识别而言,TSLS 同样可以用作估计方法,并且估计结果与 ILS 估计结果相同。

(5)在应用 TSLS 过程中,若在第一阶段对简化型方程估计时所得的 R^2 非常高(例如 $R^2=0.8$),那么古典 OLS 估计量与 TSLS 将非常接近。这是因为,若第一阶段的 R^2 非常高,即意味着内生变量的估计值非常逼近其实际值,因而内生变量的实际值与原始结构方程中的随机扰动项就几乎不相关(在极端情形,$R^2=1$,表明内生解释变量在原始过度识别方程中实际上将是非随机的了)。反之,若第一阶段中的 R^2 非常低,例如 $R^2=0.25$,这表明 TSLS 估计量将无实际意义,因为我们将用第一阶段得到的 $\hat{Y}_i$ 在第二阶段中替代原始的 Y_i,由于 R^2 很低,只能说明 Y_i 大部分是由随机扰动因素组成,$\hat{Y}_i$ 无法作为 Y_i 的近似,或者说,$\hat{Y}_i$ 是 Y_i 非常糟糕的代表。

(6)可以证明 TSLS 估计量是有偏估计量,但却是一致估计量。

(四)TSLS 法的局限性

TSLS 法虽然有一些优良的特性,但也存在一定的局限性。这就是由于正规化条件的随意性,使参数的估计结果随每一个方程中被解释变量选择的不同而不同。我们知道,对联立方程中每一个方程都可以事先将其中某个内生变量的系数选作 1,并将此变量作为被解释变量置于等号左端,其余各项则置于等号右端,这种变换称为正规化变换。使某个系数等于 1 这种约束条件称为正规化条件。但是在正规化过程中,究竟把方程中哪一个内生变量的系数取作 1,并置于等号左端,这完全是随意性,不存在只能将某一特定的内生变量正规化的理由。假如有以下的联立方程模型(8.61)式：

$$\left.\begin{array}{l} Y_1 = \alpha_0 + \alpha_1 Y_2 + \alpha_2 X_1 + \alpha_3 X_2 + u_1 \\ Y_2 = \beta_0 + \beta_1 Y_1 + u_2 \end{array}\right\} \quad (8.61)$$

其中:Y 代表内生变量;X 代表外生变量。

很明显,第一个方程不可识别,第二个方程过度识别。由于正规化的随意性,我们也可以将(8.61)式改写成另一种形式:

$$\left.\begin{aligned}Y_2 &= -\frac{\alpha_0}{\alpha_1} + \frac{1}{\alpha_1}Y_1 - \frac{\alpha_2}{\alpha_1}X_1 - \frac{\alpha_3}{\alpha_1}X_2 - \frac{u_1}{\alpha_1} \\ Y_1 &= -\frac{\beta_0}{\beta_1} + \frac{1}{\beta_1}Y_2 - \frac{u_2}{\beta_1}\end{aligned}\right\} \tag{8.62}$$

在(8.62)式中,对第一个方程将 Y_2 的系数取作 1,对第二个方程将 Y_1 的系数取作 1。在同一模型的以上两种不同形式中,第二个方程都是过度识别,因此可用 TSLS 法进行估计。(8.61)式第二式中 β_1 的 TSLS 估计量为

$$\hat{\beta}_1 = \frac{\sum y_2 \hat{y}_1}{\sum \hat{y}_1^2} \tag{8.63}$$

其中

$$\hat{y}_1 = \hat{\pi}_{10} + \hat{\pi}_{11}x_1 + \hat{\pi}_{12}x_2 \tag{8.64}$$

(8.62)式第二式中 $\dfrac{1}{\beta_1}$ 的 TSLS 估计量为

$$(\frac{\hat{1}}{\beta_1}) = \frac{\sum y_1 \hat{y}_2}{\sum \hat{y}_2^2} \tag{8.65}$$

其中

$$\hat{y}_2 = \hat{\pi}_{20} + \hat{\pi}_{21}x_1 + \hat{\pi}_{22}x_2 \tag{8.66}$$

由此可得 β_1 的另一个 TSLS 估计量如下:

$$\hat{\beta}_1^* = 1/(\frac{\hat{1}}{\beta_1}) = \frac{\sum \hat{y}_2^2}{\sum y_1 \hat{y}_2} \tag{8.67}$$

可以看出,(8.63)式估计的 $\hat{\beta}_1$ 和(8.67)式估计的 $\hat{\beta}_1^*$ 是不同的,即

$$\hat{\beta}_1 \neq \hat{\beta}_1^*$$

这里只是被解释变量和解释变量两个内生变量交换了一个位置,相对于计算 $\hat{\beta}_1$ 的 TSLS 法而言,计算 $\hat{\beta}_1^*$ 的 TSLS 可称为逆 TSLS,我们知道同一参数的正最小二乘估计量和逆最小二乘估计量是不同的,所以导致上述结果。

这也意味着 TSLS 估计量同正规化的方式或被解释变量的选择有关,估计结果随每一个方程中被解释变量选择的不同而异,这是 TSLS 的主要缺点。

思考与练习

1. 理解以下概念:内生变量、外生变量、前定变量、结构型模型、简化型模型、

联立方程模型的识别。

2. 为什么联立方程模型存在识别问题？识别有几种类型？各种类型如何识别？

3. 什么是单方程估计方法和系统估计方法？它们之间有何区别与联系？

4. 理解 OLS, ILS, TSLS 的概念、方法和适用对象。

5. 证明对于恰好识别的结构方程 ILS 和 TSLS 是等价的。

6. 什么是联立方程偏倚？它是怎样产生的？

7. 考察下述修正的凯恩斯收入决定模型：

$$C_t = \beta_{10} + \beta_{11} Y_t + u_{1t}$$
$$I_t = \beta_{20} + \beta_{21} Y_t + \beta_{22} Y_{t-1} + u_{2t}$$
$$Y_t = C_t + I_t + G_t$$

其中：C 为消费支出；I 为投资支出；Y 为收入；G 为政府支出；G_t, Y_{t-1} 为前定变量。

(1) 求简化型方程，并确定以上方程的可识别性。

(2) 你将用什么方法估计恰好识别和过度识别方程的参数？说明理由。

8. 由模型

$$Y_{1t} = \beta_{10} + \beta_{12} Y_{2t} + \gamma_{11} X_{1t} + u_{1t}$$
$$Y_{2t} = \beta_{20} + \beta_{22} Y_{1t} + \gamma_{22} X_{2t} + u_{2t}$$

得出如下的简化型方程：

$$Y_{1t} = \pi_{10} + \pi_{11} X_{1t} + \pi_{12} X_{2t} + W_t$$
$$Y_{2t} = \pi_{20} + \pi_{21} X_{1t} + \pi_{22} X_{2t} + V_t$$

(1) 该结构方程是识别方程吗？

(2) 如果预先知道 $\gamma_{11} = 0$，将会产生什么样的识别情况？

9. 下表是由五个内生变量 Y 和四个外生变量 X 构成的五个方程的结构参数表。

号码	Y_1	Y_2	Y_3	Y_4	Y_5	X_1	X_2	X_3	X_4
1	0	β_{12}	0	β_{14}	0	γ_{11}	0	0	γ_{14}
2	0	1	β_{23}	β_{24}	0	0	γ_{22}	γ_{23}	0
3	γ_{31}	0	1	β_{34}	γ_{35}	0	0	γ_{33}	γ_{34}
4	0	β_{42}	0	1	0	γ_{41}	0	γ_{43}	0
5	β_{51}	0	0	β_{54}	1	0	γ_{52}	γ_{53}	0

借助于识别的阶条件和秩条件,试确定每个方程的可识别性。

10.考察下述货币需求和供给模型:

货币供给:$M_i^s = \alpha_0 + \alpha_1 Y_t + u_{2t}$

货币需求:$M_1^d = \beta_0 + \beta_1 Y_t + \beta_2 R_t + \beta_3 P_t + u_{1t}$

其中:M 为货币;Y 为收入;R 为利率;P 为价格。假定 R 和 P 是前定变量。

(1)该需求模型是可识别的吗?

(2)该供给模型是可识别的吗?

(3)你用什么方法来估计识别方程的参数? 为什么?

(4)假设我们通过添加解释变量 Y_{t-1} 和 M_{t-1} 来修改供给函数,这对于识别问题会引起什么变化? 你将仍然使用在(3)中所用的方法吗? 为什么要用? 为什么不用?

11.考察下述简单的总量模型:

$$C_t = \alpha_0 + \alpha_1 Y_t + u_t$$
$$I_t = \beta_0 + \beta_1 \gamma_t + \beta_2 Y_t + V_t$$
$$Y_t = C_t + I_t$$

其中:C 为总消费;I 为总投资;Y 为总收入;γ 为利率;C,I,Y 为内生变量;γ 为外生变量。

(1)已知下述(由一个具有 20 个观测值的样本求得的)中间结果,试估计 C 和 Y 的简化型系数。

$$\sum(C-\overline{C})(\gamma-\overline{\gamma}) = -12 \qquad \sum(Y-\overline{Y})(\gamma-\overline{\gamma}) = -16$$
$$\overline{C} = 26 \qquad \overline{Y} = 30 \qquad \sum(\gamma-\overline{\gamma})^2 = 48 \qquad \overline{\gamma} = 12$$

(2)计算这个消费模型的参数的 ILS 估计量。

(3)如果估计这个投资模型,应如何进行?

12.试证明下列模型为递归系统模型:

$$Y_1 = \beta_0 + \beta_1 L_1 + \beta_2 K_1 + u_2$$
$$Y_2 = \gamma_0 + \gamma_1 L_2 + \gamma_2 K_2 + u_3$$
$$Y_3 = \alpha_0 + \alpha_1 Y_1 + \alpha_2 Y_2 + u_1$$

其中,Y_1,Y_2,Y_3 分别是第一、二、三产业的增加值,L_i、$K_i(i=1,2)$ 分别是第 i 产业的劳动者人数和生产资金。

第九章　应用计量经济模型

前面几章所介绍的单一方程模型或联立方程模型,主要从理论计量经济学方面研究了模型的估计和检验的方法等。掌握了这些方法,就可以对微观经济学和宏观经济学的经济问题如生产、需求、消费、投资、货币需求等领域的模型进行研究。本章主要介绍这些模型的构造理论、方法以及应用问题。

第一节　需求函数模型

一、需求函数的意义

需求(demand)和需要(request)不同,需要只是消费者的一种主观愿望,未考虑影响因素,而需求是指消费者在一定价格条件下为满足某种特定的效用而对商品的需要。这种需要的实现,以消费者有一定的支付能力为前提,因而是一种现实的、可计量的需要。问题是,消费者支付能力有限,即存在预算约束和其他条件,一个理性的消费者应该怎样合理地选择商品以使效用最大,这就需要根据需求函数进行研究。需求函数研究人们对各种商品的消费需求,是从市场供给的角度,讨论各种商品需求量的影响因素,涉及人们的消费支出在各种商品之间的配置,即需求结构。需求函数的理论模型不是经验产物,即不是由样本观测值拟合而来,而是由效用函数效用最大化而来。

效用函数指消费者对所有的消费方案进行比较,给出优劣次序,即给出一种偏好序,将一个有序的一维实数与这种偏好序对应,那么这个实数就是各种商品消费的综合经济效果指标,它就是效用函数。

设 X_i 表示消费者的第 i 种商品购买量($i=1,2,\cdots,n$),U 表示消费者效用,它是各种不同商品组合的函数,则效用函数可表示为:

$$U = U(X_1, X_2, \cdots, X_n) \tag{9.1}$$

一个理性消费者应该在给定价格(P_i)和收入(Y)的条件下合理地选择商品组合,使效用函数达到最大,即预算约束条件为:

$$P_1 X_1 + P_2 X_2 + \cdots + P_n X_n = Y \tag{9.2}$$

效用函数最大为:

$$U = U(X_1, X_2, \cdots, X_n) = \max \tag{9.3}$$

构造拉格朗日函数：
$$L(X_1, X_2, \cdots, X_n, \lambda) = U(X_1, X_2, \cdots, X_n) + \lambda(Y - \Sigma P_i X_i)$$
则最优商品组合必须满足：

$$\frac{\partial L}{\partial X_i} = \frac{\partial U}{\partial X_i} - \lambda P_i = 0$$

$$\frac{\partial L}{\partial \lambda} = Y - \sum P_i X_i = 0 \qquad (i = 1, 2, \cdots, n) \tag{9.4}$$

解方程组(9.4)可得需求函数的一般形式为：

$$X_i = f(Y, P_1, P_2, \cdots, P_n) \qquad (i = 1, 2, \cdots, n) \tag{9.5}$$

需求函数表示消费者对每种商品的需求量，主要取决于消费者的收入和所有 n 种商品的价格，这与一般日常生活中人们的感受和经验是完全一致的。实际工作中常用的是扩展的线性支出系统模型。

二、扩展的线性支出系统(ELES)模型及估计

(一)扩展的线性支出系统(extented linear expenditure system, ELES)

ELES 是由经济学家 Liuch 于 1973 年在 LES 基础上作了两点改进扩展而成的。一是用收入 Y 代替总预算支出 C；二是用边际消费倾向 α_i^* 代替边际预算份额 α_i，扩展的线性支出系统的形式为：

$$P_i X_i = P_i X_i^0 + \alpha_i^* (Y - \sum P_i X_i^0)$$

$$(i = 1, 2, \cdots, n \quad 0 < \alpha_i^* < 1 \quad \sum \alpha_i^* < 1) \tag{9.6}$$

其含义可解释为：给定居民的收入水平 Y，他们首先购买各项基本消费品 $P_i X_i^0$，剩下的收入 $(Y - \sum P_i X_i^0)$ 再按一定的比例 $\alpha_1^*, \alpha_2^*, \cdots, \alpha_n^*$ 在各类消费品之间进行分配。由于一部分收入将用于储蓄等其他支出，所以 $\sum \alpha_i^* < 1$。

(二)ELES 的估计

利用居民家庭生活调查的截面数据就可以直接估计 ELES。由于截面数据属于同一时期，这样，可消除价格变动和通货膨胀等因素的影响，能比较准确地反映出收入和各项消费支出之间的数量关系。ELES 估计过程如下：

(1)将(9.6)式改写为：

$$P_i X_i = P_i X_i^0 - \alpha_i^* \sum P_i X_i^0 + \alpha_i^* Y$$

令
$$\beta_i = P_i X_i^0 - \alpha_i^* \sum P_i X_i^0 \tag{9.7}$$

则
$$P_i X_i = \beta_i + \alpha_i^* Y \tag{9.8}$$

用 OLS 估计 $\hat{\beta}_i, \hat{\alpha}_i^*$ 　　$(i = 1, 2, \cdots, n)$

(2)计算总基本需求支出 $\sum P_i X_i^0$;对(9.7)式两边求和

$$\sum \beta_i = \sum P_i X_i^0 - \sum \alpha_i^* \sum P_i X_i^0$$

得　　　　　　$$\sum P_i \hat{X}_i^0 = \sum \hat{\beta}_i / (1 - \sum \hat{\alpha}_i^*) \qquad\qquad (9.9)$$

(3)计算各项基本需求支出:

由(9.7)式得:

$$P_i \hat{X}_i^0 = \hat{\beta}_i + \hat{\alpha}_i^* \sum P_i \hat{X}_i^0 \quad (i = 1, 2, \cdots, n) \qquad (9.10)$$

(4)最终得到的 ELES 的估计结果为:

$$P_i \hat{X}_i = P_i \hat{X}_i^0 + \hat{\alpha}_i^* (Y - \sum P_i \hat{X}_i^0) \quad (i = 1, 2, \cdots, n) \qquad (9.11)$$

(三)ELES 分析

可以证明,ELES 满足需求函数的基本性质,可以系统估计出各类消费品的支出及其构成;还可以直接求得边际消费倾向、需求的收入弹性、价格弹性等。

1. 消费结构分析

各类消费支出在总消费支出中的构成,即:

$$d_i = P_i X_i / \sum P_i X_i \qquad (i = 1, 2, \cdots, n) \qquad (9.12)$$

在实际分析中,可以发现"食品支出在总消费支出中的比例随收入的提高而下降",这便是著名的恩格尔定律。

2. 收入弹性分析

给(9.6)式两边同除以 P_i 得:

$$X_i = X_i^0 + \frac{\alpha_i^*}{P_i}(Y - \sum P_i X_i^0) \qquad \frac{\partial X_i}{\partial Y} = \frac{\alpha_i^*}{P_i}$$

所以　　　　$$\eta_i = \frac{\partial X_i}{\partial Y} \cdot \frac{Y}{X_i} = \frac{\alpha_i^*}{P_i} \cdot \frac{Y}{X_i} = \alpha_i^* \frac{Y}{P_i X_i} \qquad (9.13)$$

3. 价格弹性分析

互价格弹性 $E_{ij} = \dfrac{\partial X_i}{\partial P_j} \cdot \dfrac{P_j}{X_i} = -\alpha_i^* \dfrac{X_j^0 P_j}{P_i X_i}$ 　　　　　　　(9.14)

自价格弹性 $E_{ii} = \dfrac{\partial X_i}{\partial P_i} \cdot \dfrac{P_i}{X_i} = -\dfrac{\alpha_i^*}{P_i X_i}(Y - \sum P_i X_i^0 + P_i X_i^0)$ 　(9.15)

除此之外,还可以利用 ELES 综合分析收入、价格波动对消费需求的影响情况,并对消费结构的变趋势作出预测。

【案例 9.1】 表 9.1 为我国城镇居民家庭 2002 年的消费支出情况,现利用表中资料估计 ELES 模型,并进行分析。

表 9.1 我国城镇居民 2002 年收入与消费支出情况 单位:元

收入组	可支配收入	食品	衣着	家庭用品	医疗保健	交通通讯	教育文娱	居住	杂项
最低收入户	2 408.6	1 127.41	193.09	86.69	164.63	157.64	317.57	282.74	58.15
困难户	1 957.46	988.19	152.38	71.49	150.74	126.34	280.53	261.45	48.39
低收入户	3 649.16	1 457.87	309.49	144.67	225.67	257.63	425.33	355.12	83.81
中等偏下户	4 931.96	1 772.88	438.38	226.42	286.56	367.72	576.71	521.9	115.38
中等收入户	6 656.81	2 140.34	571.19	331.54	382.83	505.78	797.52	563.31	160.43
中等偏上户	8 869.51	2 596.95	737.2	460.99	510.15	718.92	1 046.46	643.15	226.13
高收入户	11 772.82	3 171.36	866.38	645.72	657.33	991.17	1 373.85	906.67	307.46
最高收入户	18 995.85	4 100.79	1 103.16	1 014.63	933.1	1 731.09	2 148.56	1 485.72	523.68
平均	7 702.80	2 271.84	590.88	388.68	430.08	626.04	902.28	624.34	195.84

资料来源:《中国统计年鉴》2003 年

1. 估计模型

(1) 根据表 9.1 中资料估计模型(9.8)式,即根据每类消费支出和人均可支配收入的统计资料,利用 OLS 法估计各类消费品的恩格尔函数,估计结果,见表 9.2。

表 9.2 ELES 模型的系数与收入弹性

	食品	衣着	家庭用品	医疗保健	交通通讯	教育文娱	居住	杂项	合计
β_i	800.4264	123.8622	−46.5950	62.9528	−89.0926	46.9207	86.4924	−16.9671	967.9998
α_i^*	0.1849	0.0571	0.0566	0.0474	0.0940	0.1113	0.0714	0.0280	0.6507
$P_i X_i^0$	1312.8317	282.1009	110.2581	194.3103	171.4055	355.361 5	284.3601	60.6281	2771.256

(2) 计算总基本需求支出。

$$\sum P_i \hat{X}_i^0 = \sum \hat{\beta}_i / \sum (1 - \sum \hat{\alpha}_i^*) = \frac{968}{1 - 0.650\ 7} = 2\ 771.26$$

(3) 根据(9.10)式计算各项基本需求支出 $P_i \hat{X}_i^0$,计算结果见表 9.2。

(4) 最终得到 ELES 模型为:

$$P_i \hat{X}_i = P_i \hat{X}_i^0 + \alpha_i^* (Y - \sum P_i X_i^0) \qquad (i = 1, 2, \cdots, 8)$$

即各类消费品扩展的线性支出系统模型分别为:

食品 $\qquad P_1 \hat{X}_1 = 1\ 312.83 + 0.184\ 9(Y - 2\ 771.26)$

衣着 $\qquad P_2 \hat{X}_2 = 282.10 + 0.057\ 1(Y - 2\ 771.26)$

家庭用品 $\qquad P_3 \hat{X}_3 = 110.26 + 0.056\ 6(Y - 2\ 771.26)$

医疗保健 $P_4 \hat{X_4} = 193.31 + 0.047\ 4(Y - 2\ 771.26)$

交通通讯 $P_5 \hat{X_5} = 171.41 + 0.094\ 0(Y - 2\ 771.26)$

教育文娱 $P_6 \hat{X_6} = 355.36 + 0.111\ 3(Y - 2\ 771.26)$

居住 $P_7 \hat{X_7} = 284.36 + 0.071\ 4(Y - 2\ 771.26)$

杂项 $P_8 \hat{X_8} = 60.63 + 0.028\ 0(Y - 2\ 771.26)$

2. 消费结构分析

根据表 9.2 计算的边际消费倾向可以看出,随着收入水平的提高,2002 年我国城镇居民将新增收入的 65.07% 用于消费,并且主要用于食品、交通通讯和教育文娱方面的消费支出(占新增消费支出的 60%)。这说明现阶段我国城镇居民的消费需求已向发展型和舒适型过渡,其中食品支出在总消费支出中占 0.376 8,即恩格尔系数为 0.376 8。从中可以看出,我国城镇居民生活水平已进入小康生活阶段。

我们也可以根据历年城镇居民人均可支配收入和消费支出,从动态方面计算和分析消费支出构成。表 9.3 和表 9.4 是 1993—2002 年我国城镇居民消费支出及构成。从表中可以看出恩格尔系数从 1993 年的 0.502 逐年下降到 2002 年的 0.377,住房、医疗保健、教育文娱、交通通讯支出比重分别上升了 3.8、4.4、5.8 和 6.6 个百分点。而消费顺序也由 1993 年的食品、衣着、教育文化娱乐服务、家庭设备用品及服务、居住、杂项商品及服务、交通通讯和医疗保健转变为食品、教育文化娱乐服务、居住、交通通讯、衣着、医疗保健、家庭设备用品及服务和杂项商品及服务。

表 9.3　1993—2002 年中国城镇居民人均可支配收入和消费支出表 　单位:元

	1993	1994	1995	1996	1997	1998	1999	2000	2001	2002
可支配收入	2 577	3 496	4 283	4 839	5 160	5 425	5 854	6 280	6 860	7 703
消费支出	2 111	2 851	3 538	3 920	4 186	4 332	4 615.9	4 998	5 309	6 030
食品	1 058	1 423	1 766	1 905	1 950	1 935	1 941.8	1 971	2 028	2 272
衣着	300.6	390	479.2	528	520.9	480.9	482.4	500.5	533.7	590.9
家庭设备	185	251	296.9	298.2	281	309	338.7	374.5	376.2	388.7
医疗保健	56.9	82.9	110.1	143.3	179.7	205.2	245.6	318.1	343.3	430.1
交通通讯	80.6	133	171	199.1	251.5	276	336.5	427	493.9	626
教育文娱	194	251	312.7	374.9	472.4	526.2	601.3	669.6	736.6	902.3
居住	140	193	250.2	300.9	394.5	456.2	510.7	565.3	610.7	624.3
杂项	95.5	128	151.4	170.5	135.3	143.6	158.9	171.8	186.6	195.8

资料来源:1993—1996 年数据根据《中国统计年鉴》计算得到

1997—2002 年数据摘自《中国统计摘要 2003》

表 9.4　1993—2002 年中国城镇居民消费支出构成表　　　　单位:%

	1993	1994	1995	1996	1997	1998	1999	2000	2001	2002
食品(恩格尔系数)	50.2	49.9	49.9	48.6	46.6	44.7	42.1	39.4	38.2	37.7
衣着	14.2	13.7	13.6	13.4	12.4	11.1	10.5	10	10.1	9.8
家庭设备	8.8	8.8	8.4	7.6	6.7	7.1	7.3	7.5	7.1	6.4
医疗保健	2.7	2.9	3.1	3.7	3.7	4.7	5.3	6.4	6.5	7.1
交通通讯	3.8	4.7	4.8	5.1	5.1	6.4	7.3	8.5	9.3	10.4
教育文娱	9.2	8.8	8.8	9.5	9.5	12.2	13	13.5	13.8	15
居住	6.6	6.7	7.1	7.7	7.7	10.5	11.1	11.3	11.5	10.4
杂项	4.5	4.5	4.3	4.4	4.4	3.3	4.4	3.4	3.5	3.2

3. 需求收入弹性和价格弹性

根据(9.13)式可以计算出各类消费器关于收入的弹性,见表 9.5。其中交通通讯弹性高达 1.156 6,家庭设备、教育文娱类弹性都很高,说明这三类的消费需求将会呈现快速增长的势头。

表 9.5　各类消费品的收入弹性

食品	衣着	家庭设备	医疗保健	交通通讯	教育文娱	居住	杂项
0.626 9	0.744 4	1.121 7	0.848 9	1.156 6	0.950 2	0.880 9	1.101 3

根据(9.14)式和(9.15)式可以计算出各类消费品的互价格弹性和自价格弹性,计算过程中,收入 Y 和各项支出 p_iX_i 取表 9.1 中的平均收入和各项平均支出,计算结果见表 9.6。

表 9.6　各项消费品的价格弹性

	食品	衣着	家庭用品	医疗保健	交通通讯	教育文娱	居住	杂项
食品	−0.508 2	−0.023 0	−0.009 0	−0.015 8	−0.014 0	−0.028 9	−0.023 1	−0.004 9
衣着	−0.126 9	−0.503 8	−0.010 7	−0.018 8	−0.016 6	−0.034 3	−0.027 5	−0.005 9
家庭用品	−0.191 2	−0.041 1	−0.734 2	−0.028 3	−0.025 0	−0.051 7	−0.041 4	−0.008 8
医疗保健	−0.144 7	−0.031 1	−0.012 2	−0.564 9	−0.018 9	−0.039 2	−0.031 3	−0.006 7
交通通讯	−0.191 7	−0.042 4	−0.016 6	−0.029 2	−0.766 2	−0.053 4	−0.042 7	−0.009 1
教育文娱	−0.161 9	−0.034 8	−0.013 6	−0.024 0	−0.021 1	−0.652 2	−0.035 1	−0.007 5
居住	−0.150 1	−0.032 3	−0.012 6	−0.022 2	−0.019 6	−0.040 6	−0.596 5	−0.006 9
杂项	−0.187 7	−0.040 3	−0.015 8	−0.027 8	−0.024 5	−0.050 8	−0.040 7	−0.713 8

表 9.6 列出的价格弹性中,每一行数字反映的是其他各类(列)商品价格变动对该类(行)商品需求的影响,从各行数字来看,各类商品的自价格弹性最大,说明消费需求主要受自身价格变动的影响,与其他商品价格变动基本无关。自价格弹性中,交通通讯类的自价格弹性(一0.766 2)最大,而交通通讯类的收入弹性(1.156 6)也最大,说明合理降低交通通讯价格将会促使其消费快速增长。每一列数字反映的是某类(列)商品价格变动对其他各类(行)商品需求的影响。从各列数字来看(自价格弹性除外),第一列食品的价格弹性最大,说明在所有消费品中,食品价格变动对其他各类商品消费需求的影响最大。食品价格上涨将会导致其他各类商品需求的大幅度下降,这与目前我国城镇居民消费结构中食品支出所占比重较大有关。

4. 职工家庭基本生活线的确定

基本生活线是指平均每人每年满足基本生活需要的收入水平。根据扩展的线性支出系统计算的居民每人每年对各类消费品的基本需求总额为 2 771.26 元,因此可将低于该收入水平的居民定为"最低收入户"和"困难户",这是有科学依据的。掌握居民基本消费水平及其变化,对于制定相应的消费政策,保障低收入居民生活水平具有重要的意义。

第二节　消费函数模型

消费函数主要从市场购买的角度研究人们的总消费需求与影响因素之间的关系,涉及人们的收入在消费与储蓄之间如何配置这一最基本的经济行为。定量地分析经济过程中消费的产生和作用,不仅是微观经济分析的重要内容,在宏观经济分析中也是必不可少的。

消费函数是表示消费行为的函数,关于消费行为,很多经济学家提出了不同的理论假说,由此形成不同的消费函数。

一、凯恩斯(Keynesian)绝对收入假说模型

凯恩斯在《通论》中从"基本心理规律"出发,提出收入假说理论,主要包含以下内容:

(1)实际消费水平 C 与实际收入 Y 之间有稳定的函数关系,消费绝对地随着收入的变动而变动:$C=f(Y)$。

(2)收入增加,消费也随之增加,但消费并不按同一比例增加,消费增量与收入增量之比大于 0,小于 1,即边际消费倾向递减。

$$0 < \frac{\mathrm{d}C}{\mathrm{d}Y} < 1 \qquad \frac{\mathrm{d}C}{\mathrm{d}Y} < \frac{C}{Y}$$

$\frac{\mathrm{d}C}{\mathrm{d}Y}$称为边际消费倾向；$\frac{C}{Y}$称平均消费倾向。

绝对收入假说的线性消费模型为：

$$C_i = \beta_0 + \beta_1 Y_i + u \qquad (9.16)$$

式中 $\beta_0 > 0, 0 < \beta_1 < 1$。

此方程可用 OLS 法估计参数。但在宏观经济模型中，它是联立方程模型中的一个方程。为了避免出现联立方程偏倚，可采用间接最小二乘法或二段最小二乘估计参数。

二、杜森贝里相对收入假说模型

杜森贝里(J. Duesenberry)和莫迪利安尼(F. Modigliani)先后提出相对收入假设，这种假设认为：

(一)消费有示范效应

在消费上人们互相影响，存在攀比现象。一个人将其收入的多大比重用于消费，取决于他与别人相比的相对收入水平。

绝对收入假设消费函数模型认为消费者的消费行为是独立的，不受周围环境的影响。杜森贝里认为，消费者的消费行为不仅受自身收入的影响，也受周围人的消费水平的影响，若周围人的消费水平较高，即使该消费者的收入水平较低，也企图接近周围人的消费水平，于是他的边际消费倾向就会比较高，这种现象被称为消费的"示范效应"。一个人平均消费倾向不仅和收入有关，而且与个人所处群体平均收入有关。即

$$\frac{C_i}{Y_i} = \beta_0 + \beta_1 \frac{\overline{Y}}{Y_i} \qquad (9.17)$$

其中，$\overline{Y}$ 为该消费者所处的群体的平均收入水平。可以看出，当 $\beta_0, \beta_1, \overline{Y}$ 一定时，Y_i 越低，则 $\frac{C_i}{Y_i}$ 越高。上式转化为消费模型：

$$C_i = \beta_0 Y_i + \beta_1 \overline{Y} + u_i \qquad (9.18)$$

$0 < \beta_0 < 1$，反映个人边际消费倾向；$0 < \beta_1 < 1$ 反映群体平均收入水平对个体消费的影响。上式可用单方程估计方法估计。

(二)消费具有惯性

绝对收入假设只认为消费行为和当前收入有关，但是人们在某一时期的消费不仅受当前收入的影响，而且受过去时期收入和消费的影响，特别是过去所达到的

最高收入和最高消费的影响,如果目前收入低于过去最高收入,人们宁愿动用储蓄也要来维持已达到的消费水平。

相对收入假设的线性消费函数为:

$$\frac{C_t}{Y_t} = \beta_0 + \beta_1 \frac{Y_t^*}{Y_t} \quad \text{或} \quad \frac{C_t}{Y_t} = \beta_0 + \beta_1 \frac{C_t^*}{Y_t}$$

$$C_t = \alpha + \beta_0 Y_t + \beta_1 Y_t^* \quad \text{或} \quad C_t = \alpha + \beta_0 Y_t + \beta_1 C_t^* \tag{9.19}$$

式中,$Y_t^* = \max\{Y_{t-i}, i > 0\}$　　　$C_t^* = \max\{C_{t-i}, i > 0\}$

在实际应用中一般采用上一年消费水平 C_{t-1} 代替 C_t^*,或 Y_{t-1} 代替 Y^*,这样,消费模型可写成

$$C_t = \alpha + \beta_0 Y_t + \beta_1 C_{t-1} + u_t \quad \text{或} \quad C_t = \alpha + \beta_0 Y_t + \beta_1 Y_{t-1} + u_t \tag{9.20}$$

对此模型也可用工具变量进行估计。

三、弗里德曼(M. Friedman)持久收入假说模型

弗里德曼 1957 年提出关于消费的持久收入假说。他认为,收入分为两部分:一部分是消费者预料可以得到的收入,称为持久收入 Y_P;另一部分是瞬间的,偶然性的收入,称为一时收入 Y_T。同样,消费也分为两部分,一是正常的,计划中的消费,称为持久消费 C_P;另一部分是非经常性的计划外的消费,称为一时消费 C_T。它们之间的关系是:

一时消费 C_T 与一时收入 Y_T、持久收入 Y_P 以及持久消费 C_P 不相关,而持久消费 C_P 与持久收入 Y_P 之间有一定的比例关系。这个比例关系(边际消费倾向)受利息率、财产等因素的影响。若以 Y 表示收入,C 表示消费,i 表示利率,w 表示财产对收入的比率,则弗里德曼假说可以写成:

$$Y = Y_P + Y_T \qquad C = C_P + C_T$$

$$\text{Cov}(C_T, Y_T) = 0; \qquad \text{Cov}(C_T, Y_P) = 0$$

$$\text{Cov}(C_T, C_P) = 0$$

$$C_P = K(i, w) Y_P$$

持久收入假设消费函数模型为

$$C_t = \alpha_0 + \alpha_1 Y_t^P + \alpha_2 Y_t^T + u_t \qquad (t = 1, 2, \cdots, T) \tag{9.21}$$

由于一般收集的资料只能得到 t 时期的实际收入,而不能确定是否是持久收入或是一时收入,所以模型中 Y_t^P 和 Y_t^T 无法得到。为了证实这一假说,弗里德曼建议,对于时间序列数据,第 t 时刻的持久收入与当前和过去收入有关,可以表示为各期实际收入的加权和。弗里德曼用当年以及过去 16 年的收入加权平均数作为当年持久收入的估计值,其权数大小由近及远递减。若将过去时期推至无穷,权数由近及远以等比级数递减。

$$Y_t^P = \lambda Y_t + \lambda(1-\lambda)Y_{t-1} + \lambda(1-\lambda)^2 Y_{t-2} + \cdots \qquad (9.22)$$

这样，

$$Y_{t-1}^P = \lambda Y_{t-1} + \lambda(1-\lambda)Y_{t-2} + \lambda(1-\lambda)^2 Y_{t-3} + \cdots$$

$$(1-\lambda)Y_{t-1}^P = \lambda(1-\lambda)Y_{t-1} + \lambda(1-\lambda)^2 Y_{t-2} + \cdots \qquad (9.23)$$

(9.22)式减去(9.23)式得

$$Y_t^P - (1-\lambda)Y_{t-1}^P = \lambda Y_t$$

$$Y_t^P - Y_{t-1}^P + \lambda Y_{t-1}^P = \lambda Y_t$$

即

$$Y^P - Y_{t-1}^P = \lambda(Y_t - Y_{t-1}^P) \qquad (9.24)$$

应用时，先给定一个 λ 值，再根据(9.22)式计算每年的持久收入观测值 Y_t^P，再计算一时收入 $Y_t^T = Y_t - Y_t^P$，然后再估计(9.21)式中的参数 $\alpha_0, \alpha_1, \alpha_2$，再修改 λ，再估计，直到得到满意的拟合效果。

(9.24)式也可以写成：

$$Y_t^P = \lambda Y_t + (1-\lambda)Y_{t-1}^P \qquad (9.25)$$

(9.25)式代入(9.21)式得：

$$C_t = \alpha_0 + \alpha_1 [\lambda Y_t + (1-\lambda)Y_{t-1}^P] + \alpha_2 Y_t^T + u_t$$

$$C_t = \alpha_0 + \alpha_1 \lambda Y_t + \alpha_1 (1-\lambda)Y_{t-1}^P + \alpha_2 Y_t^T + u_t$$

因为

$$0 \leqslant \lambda \leqslant 1 \qquad \alpha_1 \lambda \leqslant \alpha_1$$

所以，当前实际收入边际消费倾向 $\alpha_1 \lambda$ 小于长期收入的边际消费倾向(长期边际消费倾向就是平均边际消费倾向)。

四、莫迪利安尼(*F. Modigliani*)生命周期假说模型

美国经济学家弗朗科·莫迪利安尼等人 1954 年提出生命周期假说，这一假说强调消费者在 t 期的消费 C_t 不仅与 t 期的收入有关，而且与消费者整个一生收入的期望值有关。消费者是在更大时间内计划他们的消费和储蓄行为的，以便他们在生命周期实现消费的最佳配置，特别是消费者的储蓄可以看成是他们为年老时消费作准备的愿望结果。消费者在一生期望支出总量不大于一生期望收入总量的条件下使一生的消费总效用最大。其模型为：

$$\frac{C_t}{Y_t} = \beta_1 + \beta_0 \frac{A_t}{Y_t} + \beta_2 \frac{Y_e}{Y_t} + u_t \qquad (9.26)$$

$$C_t = \beta_0 A_t + \beta_1 Y_t + \beta_2 Y_e + u_t \qquad (9.27)$$

式中：A_t 为财产净总和；Y_t 为当前收入；Y_e 为预期未来收入总和；β_0 为积累财富对当前消费影响；β_1 为边际消费倾向；β_2 为未来预期收入总和对当前消费影响。

可以看出，积累财富 A_t 或未来收入总和越多，对当前平均消费影响越大。(9.27)式也可以用简单线性模型描述为：

$$C_t = \alpha Y_t + \beta A_t + u_t \tag{9.28}$$

在对(9.28)式估计时,存在的主要问题是如何计算第 t 时刻所拥有的财产 A_t。为了简单起见,将 A_t 描述为:

$$A_t = A_{t-1} + (Y_{t-1} - C_{t-1}) \tag{9.29}$$

其中,A_t 为第 t 时刻所拥有的全部财产。因此,$\beta A_t = \beta A_{t-1} + \beta(Y_{t-1} - C_{t-1})$。利用(9.28)式可得:

$$\beta A_{t-1} = C_{t-1} - \alpha Y_{t-1} - u_{t-1} \tag{9.30}$$

$$
\begin{aligned}
C_t &= \alpha Y_t + [\beta A_{t-1} + \beta(Y_{t-1} - C_{t-1})] + u_t \\
&= \alpha Y_t + [((C_{t-1} - \alpha Y_{t-1} - u_{t-1}) + \beta(Y_{t-1} - C_{t-1})] + u_t \\
&= \alpha Y_t + (1 - \beta)C_{t-1} + (\beta - \alpha)Y_{t-1} + (u_t - u_{t-1}) \tag{9.31}
\end{aligned}
$$

为避免多重共线性问题,将(9.31)式近似地表达为

$$C_t = \alpha Y_t + (1 - \beta)C_{t-1} + (u_t - u_{t-1}) \tag{9.32}$$

对(9.32)式可用工具变量法进行参数估计。

五、托宾(J. Tobin)流动资产假说模型

托宾提出流动资产假说,他认为储蓄对消费也产生影响。因此在绝对收入假说模型中还应加上实际储蓄额,或更广义地加上实际流动资产。这时模型为:

$$C = \beta_0 + \beta_1(Y/P) + \beta_2(M/P) \tag{9.33}$$

式中,M 为储蓄余额;P 为消费价格指数。此方程可用 OLS 进行估计。

六、理性预期收入的消费模型

理性预期理论认为 t 时期的消费是收入预期值 Y_t^* 的函数,其模型及形式为:

$$C_t = \alpha + \beta Y_t^* + u_t \tag{9.34}$$

由于 Y_t^* 是不可实际观测的,可以作如下自适应预期假定:

$$Y_t^* - Y_{t-1}^* = \lambda(Y_t - Y_{t-1}^*) \tag{9.35}$$

其中,λ 为调整系数

或

$$Y_t^* = \lambda Y_t + (1 - \lambda)Y_{t-1}^* \tag{9.36}$$

即 t 期期望收入是 t 期实际收入与前一期收入预期的加权平均,也即 t 期预期调整不但和前期预期收入 Y_{t-1}^* 有关,也取决于人们为了实现或改变预期所作的努力,λ 值小,意味着调整幅度小,λ 大,意味着调整幅度大,$0 \leqslant \lambda \leqslant 1$。

$$\lambda = 1 \qquad Y_t^* = Y_t$$
$$\lambda = 0 \qquad Y_t^* = Y_{t-1}^*$$

消费模型的估计:

$$C_t = \alpha + \beta Y_t^* + u_t \tag{9.37}$$

$$C_t = \alpha + \beta [\lambda Y_t + (1-\lambda) Y_{t-1}^*] + u_t \tag{9.38}$$

(9.37)式滞后一期

$$C_{t-1} = \alpha + \beta Y_{t-1}^* + u_{t-1}$$

$$(1-\lambda) C_{t-1} = (1-\lambda)\alpha + (1-\lambda)\beta Y_{t-1}^* + (1-\lambda)u_{t-1} \tag{9.39}$$

(9.38)式减去(9.39)式得：

$$C_t - (1-\lambda) C_{t-1} = [\alpha - (1-\lambda)\alpha] + \beta\lambda Y_t + [u_t - (1-\lambda)u_{t-1}]$$

$$C_t = \lambda\alpha + (1-\lambda) C_{t-1} + \beta\lambda Y_t + V_t \tag{9.40}$$

$$C_t = \alpha^* + \beta^* C_{t-1} + \gamma^* Y_t + V_t$$

其中：$V_t = u_t - (1-\lambda)u_{t-1}$

利用 OLS，就可以估计

$$\hat{\alpha}^* = \lambda\alpha \qquad \hat{\beta}^* = 1-\lambda \qquad \hat{\gamma}^* = \beta\lambda$$

所以

$$\lambda = 1 - \hat{\beta}^* \qquad \beta = \frac{\hat{\gamma}^*}{\lambda} = \frac{\hat{\gamma}^*}{1-\hat{\beta}^*} \qquad \alpha = \frac{\hat{\alpha}^*}{\lambda} = \frac{\hat{\alpha}^*}{1-\hat{\beta}^*}$$

七、消费预期模型

消费预期理论认为实际消费和预期消费不一样，实际消费受更多因素的影响，而消费的预期值 C_t^* 才是收入的函数。其模型形式为：

$$C_t^* = \alpha + \beta Y_t + u_t \tag{9.41}$$

所以当消费者按实际收入决定的消费预期值和实际消费总是有差别，关系如下：

$$C_t - C_{t-1} = \lambda(C_t^* - C_{t-1})$$

式中 λ 称为调整系数。

$$\left.\begin{aligned} \lambda C_t^* &= C_t + (\lambda-1) C_{t-1} \\ C_t^* &= \frac{1}{\lambda} C_t + \frac{\lambda-1}{\lambda} C_{t-1} \end{aligned}\right\} \tag{9.42}$$

(9.42)式代入(9.41)式得：

$$\frac{1}{\lambda} C_t + \frac{\lambda-1}{\lambda} C_{t-1} = \alpha + \beta Y_t + u_t$$

$$C_t + (\lambda-1) C_{t-1} = \lambda\alpha + \lambda\beta Y_t + u_t$$

$$C_t = \lambda\alpha + (1-\lambda) C_{t-1} + \lambda\beta Y_t + u_t$$

$$C_t = \alpha^* + \beta_1^* C_{t-1} + \gamma^* Y_t + u_t \tag{9.43}$$

可以看出，(9.43)式和(9.40)式具有相同的数学形式，在样本数据的支持下会得到相同的估计结果，但是它们却是来自不同的理论假说，是两种不同消费行为理论假说的计量描述,所以不能只看形式,在进行计量分析时,更应注意经济理论假说。

第三节　　生产函数模型

一、生产理论概述

在经济学中,生产理论有很重要的地位。生产理论就是研究在一定生产技术条件下,如何获得最大利润问题。

生产函数一般就指生产模型,是描述生产过程中生产要素投入的某种组合,可能生产的最大产量之间的依存关系的数学表达式,一般表达式为:

$$Y = f(A,K,L,\cdots) \tag{9.44}$$

其中,Y 为产量;A,K,L 为技术、资本、劳动投入要素。这里"投入"的生产要素是生产过程中发挥作用,对产出量产生贡献的生产要素。"可能最大产量"指这种要素组合应该形成的产出量,而不一定是实际产出量。

生产函数的数学形式有多种多样,这里主要介绍 C-D 生产函数模型。

二、C-D生产函数模型

(一)C-D生产函数的形式

美国数学家 Charles.cobb 和经济学家 Paul Douglas 于 1928 年在《The Theory of Wages》一书中提出生产函数这一名词及模型,并用 1899—1922 年美国的数据资料,对美国的生产状况进行了分析。此后,不断有新的研究成果出现,使生产函数的研究和应用呈现长盛不衰的局面。在实际工作中应用最广泛的 C-D 生产函数,其形式为:

$$Y = f(L,K) = AL^{\alpha}K^{\beta} \tag{9.45}$$

(二)C-D生产函数的性质

1. C-D生产函数是 $\alpha+\beta$ 次齐次函数

对任意非零常数 λ,有:

$$\begin{aligned}
f(\lambda L,\lambda K) &= A(\lambda L)^{\alpha}(\lambda K)^{\beta} \\
&= \lambda^{\alpha+\beta}AL^{\alpha}K^{\beta} \\
&= \lambda^{\alpha+\beta}f(L,K)
\end{aligned} \tag{9.46}$$

因此,它是 $\alpha+\beta$ 次齐次函数。

当 $\alpha+\beta>1$ 时,称为规模报酬递增,即投入要素增加后,产量以更大的比例增加;

当 $\alpha+\beta=1$ 时，称为规模报酬不变，即当所有投入要素增加若干倍时，产出量也增加相同的倍数；

当 $\alpha+\beta<1$ 时，称为规模报酬递减，即投入要素增加以后，产出量以较小比例增加。

2. 参数 α,β 分别表示劳动力弹性和资本弹性

各种要素投入弹性是指产出量相对变动与投入量相对变动之比，即：

$$E = \frac{\mathrm{d}Y/Y}{\mathrm{d}X/X} = \frac{\mathrm{d}\ln Y}{\mathrm{d}\ln X} \tag{9.47}$$

$$E_L = \frac{\partial \ln Y}{\partial \ln L} = \frac{L}{A \cdot L^\alpha K^\beta} \cdot A \cdot \alpha L^{\alpha-1} K^\beta = \alpha \tag{9.48}$$

$$E_K = \frac{\partial \ln Y}{\partial \ln K} = \frac{K}{AL^\alpha K^\beta} \cdot A \cdot \beta L^\alpha K^{\beta-1} = \beta \tag{9.49}$$

3. 边际产量（marginal product）

边际产量是指在其他投入量不变时，增加某生产要素的投入量与所增加的产出量之比。它可以考察一个生产要素变化对产出量的影响。

$$MP_L = \frac{\partial Y}{\partial L} = \frac{\partial(AL^\alpha K^\beta)}{\partial L} = \alpha\,\frac{Y}{L} \tag{9.50}$$

$$MP_K = \frac{\partial Y}{\partial K} = \frac{\partial(AL^\alpha K^\beta)}{\partial K} = \beta\,\frac{Y}{K} \tag{9.51}$$

(三)C-D 生产函数模型的估计

生产函数的计量模型可写成： $Y=AL^\alpha K^\beta e^u$

估计参数 α,β 时有以下方法：

1. 对数线性形式的 OLS 估计

模型两边取对数 $\quad \ln Y = \ln A + \alpha \ln L + \beta \ln K + u \tag{9.52}$

可以用静态资料关于 Y,L,K 的数据，也可以用动态资料。直接用 OLS 估计 $\ln A,\alpha,\beta$。u 反映不同企业或同一企业（同类企业）在不同时间上，在生产技术或生产能力等方面的随机误差。

此方法缺点：①按利润最大化原则的要求，$\ln L,\ln K$ 都是内生变量，可能产生 $\mathrm{Cov}(\ln K,u)\neq 0$，因而出现联立偏倚，参数估计量是有偏的。②$K$ 和 L 之间可能产生多重共线性 $\mathrm{Cov}(K,L)\neq 0$。③u 的方差可能不是常数，会存在异方差。

2. 强度形式的 OLS 法

如果 C-D 生产函数是严格的不变规模报酬，即满足 $\alpha+\beta=1$，则原模型可写成：

$$Y = AL^{1-\beta}K^\beta e^u$$

$$Y = AL \cdot L^{-\beta} K^{\beta} e^{u}$$

$$\frac{Y}{L} = A \cdot (\frac{K}{L})^{\beta} e^{u}$$

$$\ln \frac{Y}{L} = \ln A + \beta \ln (\frac{K}{L}) + u \qquad\qquad (9.53)$$

$$(\frac{Y}{L})^{*} = \alpha + \beta (\frac{K}{L})^{*} \qquad (\alpha = \ln A)$$

该模型称为生产函数的"强度形式"(intensive form)。它反映两个强度指标——劳动生产率($\frac{Y}{L}$)和技术设备率($\frac{K}{L}$)之间的关系。可以应用 OLS 估计 $\hat{\beta}, \hat{\alpha}$,再求 $\hat{\alpha} = 1 - \hat{\beta}$。

此种方法可以消除多重共线性和减少异方差性的影响,是估计生产函数常用的方法。但它要求生产过程是不变规模报酬,同时存在解释变量是内生变量的问题。

3. Solow 增长速度方程法

20 世纪 50 年代中期,美国经济学家 R. M. Solow 提出了增长速度方程,用以测定生产要素投入与产出的关系及各要素在经济增长中的贡献份额。

假定技术进步未具体体现在资金或劳动中,生产函数可以写成:

$$Y = A_{t} \cdot f(K, L) \qquad\qquad (9.54)$$

式中,A_t 为 t 时期的技术水平。

将(9.54)式两边同时对 t 求导数,得:

$$\frac{\mathrm{d}Y}{\mathrm{d}t} = \frac{\mathrm{d}A}{\mathrm{d}t} \cdot f(K, L) + A \frac{\partial f}{\partial K} \cdot \frac{\mathrm{d}K}{\mathrm{d}t} + A \frac{\partial f}{\partial L} \cdot \frac{\mathrm{d}L}{\mathrm{d}t}$$

上式两边同除以 Y,得:

$$\frac{1}{Y} \cdot \frac{\mathrm{d}Y}{\mathrm{d}t} = \frac{f(K, L)}{Y} \cdot \frac{\mathrm{d}A}{\mathrm{d}t} + \frac{A}{Y} \cdot \frac{\partial f}{\partial K} \cdot \frac{\mathrm{d}K}{\mathrm{d}t} + \frac{A}{Y} \cdot \frac{\partial f}{\partial L} \cdot \frac{\mathrm{d}L}{\mathrm{d}t}$$

由于

$$\frac{\partial Y}{\partial K} = A \frac{\partial f}{\partial K} \qquad \frac{\partial Y}{\partial L} = A \frac{\partial f}{\partial L}$$

则 $\qquad \dfrac{1}{Y} \cdot \dfrac{\mathrm{d}Y}{\mathrm{d}t} = \dfrac{1}{A} \cdot \dfrac{\mathrm{d}A}{\mathrm{d}t} + \dfrac{K}{Y} \cdot \dfrac{\partial Y}{\partial K} \cdot \dfrac{\mathrm{d}K}{\mathrm{d}t} \cdot \dfrac{1}{K} + \dfrac{L}{Y} \cdot \dfrac{\partial Y}{\partial L} \cdot \dfrac{\mathrm{d}L}{\mathrm{d}t} \cdot \dfrac{1}{L}$

又由于

$$\alpha = \frac{\partial Y}{\partial K} \cdot \frac{K}{Y} \qquad \beta = \frac{\partial Y}{\partial L} \cdot \frac{L}{Y}$$

所以 $\qquad \dfrac{1}{Y} \cdot \dfrac{\mathrm{d}Y}{\mathrm{d}t} = \dfrac{1}{A} \cdot \dfrac{\mathrm{d}A}{\mathrm{d}t} + \alpha \dfrac{1}{K} \dfrac{\mathrm{d}K}{\mathrm{d}t} + \beta \dfrac{1}{L} \cdot \dfrac{\mathrm{d}L}{\mathrm{d}t}$

实际应用时,由于 Y,K,L 的数据是离散的,所以可用增量近似地代替微分,于是可得

$$\frac{\Delta Y}{Y} = \frac{\Delta A}{A} + \alpha \frac{\Delta K}{K} + \beta \frac{\Delta L}{L}$$

令

$$y = \frac{\Delta Y}{Y}, \quad a = \frac{\Delta A}{A}, \quad k = \frac{\Delta K}{K}, \quad l = \frac{\Delta L}{L}$$

则上式可写成

$$y = a + \alpha k + \beta l \tag{9.55}$$

(9.55)式就是增长速度方程的基本形式。式中 y 为产出增长速度;k 为资金投入量增长速度;l 为劳动投入量增长速度;a 为技术进步速度。

(四)C-D生产函数模型的应用

利用 C-D 生产函数可以测定要素贡献率。度量各要素投入在经济增长中的贡献率,可按下式进行测算:

$$\left. \begin{array}{ll} \text{资金贡献率} & E_K = \dfrac{\alpha k}{y} \times 100\% = \alpha \dfrac{\Delta K}{K} \Big/ \dfrac{\Delta Y}{Y} \\[4mm] \text{劳动贡献率} & E_t = \dfrac{\beta l}{y} \times 100\% = \beta \dfrac{\Delta L}{L} \Big/ \dfrac{\Delta Y}{Y} \\[4mm] \text{技术贡献率} & E_A = \dfrac{a}{y} \times 100\% = \dfrac{\Delta A}{A} \Big/ \dfrac{\Delta Y}{Y} \end{array} \right\} \tag{9.56}$$

第四节　投资函数模型

投资同消费一样,是构成国民经济总需求的一个重要组成部分,是决定一个国家长期生产能力增长的关键因素。长期生产能力的增长,除劳动力和技术因素外,主要取决于投资所形成的资本的增长速度。因此研究投资函数具有非常重要的意义。

投资函数是反映投资和决定投资的诸因素之间的关系的数量描述,也是一定的投资行为的数量描述。投资行为包括两个问题,一是最优资本存量是如何决定的,二是实际资本存量如何调整到最优资本存量。影响投资行为的因素包括经济体制、决策方式以及经济发展阶段等。但由于投资行为的理论欠缺,在已有的投资函数中,一般不反映这些行为机制,只反映变量之间的数量关系。

投资从形成资本的内容看,包括固定资本投资和库存投资,这里仅就这两个方面的模型及估计进行研究。

一、固定资产投资模型

固定资产投资分为重置投资(replace investment)和净投资(net investment)。

在生产过程中,资本物被逐步消耗,为了补偿生产过程中被消耗掉的资本物所进行的投资称为重置投资,而为了扩大再生产,就要扩大资本存量,形成新增资本,这种投资称为净投资,记作 I^N,净投资与重置投资之和称为总投资(gross investment)。根据投资行为的目的及影响因素不同,常用的固定资产投资模型有加速模型、灵活加速模型,实用加速模型,利用最新信息的加速模型和利润决定的投资模型等,下面分别加以讨论。

(一)加速模型(accelerator model)

设 t 时期的资本存量为 K_t,资本消耗或磨损为 D_t,总投资为 I_t^G,则

$$I_t^G = K_t - K_{t-1} + D_t \tag{9.57}$$

净投资为

$$I_t^N = K_t - K_{t-1} = I_t^G - D_t \tag{9.58}$$

加速原理假定生产能力是被充分利用的,当市场对产品的需求不变时,企业没有必要增加固定资产,这时就不会发生投资活动,而当产品需求增加时,如果企业现有的生产能力已不能满足需求时,企业就会进行固定资产投资。在一定生产技术条件下,资本存量 K 与产出 Y 之间存在一定的正比例关系,设有

$$K_t = \alpha Y_t \tag{9.59}$$

其中 α 称为资本系数(capital coefficient),是一个不变的参数。

设 d 为资本消耗率或磨损率,则

$$D_t = dK_{t-1} \tag{9.60}$$

将(9.59)式和(9.60)式代入(9.57)式得:

$$I_t^G = \alpha(Y_t - Y_{t-1}) + dK_{t-1}$$

$$I_t^G = \alpha \Delta Y + dK_{t-1} \tag{9.61}$$

若把 $Y_t - Y_{t-1}$ 看作为产出增加的速度,则总投资与这一速度成正向的线性关系,因此,将(9.61)式称为加速模型,α 称为加速系数。加速模型表明总投资与产出增加的速度和前期的资本存量有关。即

①投资依赖于产出(或收入)的增量,而不是产出(或收入)的绝对量;②由于投资系数 α 一般是大于 1 的数,故投资变动比产出(收入)变动的速度更快,这就是加速的原理,所以 α 也称为加速系数;③加速原理起作用的前提条件是现有的生产能力充分利用,没有设备闲置。

将(9.59)式代入(9.61)式,得:

$$\begin{aligned} I_t^G &= \alpha Y_t - \alpha Y_{t-1} + dK_{t-1} \\ &= \alpha Y_t - \alpha Y_{t-1} + d\alpha Y_{t-1} \\ &= \alpha Y_t - \alpha(1-d)Y_{t-1} \end{aligned} \tag{9.62}$$

(9.62)式表明总投资与本期和前期的产出(收入)有关。

(二)灵活加速模型(flexible accelerator model)

Koyck 于 1954 年提出放弃实际资本存量能及时调整为最优资本存量的灵活加速模型。也称资本存量调整模型。

由于大多数资本物可以使用若干年,资本物使用者只有经过若干年后,才能知道对这些资本物投资是否有利,实际上存在一个可获得最大利润的资本存量,即所谓期望(最佳)资本存量。

设第 t 期的期望资本存量为 K_t^*,且

$$K_t^* = \alpha Y_t \tag{9.63}$$

在模型(9.61)式中,虽然没有明确提出期望资本存量问题,实际上是在理想状态下讨论的,即期望资本存量已经达到。但是,在实际问题中,新增资本可能仅仅是特定时期最佳(期望)资本存量与上期资本存量之差的某个百分数(λ),即:

$$K_t - K_{t-1} = \lambda(K_t^* - K_{t-1}) \tag{9.64}$$

λ 为调整系数($0<\lambda<1$)。

将(9.64)式代入(9.57)式,得:

$$\begin{aligned}
I_t^G &= K_t - K_{t-1} + D_t \\
&= \lambda(K_t^* - K_{t-1}) + D_t \\
&= \lambda K_t^* - \lambda K_{t-1} + dK_{t-1} \\
&= \lambda\alpha Y_t + (d-\lambda)K_{t-1}
\end{aligned} \tag{9.65}$$

(9.65)式称为灵活加速模型或资本存量调整模型,其计量经济模型为:

$$I_t^G = \lambda\alpha Y_t + (d-\lambda)K_{t-1} + u_t \tag{9.66}$$

此模型必须先用其他方法得到折旧率 d,然后才能用 OLS 去估计 α 和 λ。

(三)实用加速模型

模型(9.65)式还可以表示成更实用的形式,将(9.65)式滞后一期

$$I_{t-1}^G = \lambda\alpha Y_{t-1} + (d-\lambda)K_{t-2} \tag{9.67}$$

(9.67)式两边同乘 $1-d$ 得:

$$(1-d)I_{t-1}^G = (1-d)\lambda\alpha Y_{t-1} + (1-d)(d-\lambda)K_{t-2} \tag{9.68}$$

(9.65)式减去(9.68)式得:

$$\begin{aligned}
I_t^G - (1-d)I_{t-1}^G &= \lambda\alpha Y_t + (d-\lambda)K_{t-1} - (1-d)\lambda\alpha Y_{t-1} - (1-d)(d-\lambda)K_{t-2} \\
&= \lambda\alpha Y_t - (1-d)\lambda\alpha Y_{t-1} + (d-\lambda)[K_{t-1} - (1-d)K_{t-2}] \\
&= \lambda\alpha Y_t - (1-d)\lambda\alpha Y_{t-1} + (d-\lambda)[K_{t-1} - K_{t-2} + dK_{t-2}] \\
&= \lambda\alpha Y_t - (1-d)\lambda\alpha Y_{t-1} + (d-\lambda)I_{t-1}^G
\end{aligned} \tag{9.69}$$

(9.69)式的经济计量模型为:

$$I_t^G = \lambda\alpha Y_t - (1-d)\lambda\alpha Y_{t-1} + (1-\lambda)I_{t-1}^G + u_t \tag{9.70}$$

(9.70)式中的所有参数都可以应用 OLS 估计出来,而且不需要资本存量 K 的数据,是一个比较实用的模型,右边增加被解释变量滞后变量是为了对资本存量作局部调整,它是投资函数的基本形式。

(四)利用最新信息的加速模型

Hines 和 Catephores 于 1970 年提出利用:

$$K_t^* = \alpha Y_{t-n} \tag{9.71}$$

代替(9.63)中 $K_t^* = \alpha Y_t$,其中,Y_{t-n} 表示产出水平的最新信息,它表示人们是根据产出水平的最新信息来确定资本存量的期望值,而不是根据尚未可知的实际产出水平,于是将(9.71)式代入(9.70)式得:

$$
\begin{aligned}
I_t^G &= \alpha\lambda Y_{t-n} - (1-d)\alpha\lambda Y_{t-n-1} + (1-\lambda)I_{t-1}^G + u_t \\
&= \alpha\lambda Y_{t-n} - \alpha\lambda Y_{t-n-1} + d\alpha\lambda Y_{t-n-1} + (1-\lambda)I_{t-1}^G + u_t \\
&= \alpha\lambda(Y_{t-n} - Y_{t-n-1}) + d\alpha\lambda Y_{t-n-1} + (1-\lambda)I_{t-1}^G + u_t \\
&= \alpha\lambda\Delta Y_{t-n} + d\alpha\lambda Y_{t-n-1} + (1-\lambda)I_{t-1}^G + u_t
\end{aligned}
\tag{9.72}
$$

其计量形式为:

$$I_t^G = \alpha\lambda\Delta Y_{t-n} + d\alpha\lambda Y_{t-n-1} + (1-\lambda)I_{t-1}^G + u_t \tag{9.73}$$

估计时首先确定 n,即滞后的期数,然后估计其他参数。

(五)利润决定的投资函数模型

加速模型认为投资的原动力是产出的增长。但是由于投资活动是一个多周期过程,投资决策必然与资金的回报有关,所以就要考虑市场条件、税率、利率、产品与资本的价格等因素。这样,资本存量的预期值并不取决于产出水平,而是取决于利润水平。从这一假设出发,Grunfeld 于 1961 年提出如下关系:

$$K_t^* = \alpha_0 + \alpha_1 V$$

其中,V 为利润水平;K_t^* 为期望资本存量。

根据(9.65)式展开:

$$
\begin{aligned}
I_t^G &= \lambda K_t^* - \lambda K_{t-1} + d K_{t-1} \\
&= \lambda(\alpha_0 + \alpha_1 V) - \lambda K_{t-1} + d K_{t-1} \\
&= \lambda\alpha_0 + \lambda\alpha_1 V + (d-\lambda)K_{t-1}
\end{aligned}
$$

其计量模型为:　　　　$I_t^G = \lambda\alpha_0 + \lambda\alpha_1 V + (d-\lambda)K_{t-1} + u_t$ 　　　(9.74)

先验地得到折旧率 d,然后再利用 OLS 估计其他参数。

二、库存投资模型

库存投资在我国国民经济统计中相当于流动资产中的积累部分。随着国民经济核算的统一规划,而流动资产的概念已由会计统计分离走向会计统计的统一。

按照新的制度,微观上的流动资产是指可以在一年或者超过一个经营周期内变现或者耗用的资产,其特点是它在参加生产经营时,其价值一次转移到产品成本或费用中去,包括现金、各种存款、短期投资、应收及预付货款、存款等。但从宏观来讲,一个国家的金融资产和金融负债往往互相抵消,所以宏观上的流动资产主要由库存及国外短期金融资产负债净额组成。金融资产负债净额是指根据合同规定,偿还期在一年及一年以下的国际资本往来过程中形成的资本与负债的差额。

库存是构成流动资产的主要部分。它是一个国家维持一定规模的生产、消费、投资等经济、社会活动所必需的物质形态积蓄,是一定时点上退出生产过程但没有进入消费领域以及暂时退出生产过程而作为最终产品在今后的生产中将继续发挥作用的实物产品部分,也即生活消费品库存和生产资料库存。

从广义上讲,固定资产和库存改变量都是投资的重要组成要素。要扩大再生产,实现固定资产投资,必须有足够的合理的库存,库存太少会影响扩大再生产;库存太多,又会形成积压。因此,必须研究库存的决定因素,建立恰当的库存投资模型。

(一)库存投资的加速器模型

经济学家梅茨勒(L. Metzler)首先提出生产者总要保持一个适当的库存水平,这个水平应当等于平衡水平 H_t^e,它与销售量 Y_t 之间存在一定的比例关系:

$$H_t^e = \eta Y_t \tag{9.75}$$

其中,η 为库存比例。

库存的增减即为库存投资,因此库存投资应为:

$$I_t^e = H_t^e - H_{t-1} = \eta Y_t - H_{t-1} \tag{9.76}$$

但是,Y_t 往往是未知的,因此可用前二期的加权平均值来代替:

$$Y_t = Y_{t-1} + \lambda(Y_{t-1} - Y_{t-2}) \tag{9.77}$$

λ 称为预期系数,$0<\lambda<1$。

将(9.77)式代入(9.76)式得:

$$\begin{aligned}I_t^e &= \eta Y_t - H_{t-1} \\ &= \eta[Y_{t-1} + \lambda(Y_{t-1} - Y_{t-2})] - H_{t-1} \\ &= \eta Y_{t-1} + \eta\lambda(Y_{t-1} - Y_{t-2}) - H_{t-1} \\ &= \eta Y_{t-1} + \eta\lambda \Delta Y_{t-1} - H_{t-1}\end{aligned}$$

其计量模型为:　　　　$I_t^e = \eta Y_{t-1} + \eta\lambda \Delta Y_{t-1} - H_{t-1} + u_t \tag{9.78}$

(9.78)式称为梅茨勒库存投资模型。该模型可直接用 OLS 估计 η,λ。

(二)伸缩性加速器模型

梅茨勒的假设是库存调整的理想状态。实际上,库存的调整由于生产技术等方面的原因总需要一定的时间,因此,只能部分调整。同时部分调整可使生产避免剧烈变动,保持相对稳定,有一定节奏性。罗威尔(M. Lovell)提出一个有伸缩性的加速器,就是局部调整库存,以便在一定时期内达到平衡水平 H^e,于是有:

$$I_t = \delta(H_t^e - H_{t-1}) + u_t \qquad (9.79)$$

其中,$0 < \delta \leqslant 1$,δ 称为伸缩的加速因子或调整系数,当 $\delta = 1$ 时,

$$I_t = H_t - H_{t-1} = \Delta H_t$$

表示实际库存投资是平衡状态调整量的一部分,所以(9.79)式称为伸缩性的加速器模型。(9.79)式还可以表示成为如下形式:

$$H_t = \delta H_t^e + (1 - \delta)H_{t-1} + u_t \qquad (9.80)$$

(9.80)式与(9.79)式的区别在于用库存水平 H_t 代替了作为被解释变量的库存改变量 ΔH_t。

第五节　货币需求函数模型

一、有关的概念

货币是一个复杂的概念,其复杂性主要在于它的层次性,从统计意义上讲指不同范围和口径,一般地讲,它可以被定义为 M_0,M_1,M_2,M_3 四个层次或形式。

1. M_0——通货净额或现金

它是各国政府和中央银行发行的钞票,是最具有货币性和流动性,随时可以作为流通手段和支付手段投入流通的货币形式。通货净额是指现钞,扣除各金融机构的库存现金后的剩余部分。通货净额或现金是货币供应量的第一层次,是货币供应量的基础指标。在我国,M_0 系指现金,即中国人民银行历年货币发行总额。

2. M_1——现金＋使用支票的活期存款

这是较狭义的货币。在金融机构的活期存款虽然不是现实的流通手段和支付手段,但其极易转化为现实的流通手段和支付手段。

在我国,M_1＝企业活期存款＋农村集体活期存款＋机关团体的活期存款(不含居民活期存款)。

3. M_2——现金＋商业银行各种存款的总和

这是较广义的货币,其中包括商业银行的定期存款、储蓄存款及其他存款。

在我国,M_2＝M_1＋单位定期存款＋自筹基建存款＋居民储蓄存款＋其他存款。

4. M_3——现金＋各类银行机构及非银行金融机构的各种存款的总和

这是更广义的货币,我国目前未划定 M_3 这一层次的货币。

货币需求函数主要以 M_0 为对象。

二、古典货币学说需求函数模型

古典货币学说,即古典货币数量论,20 世纪 30 年代之前达到顶峰,其代表人物 I. Fisher,代表性方程为交易方程式,即费雪方程:

$$M = PT/V \tag{9.81}$$

其中:M 为货币需求量;P 为价格水平;T 为交易总量;V 为货币流通速度。

该方程说明货币仅用于交换活动,因而货币需求量仅取决于交易总量、价格水平和货币流通速度。

古典货币需求函数模型的一般形式为:

$$M = f(P,T,V,u)$$

具体形式由样本观测值所反映的变量之间的具体关系而定,一种实用的形式为:

$$\ln M_t = \beta_0 + \beta_1 \ln P_t + \beta_2 \ln T_t + \beta_3 \ln V_t + u_t \tag{9.82}$$

其中,$\beta_1 \approx 1,\beta_2 \approx 1,\beta_3 \approx 1$。

在应用时注意变量之间的对应关系,当 M 为流通中的现金需求量 M_0 时,T 应为社会商品和劳务交易总额;P 为对应商品和劳务交易价格;V 为现金流通速度。

当 M 为 M_1 意义时,T 应包括生产资料交易额。

三、凯恩斯(Keynes)货币学说需求函数模型

凯恩斯认为人们对货币需求动机除了用于交易外,还用于预防和投机,于是将货币需求分为两部分,一部分是取决于交易总量的交易需求,一部分是取决于利率的资产需求,其需求函数一般形式:

$$M/P = g_1(T) + g_2(i) + u \quad 或 \quad M = f(P,T,i,u) \tag{9.83}$$

其中,i 为利率水平。模型的具体形式由样本观测值所反映的变量之间的具体关系而定。

若 M 为流通中的现金需求量:

$$\frac{\partial M}{\partial T} > 0 \qquad \frac{\partial M}{\partial i} < 0$$

即:随着交易总量的增加,现金的需求量增加;随着利率的提高,现金的需求量减少。

四、现代货币主义需求函数模型

以 Freidman 为代表的新货币数量论认为,从长期而论,实际货币的需求是持久收入的函数,是相对稳定的,具有长期中性,货币量的增加只能影响整体经济中

货币部门的名义量,如价格上涨,名义利率提高,名义收入的增加等,不能影响实质部门的实际活动水平,如就业、生产率等,但短期内货币量的增加对实际产出有影响。所以

$$\frac{M}{P} = f(Y, i, i_e, i_b, \frac{1}{P} \cdot \frac{\mathrm{d}P}{\mathrm{d}t}, \omega, u) \tag{9.84}$$

其中,Y 为长期收入,$\frac{\partial M}{\partial Y} > 0$,表示货币需求量随着长期收入的增长而增长;$i$ 为存款利率,$\frac{\partial M}{\partial i} < 0$,表示随存款利率的提高现金需求量减少;$i_e$ 为非固定收益的存款利率,如股票收益率,$\frac{\partial M}{\partial i_e} < 0$,表示随着股票收益率等的提高,现金需求量减少;$i_b$ 为固定收益的存款利率,如债券收益率,$\frac{\partial M}{\partial i_b} < 0$,表示随着债券收益率的提高,现金需求量减少;$\frac{1}{P} \cdot \frac{\mathrm{d}P}{\mathrm{d}t}$ 为物质财富的价格增长率;$\frac{\partial M}{\partial (\frac{1}{P} \cdot \frac{\mathrm{d}P}{\mathrm{d}t})} < 0$,表示随着物质财富价格增长率的提高,现金需求量减少;ω 为物质财富在总财富中的比例,用于表示人力资本的数量,ω 较大时,人力资本减少,$\frac{\partial M}{\partial \omega} < 0$,表示总财富中物质财富的比例提高,对现金的需求量减少。

Freidman 模型强调货币是一种资产,对持有者产生各种效用,各种资产的相对收益率影响货币需求。

模型的具体形式由样本观测值所反映的变量之间的具体关系而定。

五、后凯恩斯(Keynes)货币学说需求函数模型

以 Baumol 和 Tobin 的理论为代表的后凯恩斯货币学说认为,持有现金与持有存货一样,旨在应付交易之需要,但需要耗费成本。存货的成本,如仓库租金、管理费用等。持有现金的成本为现金的机会成本,至少等于存款利息。所以对现金的需求应该以获得现金的交易费用和持有现金的机会成本最小为准则。总成本为:

$$TC = \frac{T}{M} \cdot b + \frac{M}{2} \cdot i \tag{9.85}$$

其中,T 为某一时期内某一经济单位所要支付的交易总量;C 为单位交易成本;M 为每次支付所付出的货币量;b 为每次交易费用;i 利率。

一个月内交易总量 T,月初得到收入 T,只需要保留 M,将其余的 $(t-M)$ 存入

银行或购买债券,以后每次兑换 M,把兑换与支出看成是一个连续过程,于是两次兑换期间平均持有货币为 $\frac{M}{2}$,利息损失为 $\frac{M}{2}i$,欲使得费用达到最小,则:

$$\frac{\partial(TC)}{\partial M} = 0$$

$$\frac{\partial(\frac{T}{M}b + \frac{M}{2}i)}{\partial M} = 0$$

$$-\frac{T}{M^2}b + \frac{i}{2} = 0$$

$$M^2\frac{i}{2} = Tb$$

$$M = \sqrt{\frac{2Tb}{i}} \tag{9.86}$$

这就是著名的"平方根公式"。

当 $b=0$,即每次交易费用为 0,没有交易成本,就没有必要保持现金,即:$M=0$。

平方根模型是一个确定性模型。但是实际上由于其他各种因素的影响,这个关系并不是准确实现的。一般将模型表达成如下的计量形式:

$$\ln M = \beta_0 + \beta_1 \ln T + \beta_2 \ln b + \beta_3 \ln i + u \tag{9.87}$$

其中,各参数估计量范围为:$\beta_1 \approx \frac{1}{2}$,$\beta_2 \approx \frac{1}{2}$,$\beta_3 \approx -\frac{1}{2}$。

思考与练习

1. 需求函数模型和消费函数模型的研究内容有何不同?

2. 需求函数常见的形式有哪些?

3. 何谓线性支出系统和扩展的线性支出系统? 推导它们参数之间的关系,说明对线性支出系统如何估计?

4. 试述 C-D 生产函数的性质。

5. 试根据《中国统计年鉴》最新资料,建立我国城镇居民人均消费的线性支出系统模型,并进行估计和分析。

6. 试述消费者行为理论的几种基本假说模型。

7. 设 C_t 为当期消费,C_{t-1} 为上期消费,Y 为可支配收入,P 为物价指数。试由相对收入假说,构造消费模型。

8. 解释下列概念:边际替代率、边际替代弹性、规模报酬不变。

9. 如何计算要素贡献率？

10. 加速模型和灵活加速模型的含义是什么？

11. 试述库存投资模型的类型及含义。

12. 货币需求模型有哪些类型？何谓平方根方式？为什么平方根模型的一般表达式中各参数估计量范围为 1/2 或 —1/2？

第十章　课程实验

教学目的

　　通过计量经济学实验课的学习,使学生能结合教学内容熟练地掌握计量经济学软件 Eviews 的使用,加深对计量经济学基本理论和基本方法的理解,为相关课程的学习及毕业论文中使用数量分析方法打下一定的基础。

教学要求

　　要求学生能用软件 Eviews 软件按照各单元实验要求,完成有关实验内容,并写出实验报告。

实验内容及课时安排

	实验内容	课时
实验一	Eviews 软件的基本操作	2 课时
实验二	一元线性回归模型	2 课时
实验三	多元回归模型	2 课时
实验四	异方差性	2 课时
实验五	自相关性	2 课时
实验六	多重共线性	2 课时
实验七	滞后变量模型	2 课时
实验八	虚拟变量模型	2 课时
实验九	联立方程模型	2 课时
合　计		18 课时

实验设备

　　1. 专用软件:Eviews3.1 或更高版本。

　　2. 操作系统:MS Windows 2003 /XP。

实验报告

实验报告

姓名		学号		系/班级	
				专业	
实验名称					
实验目的和内容					
实验要求完成情况					
实验体会或收获					

实验一 Eviews 软件的基本操作

【实验目的】

了解 Eviews 软件的基本操作对象,掌握软件的基本操作,能利用 Eviews 软件进行图形分析和描述性统计分析及其描述性统计量的检验。

【实验内容】

1. Eviews 软件的安装。

2. 工作文件建立的与数据的输入方式。

3. 图形分析与描述统计分析。

4. 描述性统计量的检验。

【实验准备】

1. 下载或购买 Eviews 软件。

2. 搜集需要进行描述性分析的数据资料,如我国 2000 年至 2009 年财政收入与国内生产总值的数据,这些数据可通过查 2010 年中国统计年鉴得到。

【实验步骤】

(一)安装 Eviews 软件

1. 找到"计量经济软件"文件夹;

2. 双击其中的 setup. exe;

3. 指定安装 Eviews 的启动设置成桌面快捷方式。

(二)数据的输入、编辑

1. 建立工作文件;打开 Eviews,新建 Workfile 并命名。

2. 输入 X,Y 的数据;新建 Series 并命名为 X,Y,数据输入到 Workfile,改变数据范围。

3. 选择若干变量构成数组,在数组中增加、删除和更名变量。

4. 在工作文件窗口中删除、更名变量。

(三)图形分析与描述性统计分析及描述性统计量检验

1. 利用 PLOT X Y 和 BAR X Y 命令绘制 X、Y 的趋势图和条图;或打开 X 或 Y,点击 View\Spreadsheet\Line Graph 线图\Bar Graph 条图,观察 Series 的变化趋势,并把表和两种图复制到一个 Word 文档并命名。

2. 利用 SCAT 命令绘制 X、Y 的相关图,观察变量之间的相关类型,即为线性相关还是曲线相关,曲线相关时大致是哪种类型的曲线。

3. 观察图形参数的设置情况。双击图形中的图例、坐标轴区域,可以重新定义图例和坐标轴的显示格式。双击图形区域,将弹出图形参数设置窗口,然后对图形参数进行设置。

4. 单序列描述统计量及检验。在序列窗口选择 View\Descriptive Statistics\Histogram and Stats,可观察变量 x 的描述统计量,同时可判断 x 是否服从正态分布。在序列对象菜单选择 View\Tests for Descriptive Stats\Simple Hypothesis Tests,则可对序列均值、中位数、方差进行假设检验。

5. 多序列描述统计量及检验。在数组窗口可观察变量的描述统计量,进行相等性检验、相关分析等。

(四)数据文件的存贮、调用与转换

1. 存贮并调用工作文件;

2. 存贮若干个变量,并在另一个工作文件中调用存贮的变量;

3. 将工作文件分别存贮成文本文件和 Excel 文件;

4. 在工作文件中分别调用文本文件和 Excel 文件;

5. 在对象窗口中点击 Name 按钮,将对象存贮于工作文件。

【实验报告】

根据输出结果,写成实验报告(Word 文档)。具体要求如下:

1. 绘制 X、Y 的趋势图和绘制 X、Y 的相关图,复制到一个 Word 文档。

2. 观察数据描述统计量并进行分析,对变量进行正态性检验。

3. 写出变量均值、中位数、方差检验结果。

4. 对两个变量进行相等性检验、相关分析的结果。

【保存成果】

保存实验研究成果(工作文件和实验报告),以下各实验都要做到这一点,后面不再赘述。

1. 保存工作文件,选择主菜单上 File\Save 将工作文件的一个拷贝存储在电脑上。

2. 退出 Eviews。

3. 打印并提交研究报告。

实验二　一元线性回归模型

【实验目的】

掌握对一元线性回归模型的参数利用最小二乘法进行估计的方法;能够把Eviews 输出结果看懂并写出分析报告。

【实验内容】

1. 一元线性回归模型参数估计。
2. 利用一元线性回归模型进行预测。

【实验数据】

为了研究全国居民消费与收入之间关系的消费函数模型,将一元线性回归模型的被解释变量 Y 选定为在统计年鉴中可以直接获得的"城镇居民每人每年的平均消费支出",选择"城市居民每人每年可支配收入"作为解释变量 X。通过查2010 年中国统计年鉴,可以找到 2009 年全国 31 个省份的 X 与 Y 的数据。

【实验步骤】

以我国居民消费消费函数为例。

(一)建立工作文件

键入 CREATE　A　85　97

(二)输入数据

1. 键入命令:DATA　Y　X
2. 输入每个变量的统计数据。

(三)图形分析:作图 Y 对 X 的趋势图和散点图

1. 趋势图:PLOT　Y　X
2. 相关图:SCAT　X　Y
3. 观察二者的关系,并把图复制到一个 Word 文档。

(四)估计线性回归模型

1. 命令方式　LS　Y　C　X
2. 菜单方式:
(1)点击 Quick\Estimate Equation;
(2)在弹出的方程设定框内输入模型:
Y　C　X　或　Y=C(1)+C(2)*X

(3)OK 后输出结果。

把你得到的结果复制到一个 Word 文档,并翻译为中文。

(五)模型检验

1. 经济意义检验(结构分析)。

2. 统计检验。

(1)模型的拟合优度检验。

(2)参数的显著性检验。

(3)模型总体的显著性检验。

(六)模型应用

1. 调整数据区间。建立或调入工作文件之后,数据区间和样本区间也随之确定。但是在计量经济分析过程中,经常需要扩展数据区间或调整样本区间。在工作文件窗口中双击数据区间(Range)或样本区间(Sample),并在弹出的对话框中重新输入起始期和终止期,点击 OK 之后,可以观察到工作文件窗口中的数据区间(或样本区间)已做了相应调整。

2. 在估计结果 Equation 框中,点击 Forecast 进行预测。

3. 对模型预测精度进行评价。

【实验报告】

根据输出结果,写成实验报告(Word 文档)。具体要求如下:

1. 写出你的估计得到的回归方程。

2. 在回归方程下边列出相应参数的标准差和 t 值。

3. 列出 R^2,F 值。

4. 对得到的回归方程进行经济意义检验和统计检验。

5. 对预测精度进行评价。

实验三　　多元回归模型

【实验目的】

掌握多元回归模型参数估计,特别是非线性回归模型的转化、参数估计及检验方法。

【实验内容】

1. 多元回归模型参数估计。

2. 生成序列以及可线性化模型的参数估计。

3. 不可线性化模型的迭代估计法的 Eviews 软件的实现方式。

【实验数据】

为了分析我国改革开放以来全社会总产出与资本投入和劳动力投入之间的关系,这里选择我国 1980 年至 2007 年国内生产总值、固定投资总额和从业人员总数的数据,作为生产函数的被解释变量与解释变量,从 2010 年统计年鉴中可直接找到相应的国内生产总值(GDP)与固定投资总额(K)和从业人员总数(L)的数据。

【实验步骤】

以我国生产函数为例。

(一)建立多元线性回归模型

建立线性生产函数回归模型:$GDP = \alpha_0 + \alpha K + \beta L + \mu$

1. 建立工作文件:CREATE　A　1980　2007
2. 输入统计资料:DATA　GDP　K　L
3. 建立回归模型:LS　GDP　C　K　L

(二)经过直接代换可线性化的非线性回归模型的参数估计

1. 命令方式:

分别建立以下模型:

双对数模型:LS　log(GDP)　C　log(K)

对数模型:LS　GDP　C　log(K)

指数模型:LS　log(GDP)　C　K

二次多项式模型:LS　GDP　C　K　K^2

2. 菜单方式:

在方程窗口点击 Estimate 按钮,并在弹出的方程描述框内依次输入上述模型。

3. 迭代估计:

在方程设定框内依次输入:

GDP=C(1) * K^C(2)　　　估计幂函数模型

GDP=C(1) * EXP(C(2) * K)　　　估计指数函数模型

GDP=C(1)+C(2) * K+C(3) * K^2　　　估计二次多项式模型

估计过程中,可以点击 Option 按钮设定迭代次数和估计精度。

(三)经过适当的模型变换可线性化的非线性回归模型的参数估计

对可以化为线性模型的非线性回归模型,可通过经过变量代换,将模型化为线性模型后再进行估计参数。下面以 C－D 生产函数的参数估计为例,说明操作步骤:

1. 将 C－D 生产函数 $Y=AL^{\alpha}K^{\beta}$ 转化成线性模型,在 C－D 生产函数两端同时取对数,得:

$$\ln Y=\ln A+\alpha\ln K+\beta\ln L$$

设 $Y=\ln GDP$, $\alpha_0=\ln A$, $X_1=\ln L$, $X_2=\ln K$,

则得到多元线性回归模型: $Y=\alpha+\alpha X_1+\beta X_2$

2. 生成新序列。在应用计量经济软件 Eviews 实现上述变换,需要生成新序列,生成新序列命令方式为:

格式:GENR　变量名＝表达式

功能:将表达式的计算结果赋值给等号左端的变量

如:GENR Y＝log(GDP)　　生成 GDP 的自然对数,记为 Y

　　GENR X_1＝log(L)　　　生成 L 的自然对数,记为 X_1

　　GENR X_2＝log(K)　　　生成 K 的自然对数,记为 X_2

3. 最小二乘法估计出各个参数,用最小二乘法估计出各个参数键入的命令序列为:

LS　Y　C　X1　X2

(四)模型比较、选择最佳模型

估计过程中,对每个模型检验以下内容,以便选择一个最佳模型:

1. 回归系数的符号及数值是否合理;

2. 模型的更改是否提高了拟合优度;

3. 模型中各个解释变量是合显著;

4. 模型整体显著性检验;

5. 结合残差图分布情况进行综合分析。

【实验报告】

根据输出结果,写成实验报告(Word 文档)。具体要求如下:

1. 对线性生产函数的估计结果进行检验,特别是对模型整体显著性进行检验,结果写成 Word 文档形式。

2. 对直接代换可线性化的非线性回归模型要通过检验从中挑选最佳模型形式。

3. 对 C－D 生产函数的参数估计结果进行检验,特别是要明确指出参数的经济意义。

4. 在不可线性化的 CES 生产函数估计中,注意参数的初始值的设定和精度控制值的控制过程,达到最佳估计效果。

实验四　异方差性

【实验目的】

通过本实验,掌握各种异方差性检验的方法和操作步骤,加深对横截面数据一般存在异方差的理解;掌握加权最小二乘估计的 Eviews 软件实现方式,以调整异方差性。

【实验内容】

1. 异方差性的检验。
2. 利用模型变换法和加权最小二乘法(WLS)调整模型的异方差性。

【实验数据】

居民个人储蓄主要来源于个人收入,储蓄与收入之间关系的一般函数形式为 $S = f(I)$,其中,S 为储蓄,I 为收入,而在的国民经济统计中往往把 GDP 作为国民收入的来源和国民收入分配的起点,因此,若用 Y 表示我国各地区城乡居民个人储蓄存款余额(单位:亿元),可以用 X 表示各地区生产总值,建立个人储蓄与个人收入关系的储蓄函数模型为:$Y_i = \beta_0 + \beta_1 X_1 + u_i$,我国 2009 年 31 个省区市城乡居民个人储蓄存款余额及各地区生产总值的数据可直接从 2010 年统计年鉴中得到。

【实验步骤】

以储蓄函数为例。

(一)检验异方差性

1. 图形分析检验:

(1)观察 Y、X 相关图:SCAT　X　Y;

从散点图上可以看出随着生产总值的增加,储蓄额的离散程度也增加,表明 u_i 的方差呈现出异方差性,而且是递增形式。

(2)残差分析:观察回归方程的残差图。

LS　Y　C　X

在方程窗口上点击 Resids 按钮,或生成残差平方序列和绝对值序列,再通过观察这两者与 X 的相关图来判断。

2. Goldfeld-Quant 检验:

SORT　X

SMPL　1　11

LS　Y　C　X(计算第一组残差平方和)

SMPL   11   31

LS   Y   C   X（计算第二组残差平方和）

计算 F 统计量，判断异方差性。

3. White 检验：

SMPL   1   31

LS   Y   C   X

在方程窗口上点击：View\Residual\Test\White Heteroskedasticity；

再由概率值判断异方差性。

4. Park 检验：

LS   Y   C   X

GENR   LNE2＝log(resid^2)

GENR   LNX＝log(X)

LS   LNE2   C   LNX

5. Gleiser 检验：

LS   Y   C   X

GENR   E1＝ABS (resid)

LS   E1   C   X

再在方程窗口中点击 Estimate 按钮，然后在方程描述框中依次输入下列方程：

E1   C   X^2

E1   C   X^(1/2)

E1   C   X^(−1)

E1   C   X^(−2)

E1   C   X^(−1/2)

根据 R^2 值或 F 值确定最显著的异方差类型模型。

(二)调整异方差性（WLS 估计）

1. 计算权数变量：

GENR   W1＝1/X^1.6743   根据 Park 检验结果

GENR   W2＝1/X^0.5   根据 Gleiser 检验结果

GENR   W3＝1/E1   取权数变量为 $1/|e_i|$

GENR   W4＝1/resid^2   取权数变量为 $1/e^2$

2. WLS 估计：

LS   Y   C   X

在方程窗口中点击 Estimete\Option，在选择框中选择 WLS 估计，并在权数变量栏依次输入 W1,W2,W3,W4。

3. 变量对数变换法:对 Y_t 和 X_t 同取对数,得两个新变量 LnY_t 和 LnX_t。用 LnY_t 对 LnX_t 回归,即:LS　LNY　C　LNX

4. 对估计的模型再进行 White 检验,观察异方差性的调整情况。

【实验报告】

根据输出结果,写成实验报告(Word 文档)。具体要求如下:

1. 写出异方差性的两种图形检验结论,结果写成 Word 文档形式;

2. 写出 Goldfeld-Quant 检验、White 检验、Park 检验、Gleiser 检验的过程和结论;

3. 根据检验的结论,对模型的异方差进行修正,写出不同权重下的回归结果的报告形式,并根据拟合优度的数值和 White 检验的结果挑选最佳估计结果的模型形式;

4. 对比变量对数变换法与加权最小二乘法修正模型结果的差异。

实验五　　自相关性

【实验目的】

通过本操作实验,掌握自相关性的各种检验方法,加深对时间序列数据一般存在自相关的理解;掌握广义差分法的 Eviews 软件实现方式。写出实验报告。

【实验内容】

1. 自相关性的检验方法。

2. 用广义差分法来消除模型的自相关性。

【实验数据】

储蓄函数是储蓄与收入之间的依存关系,其形式为 $S = f(I)$,其中作为被解释变量的 S 和解释变量的 I,在实验四中分别用城乡居民个人储蓄存款余额(用 Y 表示)代表个人储蓄,而用生产总值(用 X 表示)代表个人收入,实验四使用的是横截面数据,本章将采用这两个变量的时间序列数据,我国城乡居民储蓄存款年末余额(用 Y 表示,单位:亿元)和国内生产总值指数(用 X 表示,1978 年=100)的 1978 年至 2009 年的数据直接来自《中国统计年鉴 2010》。

【实验步骤】

以我国城乡居民储蓄函数为例。

(一)回归模式的筛选

1. 相关图分析：SCAT　X　Y

2. 估计模型，分别建立以下模型：

线性模型：LS　Y　C　X

双对数模型：LS　log(Y)　C　log(X)

对数模型：LS　Y　C　log(x)

指数模型：LS　log(Y)　C　X

二次多项式模型：LS　Y　C　X　X^2

3. 根据判定系数、显著性检验、残差图等分析结果，初步选定回归模型为双对数模型和二次多项式模型。

(二)自相关性检验

1. 相关图和残差图分析：回归估计后，通过命令方式 SCAT resid(-1) resid 得到残差的自相关图；也可在方程窗口中击 Resids 按钮，对残差图进行分析；

2. DW 检验；

3. 偏相关系数检验；

4. BG 检验。

确定自相关的类型，即几阶自相关。

(三)自相关性的调整

在 LS 命令中加上 AR 项，系统将自动使用广义差分法来估计模型。如自相关类型为一阶自回归形式，则命令格式为

LS　Y　C　X　AR(1)

如果模型为高阶自相关形式，再加上 AR(2)，AR(3)，…，等等。Eviews 软件将使用迭代法估计模型，而且，迭代估计过程可以控制，方法如实验三中的控制操作。

1. 对双对数模型进行调整；

2. 对二次多项式模型进行调整；

3. 从双对数模型和二次多项式模型中选择调整结果较好的模型。

(四)重新设定双对数模型中的解释变量

模型 1.加入上期储蓄 LNY(-1)

模型 2.解释变量取成：上期储蓄 LNY(-1)、本期 X 的增长 DLOG(X)。(需要事先生成 Y,X 的对数变量 LNY 和 LNX)

1. 检验自相关性；

2. 解释模型的经济含义。

【实验报告】

根据输出结果,写成实验报告(Word 文档)。具体要求如下:

1. 写出筛选出的双对数模型和二次多项式模型得报告形式;

2. 写出相关图和残差图分析检验、DW 检验、偏相关系数检验、BG 检验的过程和结论;

3. 根据检验的结论,对模型的自相关进行修正,写出双对数模型和二次多项式模型的修正后的回归结果,并根据拟合优度的数值和 White 检验的结果挑选最佳估计结果的模型形式;

4. 对比迭代估计法与广义差分变换法修正模型结果的差异。对比迭代估计法与达宾二步法修正模型结果的不同。

实验六　　多重共线性

【实验目的】

通过本实验,掌握检验多重共线性的各种方法;明确用逐步回归法和岭回归法消除多重共线性的具体步骤,了解利用逐步回归法来消除模型的多重共线性与运用岭回归法消除模型的多重共线性的不同之处。写出简要的实验报告,最后打印提交。

【实验内容】

1. 检验多重共线性。

2. 利用逐步回归方法处理多重共线性。

3. 运用岭回归法消除模型的多重共线性。

【实验数据】

为了定量地分析影响中国旅游市场发展的主要因素,经分析,影响国内旅游市场收入 Y 的主要因素,除了国内旅游人数和旅游支出以外,还可能与相关基础设施有关。为此,考虑的影响因素主要有国内旅游人数 X_1,国内旅游总花费 X_2,并以公路里程 X_3 和铁路里程 X_4 作为相关基础设施的代表。为此设定了如下对数形式的计量经济模型:

$$Y_t = \beta_0 + \beta_1 X_1 + \beta_2 X_2 + \beta_3 X_3 + \beta_4 X_4 + u_i$$

为估计模型参数,从 2010 年中国统计年鉴中可收集到 1994—2009 年间相关变量的统计数据。

【实验步骤】

以国内旅游市场收入影响因素分析模型为例。

(一)检验多重共线性

1. 相关系数检验:COR　X1　X2　X3　X4

通过解释变量的两两性分析模型的共线性。

2. 辅助回归方程检验:

LS　X1　C　X2　X3　X4

LS　X2　C　X1　X3　X4

LS　X3　C　X1　X2　X4

LS　X4　C　X1　X2　X3

从各个回归方程对应的可决系数出发,对每一个 R_j^2(复相关系数的平方)构造 F 统计量,分析每个方程的 F 检验值和 t 检验值,了解解释变量之间的相关关系。

3. 方差膨胀因子检验。

利用 X_j 关于其他解释变量的辅助回归模型的判定系数 R_j^2,根据 $VIF_j=(1-R_j^2)^{-1}$,计算方差膨胀因子 VIF_j,一般地,当 $VIF_j>10$ 时(此时 $R_j^2>0.9$),认为模型存在较严重的多重共线性;也可通过求"容许度" $TOL_j=(1-R_j^2)=1/VIF_j$,据此,一般当 $TOL_j<0.1$ 时,认为模型存在较严重的多重共线性。

(二)利用逐步回归方法处理多重共线性

1. 建立基本的一元回归方程;

2. 逐个引入变量,确定基本的二元回归方程;

3. 分别逐个引入其余变量,确定最合适的多元回归方程。

(三)利用 Eviews 进行岭回归估计

1. 求变量的描述性统计量,得到各变量的均值和标准差;

2. 对变量进行标准化处理,得到标准化变量后,进行标准化回归得到的估计结果;

3. 估计岭回归参数 λ。利用式 $\hat{\lambda}=\dfrac{(k-1)\hat{\sigma}^2}{\displaystyle\sum_{j=1}^{k}(\hat{\beta}_j^*)^2}$ 计算 $\hat{\lambda}$ 的值。其中, $\hat{\beta}_1^*,\hat{\beta}_2^*,\cdots,\hat{\beta}_k^*$ 和 $\hat{\sigma}^2$ 是估计该模型得到的参数与随机误差项方差的估计值;

4. 利用 Eviews 的矩阵计算功能,可计算出岭回归估计量的值。建立矩阵对象 **X** 和 **Y**,在工作文件中,点击 Objects\New Object,在弹出的窗口中,在 Type of Object 中选择新建对象的类型,Matrix－Vector－Coef,在 Name for object 中分别输入矩阵对象名 **X** 和 **Y**,单击 OK 按钮。再分别打开两个对象,输入样本数据。同时用命令：

matrix i＝@identity(5)创建单位矩阵。然后根据 $\hat{\boldsymbol{\beta}}(\lambda)=(\boldsymbol{XX}+\lambda\boldsymbol{I})^{-1}\boldsymbol{XY}$ 式，在 Eviews 的命令行分别输入：vector b1＝@inverse(@transpose(x)＊x＋0.01＊i)＊@transpose(x)＊y 可计算出岭回归估计量的值。

【实验报告】

根据输出结果，写成实验报告(Word 文档)。具体要求如下：

1. 写出相关系数检验的结果；

2. 写出辅助回归方程检验方差膨胀因子检验的过程和结论；

3. 写出逐步回归方法处理多重共线性的各步结论；

4. 写出利用岭回归估计法消除多重共线性的结果；

5. 对比逐步回归方法处理多重共线性与利用岭回归估计法消除多重共线性的不同，分析优缺点。

实验七　滞后变量模型

【实验目的】

通过本章操作实验，掌握利用阿尔蒙估计法对分布滞后模型的估计参数的 Eviews 软件实现方式；掌握利用工具变量法对自回归模型进行参数估计的具体操作过程。写出实验报告。

【实验内容】

1. 分布滞后模型参数估计的阿尔蒙(Almon)估计法。

2. 自回归模型的参数估计方法的 Eviews 实现步骤。

【实验数据】

确定合适的库存量是企业库存管理的要点，这就需要研究库存量和销售量之间的关系。本实验利用库存量和销售量数据分别建立分布滞后模型和自回归模型，以达到对这两个模型的分析和选择。可收集某市工业的库存额与销售额的数据资料进行分析。

【实验步骤】

以库存函数模型为例。

(一)利用分布滞后模型分析库存函数

假定库存额取决于当年及过去时期销售额，现利用分布滞后模型建立库存函数模型。

　　1. 确定滞后期长度：CROSS　　Y　　X

　　2. 利用 Almon 方法估计模型 LS　　Y　　C　　PDL(X，3，2)

　　3. 滞后期长度的调整：将 PDL 项依次取成：PDL(X，3，2)、PDL(X，4，2)、PDL(X，5，2)，当调整的判定系数 $\bar{R}^2$ 下降，或 SC、AIC 的值增大时，则表明滞后期长度已经不能再增加。

　　(二)对 Almon 估计的模拟

　　1. Almon 变换：

　　GENR　　Z0＝X＋X(−1)＋X(−2)＋X(−3)

　　GENR　　Z1＝X(−1)＋2＊X(−2)＋3＊X(−3)

　　GENR　　Z2＝X(−1)＋4＊X(−2)＋9＊X(−3)

　　2. 估计变换后的模型：

　　LS　　Y　　C　　Z0　　Z1　　Z2

　　3. 计算原模型中的系数估计值。

　　4. 将系数估计值与利用 ALMON 方法估计的原模型的系数估计值进行对照。

　　(三)利用自回归模型分析库存函数

　　假定库存可以由一个自回归模型来表示，即：$Y_t＝\beta_0＋\beta_1 X_t＋\beta_2 Y_{t-1}＋\mu_i$

　　1. 利用 OLS 法估计分布滞后模型(设滞后期长度为 3)。

　　在命令行输入 LS　　Y　　C　　X(0　　TO　　−3)，得到分布滞后模型的输出结果。

　　2. 计算 $Z_t＝\hat{Y}_t＝Y_t－e_t$。在命令行输入 GENR Z＝Y－RESID，得到新的序列 Z。

　　3. 将 $Z_t＝\hat{Y}_{t-1}$ 替代自回归模型中的 Y_{t-1}，并用广义差分法(设存在一阶自相关性)估计模型：LS　　Y　　C　　Z(−1)　　AR(1)，得到工具变量法估计自回归模型的输出结果。

　　【**实验报告**】

　　根据输出结果，写成实验报告(Word 文档)。具体要求如下：

　　1. 利用互相关分析方法确定分布滞后模型的滞后期长度；

　　2. 写出 ALMON 方法估计模型的结果的报告形式，并对结果进行检验和分析；

　　3. 写出工具变量法估计自回归模型的输出结果报告形式，并对结果进行检验和分析；

　　4. 对比 ALMON 方法与工具变量法估计同一数据但不同模型的结果的差

异,并解释模型的经济意义。

实验八　虚拟变量模型

【实验目的】

通过本实验,使学生掌握模型结构稳定性的 Chow 检验法和虚拟变量的设置方法及其模型估计的 Eviews 软件的实现方式;掌握虚拟被解释变量模型的参数估计及其检验方法和步骤。写出简要的实验报告,最后打印提交。

【实验内容】

1. 模型结构稳定性的 Chow 检验法。
2. 虚拟变量模型的建立与估计。
3. Probit 模型和 Logit 模型的参数估计。

【实验数据】

为了考察改革开放以来中国外商直接投资(FDI)与国民总收入(GNI)之间的关系,收集 1985—2006 年中国的国民总收入和外商直接投资的数据。分析国民总收入对外商直接投资影响的数量关系。数据可直接从 2010 年中国统计年鉴取得。

家庭购买商品房的决定因素主要是其收入水平。用 Y_i 表示第 i 个家庭拥有住房的情况($Y_i=1$ 表示其购买了商品房;$Y_i=0$ 表示其未购买商品房);X_i 表示其年收入水平(单位:千元)。收集家庭是否购买了商品住房及家庭收入的调查资料。

【实验步骤】

(一)外商直接投资与国民总收入关系模型

1. 相关图形分析。在 Eviews 软件的命令窗口中依次键入以下命令:

CREATE　A　1985　2006　　　建立工作文件

DATA　FDI　GNP　　　输入需求量、收入数据

SCAT　GNP　FDI　　　绘制相关图

2. 对模型结构稳定性进行检验:

LS　FDI　C　GNI

在方程窗口点击"View\Stability Test\Chow Breakpoint Test",并输入相应的欲诊断的分界点如 1996,就会得到检验结果:在 1996 年和 2000 年有两个明显的转折点。

3. 构造虚拟变量:

要求:设置虚拟变量反映 1993 年和 2000 年外商直接投资的转折变化。

方法：取虚拟变量 D1＝1(1993 年以后)，D1＝0(1993 年以前)。

取虚拟变量 D2＝1(2000 年以后)，D2＝0(2000 年以前)。

方式 1：使用 DATA 命令直接输入；

DATA　D1　D2　输入虚拟变量的值

(由于 D 是 Eviews 软件的保留字，所以以将虚拟变量取名为 D1 和 D2)

方式 2：使用 SMPL 和 GENR 命令直接定义，

GENR　XD1＝X * D1　　生成变量 XD1

GENR　XD2＝X * D2　　生成变量 XD2

4. 估计虚拟变量模型：

LS　Y　C　X　D1　XD　D2　XD2

再由 t 检验值判断虚拟变量的引入方式，并写出外商直接投资与国民总收入关系模型。

(二)家庭购房决策模型

1. 建立工作文件并输入数据 X 和 Y；

2. 绘制 Y 关于 X 的散点图；

3. 用 Logit 模型拟和 X 和 Y 之间的关系；

4. 选择 Probit 模型拟和 X 和 Y 之间的关系；

5. 对 Logit 模型和 Probit 模型的拟合优度进行比较；

利用虚拟变量分析两年的消费函数是否有显著差异。

【实验报告】

根据输出结果，写成实验报告(Word 文档)。具体要求如下：

1. 写出结构稳定性的 Chow 检验法的结果；

2. 写出构造虚拟变量的定义；

3. 写出虚拟变量模型估计结果的报告形式，并对结果进行检验和分析；

4. 写出 Logit 模型和 Probit 模型拟和 X 和 Y 之间关系的估计结果；

5. 对 Logit 模型的估计结果与 Probit 模型的估计结果进行对比分析。

实验九　联立方程模型

【实验目的】

通过本实验，使学生掌握二阶段最小二乘估计和三阶段最小二乘估计的步骤，并对这两种估计方法进行对比分析。使学生掌握对联立方程模型的拟合优度的检验以及利用估计的联立方程模型进行模拟分析。写出简要的实验报告，最后打印提交。

【实验内容】

1. 掌握在不同的识别条件下，联立方程模型的不同参数估计方法。
2. 掌握联立方程模型的总体拟合优度检验方法。
3. 掌握宏观经济模型模拟分析的具体步骤。

【实验数据】

根据现代宏观经济学的总需求决定总收入的原理，在未考虑进出口的情况下，总需求包括消费需求、投资需求和政府需求。据此，可以建立联立方程模型：

$$C_t = \alpha_0 + \alpha_1 Y_t + \alpha_2 C_{t-1} + u_{1t}$$
$$I_t = \beta_0 + \beta_1 Y_{y-1} + u_{2t}$$
$$Y_t = C_t + I_t + G_t$$

其中 C 为消费支出；I 为投资；Y 为国民收入；G 为政府支出；Y_{t-1}（滞后GDP）、C_{t-1}（滞后消费）和 G 为外生变量。据此收集 1978 年至 2009 年我国支出法国内生产总值、居民消费支出、资本形成总额、政府消费支出的统计数据，数据可直接从 2010 年中国统计年鉴取得。

【实验步骤】

以我国宏观经济模型为例。

(一)建立工作文件并输入数据

CREATE　A　1978　2009
DATA　CT　IT　YT　GT

(二)建立系统

1. 在主窗口中点击 Objects\New Object，并在弹出的列表框中选择 System。
2. 在系统窗口中逐行输入待估计的模型系统（包括工具变量定义行）。

CT＝C(1)＋C(2)＊YT＋C(3)＊CT(−1)
IT＝C(4)＋C(5)＊YT(−1)
INST　YT(−1)　CT(−1)　GT

说明：

(1)方程中可以加入 AR 项来调整自相关性，如本例中的消费系数。AR 项必须用方括弧括起来，并且标明相应的系数；如果使用多个 AR 项，则各项之间用逗号分隔。

(2)如果使用 TSLS 和 3SLS 方法估计模型，必须说明所使用的工具变量。一般用 INST 语句定义整个模型系统的"公共"工具变量，也可以在每个结构方程的尾部直接标明所使用的工具变量,并用符号"@"分隔。

(3)结构方程可以是非线性形式,但此时必须用 PARAM 语句定义待估参数的初始值。

(三)估计模型

1. 在系统窗口中点击 Estimate 按钮,将弹出估计方法选择窗口,选择有关方法后点击 OK,则输出估计结果。

2. 在估计方法中,如果选择最小二乘法、二段最小二乘法和加权最小二乘法,则仍然是用单方程估计方法估计模型中的每一个方程。

3. 将估计结果用 Name 命令保存到工作文件。

(四)总体拟合优度检验

1. 在工作文件中打开所建立的系统。

2. 在系统窗口中点击 Procs\Make Model,并在模型窗口中:

(1)加入模型中的定义方程:

$$YT = CT + IT + GT$$

(2)在 ASSIGN 语句中定义求解后的内生变量名,为了便于比较,对所估计的不同系统可以标以不同的变量序号。

3. 点击 Solve 按钮,得到内生变量的估计值。

4. 拟合优度检验:利用 GENR 命令计算各内生变量的绝对误差、相对误差和相对均方误差。

(五)模拟分析

利用估计的联立方程模型可以直接进行模拟分析。模拟区间选择不同,模拟分析的内容也有区别。将模拟区间取为样本期时,模拟分析实际上就是模型的整体拟合优度检验;而将模拟区间取成样本期以外时,则是进行外推预测或政策的模拟分析。

模拟分析的具体步骤为:

1. 利用系统估计方法估计联立方程模型。

2. 利用 SMPL 命令设定样本区间(即进行模拟分析的模拟区间)。

3. 在系统窗口中点击 Procs\Make Model,将生成一个模型(Model)窗口,窗口中自动写入了估计的联立方程模型;在此基础上再加入联立方程模型中的恒等式。

4. 在模型窗口中点击 SOLVE 按钮,则软件系统利用迭代估计法求解出模型中各个内生变量的估计值,并将估计结果存贮在(工作文件的)指定变量中。

5. 估计模型的比较,重复第四步的1~4,比较各个模型的估计误差(一般是比较相对均方误差），分析各个模型的误差情况，并从中选择较优的模型。

【实验报告】

根据输出结果，写成实验报告（Word 文档）。具体要求如下：

1. 写出我国宏观经济模型的二阶段最小二乘估计结果的报告形式；
2. 写出联立方程模型的估计结果并进行总体拟合优度检验和分析；
3. 对外生变量进行估计或设定；
4. 写出联立方程模型进行模拟分析的结果；
5. 根据不同的政策设定，比较并选出最优政策。

附录 统计学用表

$n-2$ α	0.05	0.01	$n-2$ α	0.05	0.01
1	0.997	1.000	23	0.396	0.505
2	0.950	0.990	24	0.388	0.496
3	0.878	0.959	25	0.381	0.487
4	0.811	0.917	26	0.374	0.487
5	0.754	0.874	27	0.367	0.470
6	0.707	0.834	28	0.361	0.463
7	0.666	0.798	29	0.355	0.456
8	0.632	0.765	30	0.349	0.449
9	0.602	0.735	35	0.325	0.418
10	0.576	0.708	40	0.304	0.393
11	0.553	0.684	45	0.288	0.372
12	0.532	0.661	50	0.273	0.354
13	0.514	0.641	60	0.250	0.325
14	0.497	0.623	70	0.232	0.302
15	0.482	0.606	80	0.217	0.283
16	0.468	0.590	90	0.205	0.267
17	0.456	0.575	100	0.195	0.254
18	0.444	0.561	200	0.138	0.181
19	0.433	0.549	300	0.113	0.148
20	0.423	0.537	400	0.098	0.128
21	0.413	0.526	1000	0.062	0.081
22	0.404	0.515			

附表 2　　　　　　　　　　　**斯皮尔曼等级相关系数临界值表**

α 单边	0.05	0.025	0.005	α 单边	0.05	0.025	0.005
$n=4$	1.000	—	—	$n=18$	0.401	0.472	0.600
5	0.900	1.000	—	19	0.391	0.460	0.584
6	0.829	0.886	1.000	20	0.380	0.447	0.570
7	0.714	0.786	0.929	21	0.370	0.435	0.556
8	0.643	0.738	0.881	22	0.361	0.425	0.544
9	0.600	0.700	0.833	33	0.353	0.415	0.532
10	0.564	0.648	0.794	24	0.344	0.406	0.521
11	0.536	0.618	0.755	25	0.337	0.398	0.511
12	0.503	0.587	0.727	26	0.331	0.390	0.501
13	0.484	0.560	0.703	27	0.324	0.382	0.491
14	0.464	0.538	0.679	28	0.317	0.375	0.483
15	0.446	0.521	0.654	29	0.312	0.368	0.475
16	0.429	0.503	0.635	30	0.306	0.362	0.467
17	0.414	0.485	0.661				
α 双边	0.10	0.05	0.01	α 双边	0.10	0.05	0.01

附表 3   **标准正态分布概率表**

z	$F(z)$	z	$F(z)$	z	$F(z)$	z	$F(z)$
0.00	0.000 0	0.65	0.484 3	1.30	0.806 4	1.95	0.948 8
0.01	0.008 0	0.66	0.490 7	1.31	0.809 8	1.96	0.950 0
0.02	0.016 0	0.67	0.497 1	1.32	0.813 2	1.97	0.951 2
0.03	0.023 9	0.68	0.503 5	1.33	0.816 5	1.98	0.952 3
0.04	0.031 9	0.69	0.509 8	1.34	0.819 8	1.99	0.953 4
0.05	0.039 9	0.70	0.516 1	1.35	0.823 0	2.00	0.954 5
0.06	0.047 8	0.71	0.522 3	1.36	0.826 2	2.02	0.956 6
0.07	0.055 8	0.72	0.528 5	1.37	0.829 3	2.04	0.958 7
0.08	0.063 8	0.73	0.534 6	1.38	0.832 4	2.06	0.960 6
0.09	0.071 7	0.74	0.540 7	1.39	0.835 5	2.08	0.962 5
0.10	0.079 7	0.75	0.546 7	1.40	0.838 5	2.10	0.964 3
0.11	0.087 6	0.76	0.552 7	1.41	0.841 5	2.12	0.966 0
0.12	0.095 5	0.77	0.558 7	1.42	0.844 4	2.14	0.967 6
0.13	0.103 4	0.78	0.564 6	1.43	0.847 3	2.16	0.969 2
0.14	0.111 3	0.79	0.570 5	1.44	0.850 1	2.18	0.970 7
0.15	0.119 2	0.80	0.576 3	1.45	0.852 9	2.20	0.973 6
0.16	0.127 1	0.81	0.582 1	1.46	0.855 7	2.22	0.972 2
0.17	0.135 0	0.82	0.687 8	1.47	0.858 4	2.24	0.974 9
0.18	0.142 8	0.83	0.593 5	1.48	0.861 1	2.26	0.976 2
0.19	0.150 7	0.84	0.599 1	1.49	0.863 8	2.28	0.977 4
0.20	0.158 5	0.85	0.604 7	1.50	0.866 4	2.30	0.978 6
0.21	0.166 3	0.86	0.610 2	1.51	0.869 0	2.32	0.979 7
0.22	0.174 1	0.87	0.615 7	1.52	0.871 5	2.34	0.980 7
0.23	0.181 9	0.88	0.621 1	1.53	0.874 0	2.36	0.981 7
0.24	0.189 7	0.89	0.626 5	1.54	0.876 4	2.38	0.982 7
0.25	0.194 7	0.90	0.634 9	1.55	0.878 9	2.40	0.983 6
0.26	0.205 1	0.91	0.637 2	1.56	0.881 2	2.42	0.984 5
0.27	0.212 8	0.92	0.642 4	1.57	0.883 6	2.44	0.985 3
0.28	0.220 5	0.93	0.647 6	1.58	0.885 9	2.46	0.986 1
0.29	0.228 2	0.94	0.652 8	1.59	0.888 2	2.48	0.986 9
0.30	0.235 8	0.95	0.657 9	1.60	0.890 4	2.50	0.987 6
0.31	0.233 4	0.96	0.662 9	1.61	0.892 6	2.52	0.988 3
0.32	0.251 0	0.97	0.668 0	1.62	0.894 8	2.54	0.988 9
0.33	0.258 6	0.98	0.672 9	1.63	0.896 9	2.56	0.989 5

z	$F(z)$	z	$F(z)$	z	$F(z)$	z	$F(z)$
0.34	0.226 1	0.99	0.677 8	1.64	0.899 0	2.58	0.990 1
0.35	0.273 7	1.00	0.682 7	1.65	0.901 1	2.60	0.990 7
0.36	0.281 2	1.01	0.687 5	1.66	0.903 1	2.62	0.991 2
0.37	0.288 6	1.02	0.692 3	1.67	0.905 1	2.64	0.991 7
0.38	0.296 1	1.03	0.697 0	1.68	0.907 0	2.66	0.992 2
0.39	0.303 5	1.04	0.701 7	1.69	0.909 0	2.68	0.992 6
0.40	0.310 8	1.05	0.706 3	1.70	0.910 9	2.70	0.993 1
0.41	0.318 2	1.06	0.710 9	1.71	0.912 7	2.72	0.993 5
0.42	0.325 5	1.07	0.715 4	1.72	0.914 6	2.74	0.993 9
0.43	0.332 8	1.08	0.719 9	1.73	0.916 4	2.76	0.994 2
0.44	0.340 1	1.09	0.324 3	1.74	0.918 1	2.78	0.994 6
0.45	0.347 3	1.10	0.728 7	1.75	0.919 9	2.80	0.994 9
0.46	0.354 5	1.11	0.733 0	1.76	0.921 6	2.82	0.995 2
0.47	0.361 6	1.12	0.737 3	1.77	0.923 3	2.84	0.995 5
0.48	0.368 8	1.13	0.741 5	1.78	0.924 9	2.86	0.995 8
0.49	0.375 9	1.14	0.745 7	1.79	0.926 5	2.88	0.996 0
0.50	0.382 9	1.15	0.749 9	1.80	0.928 1	2.90	0.996 2
0.51	0.389 9	1.16	0.754 0	1.81	0.929 7	2.92	0.996 5
0.52	0.396 9	1.17	0.758 0	1.82	0.931 2	2.94	0.996 7
0.53	0.403 9	1.18	0.726 0	1.83	0.932 8	2.96	0.996 9
0.54	0.416 8	1.19	0.766 0	1.84	0.934 2	2.98	0.997 1
0.55	0.417 7	1.20	0.709 9	1.85	0.935 7	3.00	0.997 3
0.56	0.421 5	1.21	0.773 7	1.86	0.937 1	3.20	0.998 6
0.57	0.431 3	1.22	0.777 5	1.87	0.938 5	3.40	0.999 3
0.58	0.438 1	1.23	0.781 3	1.88	0.939 9	3.60	0.999 68
0.59	0.444 8	1.24	0.785 0	1.89	0.941 2	3.80	0.999 86
0.60	0.451 5	1.25	0.788 7	1.90	0.942 6	4.00	0.999 94
0.61	0.458 1	1.26	0.792 3	1.91	0.943 9	4.50	0.999 993
0.62	0.464 7	1.27	0.795 9	1.92	0.945 1	5.00	0.999 999
0.63	0.471 3	1.28	0.799 5	1.93	0.946 4		
0.64	0.477 8	1.29	0.803 0	1.94	0.947 6		

附表 4 t 分布的临界值

Pr	0.25	0.10	0.05	0.025	0.01	0.005	0.001
df	0.50	0.20	0.10	0.05	0.02	0.010	0.002
1	1.000	3.078	6.314	12.706	31.821	63.657	318.31
2	0.816	1.886	2.920	4.303	6.965	9.925	22.327
3	0.765	1.638	2.353	3.182	4.541	5.841	10.214
4	0.741	1.533	2.132	2.776	3.747	4.604	7.173
5	0.727	1.476	2.015	2.571	3.365	4.032	5.893
6	0.718	1.440	1.943	2.447	3.143	3.707	5.208
7	0.711	1.415	1.895	2.365	2.998	3.499	4.785
8	0.706	1.397	1.860	2.306	2.896	3.355	4.501
9	0.703	1.383	1.833	2.262	2.821	3.250	4.297
10	0.700	1.372	1.812	2.228	2.764	3.169	4.144
11	0.697	1.363	1.796	2.201	2.718	3.106	4.025
12	0.695	1.356	1.782	2.179	2.681	3.055	3.930
13	0.694	1.350	1.771	2.160	2.650	3.012	3.852
14	0.692	1.345	1.761	2.145	2.624	2.977	3.787
15	0.691	1.341	1.753	2.131	2.602	2.947	3.733
16	0.690	1.337	1.746	2.120	2.583	2.921	3.686
17	0.689	1.333	1.740	2.110	2.567	2.898	3.646
18	0.688	1.330	1.734	2.101	2.552	2.878	3.610
19	0.688	1.328	1.729	2.093	2.539	2.861	3.579
20	0687	1.325	1.725	2.086	2.528	2.845	3.552
21	0.686	1.323	1.721	2.080	2.518	2.831	3.527
22	0.686	1.321	1.717	2.074	2.508	2.819	3.505
23	0.685	1.319	1.714	2.069	2.500	2.807	3.485
24	0.685	1.318	1.711	2.064	2.492	2.797	3.467
25	0.684	1.316	1.708	2.060	2.485	2.787	3.450
26	0.684	1.315	1.706	2.056	2.479	2.779	3.435
27	0.684	1.314	1.703	2.052	2.473	2.771	3.421
28	0.683	1.313	1.701	2.048	2.467	2.763	3.408
29	0.683	1.311	1.699	2.045	2.462	2.756	3.396
30	0.683	1.310	1.697	2.042	2.457	2.750	3.385
40	0.681	1.303	1.684	2.021	2.423	2.704	3.307
60	0.679	1.296	1.671	2.000	2.390	2.660	3.232
120	0.677	1.289	1.658	1.980	2.358	2.617	3.160
∞	0.674	1.282	1.645	1.960	2.326	2.576	3.090

附表 5　　　　　　　　　　**F 分布的临界值（$\alpha=0.05$）**

分母自由度 N_2	分子自由度 N_1											
	1	2	3	4	5	6	7	8	9	10	11	12
1	161	200	216	225	230	234	237	239	241	242	243	244
2	18.5	19.0	19.2	19.2	19.3	19.3	19.4	19.4	19.4	19.4	19.4	19.4
3	10.1	9.55	9.28	9.12	9.01	8.94	8.89	8.85	8.81	8.79	8.76	8.74
4	7.71	6.94	6.59	6.39	6.26	6.16	6.09	6.04	6.00	5.96	5.94	5.91
5	6.61	5.79	5.41	5.19	5.05	4.95	4.88	4.82	4.77	4.74	4.71	4.68
6	5.99	5.14	4.76	4.53	4.39	4.28	4.21	4.15	4.10	4.06	4.03	4.00
7	5.59	4.74	4.35	4.12	3.97	3.87	3.79	3.73	3.68	3.64	3.60	3.57
8	5.32	4.46	4.07	3.84	3.69	3.58	3.50	3.44	3.39	3.35	3.31	3.28
9	5.12	4.26	3.86	3.63	3.48	3.37	3.29	3.23	3.18	3.14	3.10	3.07
10	4.96	4.10	3.71	3.48	3.33	3.22	3.14	3.07	3.02	2.98	2.94	2.91
11	4.84	3.98	3.59	3.36	3.20	3.09	3.01	2.95	2.90	2.85	2.82	2.79
12	4.75	3.89	3.49	3.26	3.11	3.00	2.91	2.85	2.80	2.75	2.72	2.69
13	4.67	3.81	3.41	3.18	3.03	2.92	2.83	2.77	2.71	2.67	2.63	2.60
14	4.60	3.74	3.34	3.11	2.96	2.85	2.76	2.70	2.65	2.60	2.57	2.53
15	4.54	3.68	3.29	3.06	2.90	2.79	2.71	2.64	2.59	2.54	2.51	2.48
16	4.49	3.63	3.24	3.01	2.85	2.74	2.66	2.59	2.54	2.49	2.46	2.42
17	4.45	3.59	3.20	2.96	2.81	2.70	2.61	2.55	2.49	2.45	2.41	2.38
18	4.41	3.55	3.16	2.93	2.77	2.66	2.58	2.51	2.46	2.41	2.37	2.34
19	4.38	3.52	3.13	2.90	2.74	2.63	2.54	2.48	2.42	2.38	2.34	2.31
20	4.35	3.49	3.10	2.87	2.71	2.60	2.51	2.45	2.39	2.35	2.31	2.28
22	4.30	3.44	3.05	2.82	2.66	2.55	2.46	2.40	2.34	2.30	2.26	2.23
24	4.26	3.40	3.01	2.78	2.62	2.51	2.42	2.36	2.30	2.25	2.21	2.18
26	4.23	3.37	2.98	2.74	2.59	2.47	2.39	2.32	2.27	2.22	2.18	2.15
28	4.20	3.34	2.95	2.71	2.56	2.45	2.36	2.29	2.24	2.19	2.15	2.12
30	4.17	3.32	2.92	2.69	2.53	2.42	2.33	2.27	2.21	2.16	2.13	2.09
40	4.08	3.23	2.84	2.61	2.45	2.34	2.25	2.18	2.12	2.08	2.04	2.00
60	4.00	3.15	2.76	2.53	2.37	2.25	2.17	2.10	2.04	1.99	1.95	1.92
120	3.92	3.07	2.68	2.45	2.29	2.17	2.09	2.02	1.96	1.91	1.87	1.83
200	3.89	3.04	2.65	2.42	2.26	2.14	2.06	1.98	1.93	1.88	1.84	1.80
∞	3.84	3.00	2.60	2.37	2.21	2.10	2.01	1.94	1.88	1.83	1.79	1.75

续附表 5

分母自由度 N_2	分子自由度 N_1											
	15	20	24	30	40	50	60	100	120	200	500	∞
1	246	248	249	250	251	252	252	253	253	254	254	254
2	19.4	19.4	19.5	19.5	19.5	19.5	19.5	19.5	19.5	19.5	19.5	19.5
3	8.70	8.66	8.64	8.62	8.59	8.58	8.57	8.55	8.55	8.54	8.53	8.53
4	5.86	5.80	5.77	5.75	5.72	5.70	5.69	5.66	5.66	5.65	5.64	5.63
5	4.62	4.56	4.53	4.50	4.46	4.44	4.43	4.41	4.40	4.39	4.37	4.36
6	3.94	3.87	3.84	3.81	3.77	3.75	3.74	3.71	3.70	3.69	3.68	3.67
7	3.51	3.44	3.41	3.38	3.34	3.32	3.30	3.27	3.27	3.25	3.24	3.23
8	3.22	3.15	3.12	3.08	3.04	2.02	3.01	2.97	2.97	2.95	2.94	2.93
9	3.01	2.94	2.90	2.86	2.84	2.80	2.79	2.76	2.75	2.73	2.72	2.71
10	2.85	2.77	2.74	2.70	2.66	2.64	2.62	2.59	2.58	2.56	2.55	2.54
11	2.72	2.65	2.61	2.57	2.53	2.51	2.49	2.46	2.45	2.43	2.42	2.40
12	2.62	2.54	2.51	2.47	2.43	2.40	2.38	2.35	2.34	2.32	2.31	2.30
13	2.53	2.46	2.42	2.38	2.34	2.31	2.30	2.26	2.25	2.23	2.22	2.21
14	2.46	2.39	2.35	2.31	2.27	2.24	2.22	2.19	2.18	2.16	2.14	2.13
15	2.40	2.33	3.29	2.25	2.20	2.18	2.16	2.12	2.11	2.10	2.08	2.07
16	2.35	2.28	2.24	2.19	2.15	2.12	2.11	2.07	2.06	2.04	2.02	2.01
17	2.31	2.23	2.19	2.15	2.10	2.08	2.06	2.02	2.01	1.99	1.97	1.96
18	2.27	2.19	2.15	2.11	2.06	2.04	2.02	1.98	1.97	1.95	1.93	1.92
19	2.23	2.16	2.11	2.07	2.03	2.00	1.98	1.94	1.93	1.91	1.89	1.88
20	2.20	2.12	2.08	2.04	1.99	1.97	1.95	1.91	1.90	1.88	1.86	1.84
22	2.15	2.07	2.03	1.98	1.94	1.91	1.89	1.85	1.84	1.82	1.80	1.78
24	2.11	2.03	1.98	1.94	1.89	1.86	1.84	1.80	1.79	1.77	1.75	1.73
26	2.07	1.99	1.95	1.90	1.85	1.82	1.80	1.76	1.75	1.73	1.71	1.69
28	20.4	1.96	1.91	1.87	1.82	1.79	1.77	1.73	1.71	1.69	1.67	1.65
30	2.01	1.93	1.89	1.84	1.79	1.76	1.74	1.70	1.68	1.66	1.64	1.62
40	1.92	1.84	1.79	1.74	1.69	1.66	1.64	1.59	1.58	1.55	1.53	1.51
60	1.84	1.75	1.70	1.65	1.59	1.56	1.53	1.48	1.47	1.44	1.41	1.39
120	1.75	1.66	1.61	1.55	1.50	1.46	1.43	1.37	1.35	1.32	1.28	1.25
200	1.72	2.62	1.57	1.52	1.46	1.41	1.39	1.32	1.29	1.26	1.22	1.19
∞	1.67	1.57	1.52	1.40	1.39	1.35	1.32	1.24	1.22	1.17	1.11	1.00

附表 6　　　　　　　　　　　　　　χ^2 分布的临界值

自由度	显著性水平						
	.500	.250	.100	.050	.025	.010	.005
1	.454937	1.32330	2.70554	3.84146	5.02389	6.63490	7.87944
2	1.38629	2.77259	4.60517	5.99147	7.37776	9.21034	10.5966
3	2.36597	4.10835	6.25139	7.81473	9.34840	11.3449	12.8381
4	3.35670	5.38527	7.77944	9.48773	11.1433	13.2767	14.8602
5	4.35146	6.62568	9.23635	11.0705	12.8325	15.0863	16.7496
6	5.34812	7.84080	10.6446	12.5916	14.4494	16.8119	18.5476
7	6.34581	9.03715	12.0170	14.0671	16.0128	18.4753	20.2777
8	7.34412	10.2188	13.3616	15.5073	17.5346	20.0902	21.9550
9	8.34283	11.3887	14.6837	16.9190	19.0228	21.6660	23.5893
10	9.34182	12.5489	15.9871	18.3070	20.4841	23.2093	25.1882
11	10.3410	13.7007	17.2750	19.6751	21.9200	24.7250	26.7569
12	11.3403	14.8454	18.5494	21.0261	23.3367	26.2170	28.2995
13	12.3398	15.9839	19.8119	22.3621	24.7356	27.6883	29.8194
14	13.3393	17.1170	21.0642	23.6848	26.1190	29.1413	31.3193
15	14.3389	18.2451	22.3072	24.9958	27.4884	30.5779	32.8013
16	15.3385	19.3688	23.5418	26.2962	28.8454	31.9999	34.2672
17	16.3381	20.4887	24.7690	27.5871	30.1910	33.4087	35.7185
18	17.3379	21.6049	25.9894	28.8693	31.5264	34.8053	37.1564
19	18.3376	22.7178	27.2036	30.1435	32.8523	36.1908	38.5822
20	19.3374	23.8277	28.4120	31.4104	34.1696	37.5662	39.9968
21	20.3372	24.9348	29.6151	32.6705	35.4789	38.9321	41.4010
22	21.3370	26.0393	30.8133	33.9244	36.7807	40.2894	42.7956
23	22.3369	27.1413	32.0069	35.1725	38.0757	41.6384	44.1813
24	23.3367	28.2412	33.1963	36.4151	39.3641	42.9798	45.5585
25	24.3366	29.3389	34.3816	37.6525	40.6465	44.3141	46.9278
26	25.3364	30.4345	35.5631	38.8852	41.9232	45.6417	48.2899
27	26.3363	31.5284	36.7412	40.1133	43.1944	46.9630	49.6449
28	27.3363	32.6205	37.9159	41.3372	44.4607	48.2782	50.9933
29	28.3362	33.7109	39.0875	42.5569	45.7222	49.5879	52.3356
30	29.3360	34.7998	40.2560	43.7729	46.9792	50.8922	53.6720
40	39.3354	45.6160	51.8050	55.7585	59.3417	63.3907	66.7659
50	49.3349	56.3336	63.1671	67.5048	71.4202	76.1539	79.4900
60	59.3347	66.9814	74.3970	79.0819	83.2976	88.3794	91.9517
70	69.3344	77.5766	85.5271	90.5312	95.0231	100.425	104.215
80	79.3343	88.1303	96.5782	101.879	106.629	112.329	116.321
90	89.3432	98.6499	107.565	113.145	118.136	124.116	128.299
100	99.3341	109.141	118.498	124.342	129.561	135.807	140.169

附表 7

达宾-沃森检验上下临界值表 ($\alpha=0.05$)

n	$k'=1$ d_L	d_U	$k'=2$ d_L	d_U	$k'=3$ d_L	d_U	$k'=4$ d_L	d_U	$k'=5$ d_L	d_U	$k'=6$ d_L	d_U	$k'=7$ d_L	d_U	$k'=8$ d_L	d_U	$k'=9$ d_L	d_U	$k'=10$ d_L	d_U
6	0.610	1.400	—	—	—	—	—	—	—	—	—	—	—	—	—	—	—	—	—	—
7	0.700	1.356	0.467	1.896	—	—	—	—	—	—	—	—	—	—	—	—	—	—	—	—
8	0.763	1.332	0.559	1.777	0.368	2.287	—	—	—	—	—	—	—	—	—	—	—	—	—	—
9	0.824	1.320	0.629	1.699	0.455	2.128	0.296	2.588	—	—	—	—	—	—	—	—	—	—	—	—
10	0.879	1.320	0.697	1.641	0.525	2.016	0.376	2.414	0.243	2.822	—	—	—	—	—	—	—	—	—	—
11	0.927	1.324	0.758	1.604	0.595	1.928	0.444	2.283	0.316	2.645	0.203	3.005	—	—	—	—	—	—	—	—
12	0.971	1.331	0.812	1.579	0.658	1.864	0.512	2.177	0.379	2.506	0.268	2.832	0.171	3.149	—	—	—	—	—	—
13	1.010	1.340	0.861	1.562	0.715	1.816	0.574	2.094	0.445	2.390	0.328	2.692	0.230	2.985	0.147	3.266	—	—	—	—
14	1.045	1.350	0.905	1.551	0.767	1.779	0.632	2.030	0.505	2.296	0.389	2.572	0.286	2.848	0.200	3.111	0.127	3.360	—	—
15	1.077	1.361	0.946	1.543	0.814	1.750	0.685	1.977	0.562	2.220	0.447	2.472	0.343	2.727	0.251	2.979	0.175	3.216	0.111	3.438
16	1.106	1.371	0.982	1.539	0.857	1.728	0.734	1.935	0.615	2.157	0.502	2.388	0.398	2.624	0.304	2.860	0.222	3.090	0.155	3.304
17	1.133	1.381	1.015	1.536	0.897	1.710	0.779	1.900	0.664	2.104	0.554	2.318	0.451	2.537	0.356	2.757	0.272	2.975	0.198	3.184
18	1.158	1.391	1.046	1.535	0.933	1.696	0.820	1.872	0.710	2.060	0.603	2.257	0.502	2.461	0.407	2.667	0.321	2.873	0.244	3.073
19	1.180	1.401	1.074	1.536	0.967	1.685	0.859	1.848	0.752	2.023	0.649	2.206	0.549	2.396	0.456	2.589	0.369	2.783	0.290	2.974
20	1.201	1.411	1.100	1.537	0.998	1.676	0.894	1.828	0.792	1.991	0.692	2.162	0.595	2.339	0.502	2.521	0.416	2.704	0.336	2.885
21	1.221	1.420	1.125	1.538	1.026	1.669	0.927	1.812	0.829	1.964	0.732	2.124	0.637	2.290	0.547	2.460	0.461	2.633	0.380	2.806
22	1.239	1.429	1.147	1.541	1.053	1.664	0.958	1.797	0.863	1.940	0.769	2.090	0.677	2.246	0.588	2.407	0.504	2.571	0.424	2.734
23	1.257	1.437	1.168	1.543	1.078	1.660	0.986	1.785	0.895	1.920	0.804	2.061	0.715	2.208	0.628	2.360	0.545	2.514	0.465	2.670
24	1.273	1.446	1.188	1.546	1.101	1.656	1.013	1.775	0.925	1.902	0.837	2.035	0.751	2.174	0.666	2.318	0.584	2.464	0.506	2.630

续附表 7

n	k'=1 dL	k'=1 dU	k'=2 dL	k'=2 dU	k'=3 dL	k'=3 dU	k'=4 dL	k'=4 dU	k'=5 dL	k'=5 dU	k'=6 dL	k'=6 dU	k'=7 dL	k'=7 dU	k'=8 dL	k'=8 dU	k'=9 dL	k'=9 dU	k'=10 dL	k'=10 dU
25	1.288	1.454	1.206	1.550	1.123	1.654	1.038	1.767	0.953	1.886	0.868	2.012	0.784	2.144	0.702	2.280	0.621	2.419	0.544	2.560
26	1.302	1.461	1.224	1.553	1.143	1.652	1.062	1.759	0.979	1.873	0.897	1.992	0.816	2.117	0.735	2.246	0.657	2.379	0.581	2.513
27	1.316	1.469	1.240	1.556	1.162	1.651	1.084	1.753	1.004	1.861	0.925	1.974	0.845	2.093	0.767	2.216	0.691	2.342	0.616	2.470
28	1.328	1.476	1.255	1.560	1.181	1.650	1.104	1.747	1.028	1.850	0.951	1.958	0.874	2.071	0.798	2.188	0.723	2.309	0.650	2.431
29	1.341	1.483	1.270	1.563	1.198	1.650	1.124	1.743	1.050	1.841	0.975	1.944	0.900	2.052	0.826	2.164	0.753	2.278	0.682	2.396
30	1.352	1.489	1.284	1.567	1.214	1.650	1.143	1.739	1.071	1.833	0.998	1.931	0.926	2.034	0.854	2.141	0.782	2.251	0.712	2.363
31	1.363	1.496	1.297	1.570	1.229	1.650	1.160	1.735	1.090	1.825	1.020	1.920	0.950	2.018	0.879	2.120	0.810	2.226	0.741	2.333
32	1.373	1.502	1.309	1.574	1.244	1.650	1.177	1.732	1.109	1.819	1.041	1.909	0.972	2.004	0.904	2.102	0.836	2.203	0.769	2.306
33	1.383	1.508	1.321	1.577	1.258	1.651	1.193	1.730	1.127	1.813	1.061	1.900	0.994	1.991	0.927	2.085	0.861	2.181	0.795	2.281
34	1.393	1.514	1.333	1.580	1.271	1.652	1.208	1.728	1.144	1.808	1.080	1.891	1.015	1.979	0.950	2.069	0.885	2.162	0.821	2.257
35	1.402	1.519	1.343	1.584	1.283	1.653	1.222	1.726	1.160	1.803	1.097	1.884	1.034	1.967	0.971	2.054	0.908	2.144	0.845	2.236
36	1.411	1.525	1.354	1.587	1.295	1.654	1.236	1.724	1.175	1.799	1.114	1.877	1.053	1.957	0.991	2.041	0.930	2.127	0.868	2.216
37	1.419	1.530	1.364	1.590	1.307	1.655	1.249	1.723	1.190	1.795	1.131	1.870	1.071	1.948	1.011	2.029	0.951	2.112	0.891	2.198
38	1.427	1.535	1.373	1.594	1.318	1.656	1.261	1.722	1.204	1.792	1.146	1.864	1.088	1.939	1.029	2.017	0.970	2.098	0.912	2.180
39	1.435	1.540	1.382	1.597	1.328	1.658	1.273	1.722	1.218	1.789	1.161	1.859	1.104	1.932	1.047	2.007	0.990	2.085	0.932	2.164
40	1.442	1.544	1.391	1.600	1.338	1.659	1.285	1.721	1.230	1.786	1.175	1.854	1.120	1.924	1.064	1.997	1.008	2.072	0.952	2.149
45	1.475	1.566	1.430	1.615	1.383	1.666	1.336	1.720	1.287	1.776	1.238	1.835	1.189	1.895	1.139	1.958	1.089	2.022	1.038	2.088
50	1.503	1.585	1.462	1.628	1.421	1.674	1.378	1.721	1.335	1.771	1.291	1.822	1.246	1.875	1.201	1.930	1.156	1.986	1.110	2.044
55	1.528	1.601	1.490	1.641	1.452	1.681	1.414	1.724	1.374	1.768	1.334	1.814	1.294	1.861	1.253	1.909	1.212	1.959	1.170	2.010

续附表 7

n	$k'=1$ d_L	d_U	$k'=2$ d_L	d_U	$k'=3$ d_L	d_U	$k'=4$ d_L	d_U	$k'=5$ d_L	d_U	$k'=6$ d_L	d_U	$k'=7$ d_L	d_U	$k'=8$ d_L	d_U	$k'=9$ d_L	d_U	$k'=10$ d_L	d_U
60	1.549	1.616	1.514	1.652	1.480	1.689	1.444	1.727	1.408	1.767	1.372	1.808	1.335	1.850	1.298	1.894	1.260	1.939	1.222	1.984
65	1.567	1.629	1.536	1.662	1.503	1.696	1.471	1.731	1.438	1.767	1.404	1.805	1.370	1.843	1.336	1.882	1.301	1.923	1.266	1.964
70	1.583	1.641	1.554	1.672	1.525	1.703	1.494	1.735	1.464	1.768	1.433	1.802	1.401	1.837	1.369	1.873	1.337	1.910	1.305	1.948
75	1.598	1.652	1.571	1.680	1.543	1.709	1.515	1.739	1.487	1.770	1.458	1.801	1.428	1.834	1.399	1.867	1.369	1.901	1.339	1.935
80	1.611	1.662	1.586	1.688	1.560	1.715	1.534	1.743	1.507	1.772	1.480	1.801	1.453	1.831	1.425	1.861	1.397	1.893	1.369	1.925
85	1.624	1.671	1.600	1.696	1.575	1.721	1.550	1.747	1.525	1.774	1.500	1.801	1.474	1.829	1.448	1.857	1.422	1.886	1.396	1.916
90	1.635	1.679	1.612	1.703	1.589	1.726	1.566	1.751	1.542	1.776	1.518	1.801	1.494	1.827	1.469	1.854	1.445	1.881	1.420	1.909
95	1.645	1.687	1.623	1.709	1.602	1.732	1.579	1.755	1.557	1.778	1.535	1.802	1.512	1.827	1.489	1.852	1.465	1.877	1.442	1.903
100	1.654	1.694	1.634	1.715	1.613	1.736	1.592	1.758	1.571	1.780	1.550	1.803	1.528	1.826	1.506	1.850	1.484	1.874	1.462	1.898
150	1.720	1.746	1.706	1.760	1.693	1.774	1.679	1.788	1.665	1.802	1.651	1.817	1.637	1.832	1.622	1.847	1.608	1.862	1.594	1.877
200	1.758	1.778	1.748	1.789	1.738	1.799	1.728	1.810	1.718	1.820	1.707	1.831	1.697	1.841	1.686	1.852	1.675	1.863	1.665	1.874

注：n——观测值的个数；k'——解释变量的个数（不包括常数项）

参考文献

[1] 李子奈.计量经济学[M].北京:高等教育出版社,2000.

[2] 庞皓.计量经济学[M].成都:西南财经大学出版社,2002.

[3] 赵卫亚.计量经济学[M].合肥:安徽大学出版社,2001.

[4] 王维国.计量经济学[M].大连:东北财经大学出版社,2002.

[5] 于俊年.计量经济学[M].北京:对外经济贸易大学出版社,2000.

[6] 贺铿.经济计量学教程[M].北京:中国统计出版社,2000.

[7] 刘振亚.计量经济学教程[M].北京:中国人民大学出版社,1997.

[8] 〔英〕A. Koutsoyiannis.经济计量学理论[M].许开甲,王守用,译.1981.

[9] 〔美〕罗伯特·S·平狄克,丹尼尔·L·鲁宾费尔德.计量经济模型与经济预测
[M].钱小军,等译.4 版.北京:机械工业出版社,1999.

[10] 〔美〕古扎拉蒂.计量经济学(上、下册)[M].林少宫,译.北京:中国人民大学
出版社,2000.

[11] 〔美〕萨德瓦·迈瑞.经济计量学理论与应用[M].王文博,等译.西安:三秦出
版社,1994.

[12] 林文夫.计量经济学[M].上海:上海财经大学出版社,2005.

[13] 詹姆斯·H.斯托克,马克·W.沃森,陈昕,孙燕.计量经济学[M]. 2 版.上
海:上海人民出版社,2009.

[14] 杰弗里·M·伍德里奇.计量经济学导论[M].4 版.北京:中国人民大学出版
社,2010.

[15] 张晓峒.计量经济学基础[M].3 版.天津:南开大学出版社,2007.

[16] 达莫达尔·N.古扎拉蒂,道恩 C.波特,张涛.经济计量学精要[M].4 版.北
京:机械工业出版社,2010.

[17] 斯托克,沃森.计量经济学[M].2 版.上海:上海人民出版社,2007.

[18] 钱小军.数量方法[M].北京:高等教育出版社,2000.